日本語教師のための

実践・作文指導

石黒圭［編著］

安部達雄, 有田佳代子, 烏 日哲, 金井勇人,
志賀玲子, 渋谷実希, 志村ゆかり, 武一美,
筒井千絵, 二宮理佳［著］

くろしお出版

はじめに

　大学院を修了し、初めて海外に渡る日本語教師に質問されて困ることがあります。「先生、今度現地の大学で作文を教えることになったんですけど、よい作文の教科書ありますか。」私の答えはいつも同じです。「いろいろあるんですけど、これ一冊でどの学習者にもOKと言える本はないですね。」日本に来た留学生にもよく同じ質問をされますが、やはり答えは同じです。この本で勉強すれば大丈夫という作文の教科書は見当たらないのです。

　作文ほど独習が難しいものはありません。読解ならば、よい教材と辞書があれば自分で学べます。会話も、教材がなくても、気の合う日本人の友人がいれば、自然と上達します。ところが、作文は教材だけではどうにもなりませんし、教師のがわも高い専門性が必要です。作文は教室で学ぶのが一番なのです。

　作文教室という環境をデザインするのは、ほかならぬ教師です。ところが、そのノウハウはいまだ確立されていません。教師一人一人が試行錯誤しているにとどまります。そこで、私たちは、そうした試行錯誤の営みをぶつけあい、高めあいながら、一冊の本にまとめることを目指しました。

　本書をお読みになった方は、そのあまりに個性的な作文授業の方法に驚かれると思います。たとえば、第1部第1章の作文のテーマの選び方をご覧ください。「世の中の人に、タバコの良さをアピールしてください」「世の中はお金がすべてであるという主張をしてください」という型破りのテーマが出てきます。第2部第18章には、突然カラーページが現れます。三色ボールペンで添削された学習者の作文です。いずれも、一見奇をてらった方法に見えるかもしれませんが、本書をお読みいただければわかるように、じつに理にかなった教授法なのです。

　立場が違う10名の教師が集まると、自分ではけっして思いつかない教え方に出会えます。熱意あふれる10名の教師の原稿に向きあった編者の私自身、ほんとうに勉強になりました。読者のみなさんもぜひ、独創的で理にかなった作文教室のデザインの方法の数々を、本書をつうじて共有し、日々の教育活動に生かしてください。そのことを執筆者一同心から願っています。

2014年9月

石黒　圭

CONTENTS

目　次

■ 序　章　作文の授業の考え方　6　　　■ 索　引　220

第1部　作文教育の基本　13

授業準備

第1章　作文のテーマ：作文の目的とテーマ設定 14

- Q1：書く前にする準備はありますか。
- Q2：レベルに合わせたテーマ設定とは何ですか。
- Q3：作文授業の目的はどのように設定したらいいですか。
- Q4：テーマはどうやって設定したらいいですか。

第2章　作文のツールを選ぶ：表記ツールとメディア 23

- Q1：作文は手書きで原稿用紙に書かせるのですか。それとも、パソコンなどを使って書かせるのですか。
- Q2：学習者がパソコンで日本語を入力するために、どんな準備が必要ですか。
- Q3：学習者が作文を書くときに使える便利なオンライン上のツールはありますか。
- Q4：ソーシャルメディアを作文の授業に使えますか。

第3章　教師の役割を考える：ファシリテーターとしての教師 34

- Q1：作文の授業における教師の役割とは何ですか。
- Q2：「添削・リライトのファシリテーター」とは何ですか。
- Q3：「授業進行のファシリテーター」とは何ですか。
- Q4：「添削・リライトのファシリテーター」と「授業進行のファシリテーター」はどちらも担当する必要がありますか。

教室活動

第4章　コミュニケーションを重視した活動：協働の場としての教室 42

- Q1：作文の時間はクラスが暗いです。活性化するにはどうしたらいいですか。
- Q2：「コミュニケーションを目的にして書く」とは、どういうことですか。
- Q3：「協働学習」とは何ですか。
- Q4：学習者が自分を表現し、相手を理解するには、どんなことをすればいいですか。

> 教室活動

第5章 「総合活動型」で書く：作文を書くプロセスの重視 48

- **Q1**：「総合活動型」の作文と一般的な作文とは何が違いますか。
- **Q2**：「総合活動型」の作文授業を設計するためには、まず何をしたらいいですか。
- **Q3**：作文を書く前から書き始めるまでのプロセスで教師は何をしたらいいですか。
- **Q4**：作文授業で教師が学習者をサポートするために心がけることがありますか。

第6章 アーティキュレーションを意識する：四技能の連携 58

- **Q1**：コミュニケーション力を総合的に鍛える授業をするために、知っておくべきことは何ですか。
- **Q2**：具体的に「書く」「読む」「聞く」「話す」を組み合わせるとどうなりますか。
- **Q3**：それぞれの活動に共通した基準は何ですか。
- **Q4**：活動後、どんな基準で学生の文章力を評価すればいいですか。

第7章 書けない学習者を支援する活動：意見文を書くトレーニング 66

- **Q1**：書けない学習者が書ける学習者になるのは可能なのでしょうか。
- **Q2**：「書けない」学習者を「書ける」学習者にする具体的な方法を教えてください。
- **Q3**：ユニークな作文を書くための方法はありますか。
- **Q4**：最後に文章全体を整えていくにはどうすればいいですか。

> フィードバック

第8章 フィードバックでモチベーションを高める：成功期待感の湧く添削・評価 74

- **Q1**：フィードバックとは何ですか。
- **Q2**：フィードバックを通して、学習者の意欲を上げていくにはどうすればいいですか。
- **Q3**：モチベーションを下げないように添削をするにはどうすればいいですか。
- **Q4**：作文の評価はどうすればいいですか。

第9章 学習者の誤用を考える：学習者のレベル別支援 84

- **Q1**：どういうものを誤用と考えればいいですか。
- **Q2**：誤用を減らすにはどのような指導が有効ですか。
- **Q3**：くだけた表現が気になるのですが、どうしたらいいでしょうか。
- **Q4**：語彙や文法は間違っていないのにわかりにくい文章については、どう指導すればいいですか。

第10章 母語の影響を考える：学習者の母語別支援 94

Q1：学習者の誤用と母語は関係ありますか。
Q2：学習者の母語が違うのに、同じ誤りが見られるのはなぜですか。
Q3：学習者の作文に見られる母語の影響には、具体的にどんなものがありますか。
Q4：日本語しか話せませんが、学習者の母語の特徴や知識を把握するには、どうすればいいですか。

第2部 作文教育の実践 103

授業準備

第11章 作文のテーマ選びの実際：常識を証明する活動を例に 104

第12章 ツール別作文の実際：手書きとFacebookを使った活動を例に 114

第13章 教師の役割の実際：リライト－ディスカッション式活動を例に 125

教室活動

第14章 コミュニケーションを重視した活動の実際
：KJ法や「へえ！」を使った活動を例に 137

第15章 「総合活動型」作文授業の実際：書評を書く活動を例に 150

第16章 四技能連携の実際：映像を使った活動を例に 166

第17章 書けない学習者のトレーニングの実際：意見文を書く活動を例に 177

フィードバック

第18章 モチベーションを高めるフィードバックの実際：3色添削を例に 187

第19章 誤用の修正の実際：修正フィードバック授業を例に 199

第20章 母語の影響の実際：中国語を母語とする学習者のフィードバック授業を例に 209

序章　作文の授業の考え方

1. 本書の願い

　優れた作文の授業に必要なのは、いったい何でしょうか。きれいな教室でしょうか。性能のよいパソコンでしょうか。それとも、定評のある教材でしょうか。そのいずれでもありません。必要なのは、教室に集うやる気のある学生と、その文章力を伸ばしたいと心から願う教師、それだけです。本書は、そんな教師を育てたい、そんな教師と一緒に育っていきたい。そんな願いを込めて書きました。

　読者のなかには、作文の授業をまだ一度も担当したことがない方もいらっしゃるでしょう。一方で、作文の授業に長年携わってきたものの、今の自分の授業に満足できず、さらなるスキルアップを図りたいと考えている方もいらっしゃるでしょう。しかし、学生たちの文章力を伸ばす授業をしたいという熱意は同じだと思います。本書は、作文教師の卵にも、ベテランの作文教師にも手に取っていただけるように書きました。

　そうは言っても、経験によって本書の読むときの心構えが変わって来るだろうと思います。次の「2. 作文の授業を初めて担当する方へ」では、作文教師の卵むけに、作文の授業で何をするかについて述べました。また、「3. 作文の授業を担当したことがある方へ」では、ベテランの作文教師むけに、経験者が陥りやすいワナについて述べました。まずは、ご自身にふさわしいほうからお読みください。

2. 作文の授業を初めて担当する方へ

　作文の授業をまったく担当した経験のない方の場合、いったい何をしたらよいか、皆目見当がつかないかもしれません。作文の授業には、授業準備、教室活動、フィードバックという三つの仕事があります。この三つの仕事をすることで作文の授業は成立します。

2.1　授業準備

　授業準備には二つの種類があります。

　一つは、学期全体の授業の準備です。たとえば、日本国内の多くの大学では、90

分×15 回の授業があるのがふつうです。この学期全体で何をするかということを最初に決めます。この情報をまとめたものがシラバスです。

　シラバスには、授業名、教員名、単位数、曜日・時限、授業の目標、授業の対象者、各回の授業内容、成績評価の方法などが記され、学生がその授業を履修するかどうかを決めるさいに閲覧できるようになっています。これは日本の大学の例で、海外の大学や、国内外の日本語学校では盛りこむ内容が違っていたり、そもそも存在しないかもしれません。しかし、授業を始めるにあたり、教師と学生のあいだで、とくに授業の目標、授業の対象者、各回の授業内容を共有しておくことは重要だと思います。そこをしっかり固めておかないと、授業の質が下がってしまうからです。

　シラバスを作るうえで考慮すべきことは、学生の目的、学生の日本語レベル、クラスサイズの三つです。このいずれも、実際に授業を始めてみないとわからないことが多いもので、授業開始前にある程度見当をつけておき、授業が始まってから微調整をするのがポイントです。

　もう一つの授業準備は、言うまでもなく毎回の授業の準備です。1回90分（日本語学校ならばだいたい45分）の授業の進め方を書いたシナリオを教案と言います。ベテラン教師は教案が頭に入っているので作らない人も多いと思いますが、作文教師の卵にとって教案は欠かせないものです。具体的な教案がどのようなものか知りたい方は、第2部の「作文教育の実践」をご覧ください。そこには、教案のひな型となるベテラン教師のアイデアがぎっしり詰まっていますので、ご自身の教案作成のさいの参考にしてください。

2.2　教室活動

　教室では、学生が書いた作文をめぐってさまざまな活動が展開されます。そうした教室活動をする前提として、作文の教室がどのような場なのかを知っておく必要があります。ここでは二つの観点をご紹介します。

　一つの観点は、教室は、学生が書いた作文を改善する場だということです。どうすれば自分の書いた作文がよりよいものになるかをみんなで検討する場です。そこには、かならず学生と教師の、あるいは学生どうしのコミュニケーションが発生します。

　もし自分で書いたものを自分一人で推敲するのなら、教室という場は不要です。学生にとって教室という場の最大のメリットは、教師がいて仲間がいるということです。したがって、書いた作文を改善するための建設的なコミュニケーションが教室のなかで行われているかを、教師はつねにチェックする必要があります。

　もう一つの観点は、教室という場は演劇の舞台のようなものであり、その主役は、

教師ではなく学生だということです。もちろん、教師は学生が教室で最高のパフォーマンスを発揮できるように準備も配慮もしますが、教師ががんばりすぎるあまり、自分が舞台の中心に立って演じてはいけません。教師は教案というシナリオを書いていますが、そのシナリオを演じるのは学生です。教師の役割はナレーターであり、また、学生の演技を陰で支える裏方、いわばファシリテーターなのです。

2.3 フィードバック

教育におけるフィードバックは、学生が行った発言や提出した成果物にたいして教師が評価をすることが中心です。

作文教育の場合、フィードバックの代表は添削です。自分たちの書いた作文について学生どうしでコメントしあうピア・レスポンスのような授業もありますが、ここでは添削をフィードバックの代表として考えます。

添削の方法はいろいろですが、教師が添削する場合、三つほどコツがあります。

第一のコツは、気づいたからと言って、誤りをすべて直さないことです。学生にはレベルがあり、いきなりレベル以上の添削を受けてもそれを吸収することはできません。学生のレベルに合ったところまでで添削は留めるべきです。

第二のコツは、母語・母文化を意識することです。学生は母語によって特徴的な誤りがあります。そのことがわかっていれば、より適切な添削が可能です。また、言語だけでなく、受けてきた教育によっても文章構成は影響を受けます。そうしたことへの配慮をせず、日本的発想を押しつける愚は避けるべきでしょう。

第三のコツは、学生と対話をすることです。教師が一方的に直すばかりだと、学生の意図と異なる直し方をしてしまうおそれがあります。また、学生と対話をすることで、教師の添削にたいする学生の理解も深まります。添削の中心に対話を据えることで、添削の効果は高まります。

3. 作文の授業を担当したことがある方へ

「2. 作文の授業を初めて担当する方へ」で、作文の授業には、授業準備、教室活動、フィードバックという三つの仕事があるということを述べました。作文の授業を担当した経験のある方なら、そうしたことは、むろんご存じでしょう。しかし、何年も作文の授業を担当していると、その三つの仕事のいずれかが劣化して、授業の質を落としてしまうという現象がしばしば見られます。

ここでは、準備の質が低下した授業を「目的意識欠落病」という観点から、活動の質が低下した授業を「授業マンネリ病」という観点から、フィードバックの質が低下

した授業を「教師万能病」という観点から、それぞれ見ていきたいと思います。

3.1 授業準備の劣化「目的意識欠落病」

　毎学期作文の授業を担当するようになり、学生との接し方にも慣れてくると、授業を始めたときの新鮮な感覚が失われます。とくに、今期の学生がどんな目的を持って授業に参加しているのかという意識が失われ、学生にたいしてリサーチ不足のまま授業に臨むようになると、危険信号です。

　学生たちは具体的な目的を持って授業に参加しています。日本留学試験の記述問題で高得点が取れる文章を書きたい、大学院を受験するので専門教員に評価される研究計画書を書きたい、日系企業に就職したいので人事担当者の目を惹くエントリーシートを日本語で書きたい、Facebookで日本の友人に「いいね！」を押してもらえるような投稿を書きたい、などさまざまな目的があるはずです。

　しかし、そうした目的を聞きださないまま漫然と授業を進めてしまうのが、「目的意識欠落病」です。この病気が発症すると、授業は役に立たないものになります。学生は、作文を書くことにたいするモチベーションが下がり、「こんな授業に出席して何の役に立つんだろうか」という疑問を抱えつつ、ただ単位のためにだけ作文を書くようになります。

　作文という言葉はじつは怖い言葉です。誰のための何のための作文かということを意識しなくてもすむ言葉だからです。作文が自己目的化し、作文のための作文の授業になってしまいがちなのです。日本国内で初等・中等教育を受けた方は、国語教育の作文の授業でもそうした経験をしたことがないでしょうか。日本語教育の作文の授業でも同じことが起こりうるのです。

　この「目的意識欠落病」を防ぐには、学生が作文の授業に出席する目的を確かめ、その目的に合ったぶれないシラバスを作成することです。そして、そのシラバスにそって教案を書き、毎回の授業を準備することです。本書には、そうしたシラバスや教案を作成するためのヒントが豊富に掲載されています。

3.2 教室活動の劣化「授業マンネリ病」

　一定のサイクルで作文の授業を担当するようになると、授業の蓄積ができ、あまり工夫をしなくても、授業が進められるようになります。しかし、授業は生き物であり、賞味期限があります。何年も同じ授業を続けていると、自然と質が下がり、授業の面白さが半減するのです。それが「授業マンネリ病」です。「授業マンネリ病」が発症すると、学生からはつまらない授業だという声が上がるようになり、学生による

授業評価の数値は下がっていきます。

　「授業マンネリ病」はいつも同じパターンの授業を繰り返すことから発症するので、その治療には、アイデアの引き出しを増やすことが役立ちます。10年も20年も授業の質を落とさずに続けている教師は、例外なく高いプロ意識を持って努力を続けているものです。

　アイデアの引き出しを増やすためには、同じ立場の教師と交流し、いろいろな引き出しを見せてもらうことです。もちろん、教えてもらうだけでは不公平ですから、おたがいに見せあう必要があるでしょう。

　本書は、一橋大学国際教育センターの非常勤講師控室から生まれました。同じ部屋にいる教員どうしが作文の授業についての情報交換をし、「こんな本があったらいいね」という理想を語っているうちに形になったのです。

　志の高い教員仲間からつねに刺激を受けていると、授業にたいして前向きな気持ちになれます。授業準備にも力がこもり、「授業マンネリ病」などにかかっている暇もなくなります。本書をぜひ志の高い教員仲間からの声だと考えてお読みください。

3.3　フィードバックの劣化「教師万能病」

　自分の書いた文章にさえ自信が持てない私が、はたして作文の授業なんて担当できるのだろうか。作文の授業を受け持った当初は誰もがそう思うものです。しかし、次第に教えることに慣れてくると、なぜ学生たちはきちんとした日本語で文章が書けないのだろうと愚痴りつつ、真っ赤になるまで作文を添削するようになります。とくに、海外の教育機関で教えていて、日本人の教員が少数という環境では、自分があたかも万能の教師であるかのような錯覚に陥りがちです。

　そうした教師の指導を受ける学生は災難です。自己を万能と考える人は、他者を無能と考えるからです。そう考える教師のもとでは、学生たちはいくら努力しても、日本語でまともな文章が書けないというレッテルを貼られ、すっかり自信を失ってしまいます。また、そうした教師は学生を自分の型にはめようとするので、いつまでも教師に依存するようになり、学生の自律学習を妨げます。そのような「教師万能病」にかかると、教師一人が元気で、肝腎の学生たちの元気が失われる授業になってしまうのです。

　「教師万能病」を治療し、学生たちの元気を取り戻すには、授業の主役が学生であるという原点に立ち返ることです。そして、学生たちの自律性が保てる自由度の高いフィードバックの方法や、学生たちのやる気が湧いてくる加点式のフィードバックの方法を工夫することです。フィードバックは教師の価値観を押しつけるものではあり

ません。学生が自分で作文を学ぶ手助けをするものです。

4. 本書の概要

「2. 作文の授業を初めて担当する方へ」と「3. 作文の授業を担当したことがある方へ」で、作文の授業には、授業準備、教室活動、フィードバックという三つの仕事があることを述べました。

本書の第1部「作文教育の基本」では、この三つの仕事を質の高いものにしていくための具体的な切り口が示されています。

まず、**授業準備**ですが、①**作文のテーマ**（第1章）、②**ツールの選択**（第2章）、③**教師の役割**（第3章）という三つの観点から考えます。

①**作文のテーマ**は、学習者が作文を書く目的と深く関わります。学習者にどんなテーマを出して何を書かせるかで、授業の方向性はほぼ決まります。第1章では、学習者が夢中になって取り組め、かつ、背後に明確な目的意識を備えた課題のあり方について考えます。

②**作文のツール**は、手書きか電子機器かということです。これもまた、学生が作文を書く目的と深く関わります。手書きをする機会のない学生もいる一方、受験で手書きが必須という学生もいるでしょう。第2章では、手書きと電子機器の功罪を考えると同時に、それぞれの長所を最大限に引き出す教育方法を考えます。

③**教師の役割**は、教師が教室でどのような立場で何をするかということです。本書では教師を、ファシリテーターとして学生の参加を支援し、活動を円滑に進行する役割を持つ存在と捉えます。第3章では、作文の授業を設計し、教室を運営する教師のあるべき姿を考えます。

つぎに、**教室活動**ですが、④**コミュニケーションを重視した活動**（第4章）、⑤**「総合活動型」の活動**（第5章）、⑥**アーティキュレーションを意識した活動**（第6章）、⑦**書けない学習者を支援する活動**（第7章）という四つの観点から考えます。

④**コミュニケーションを重視した活動**は、執筆作業や教室活動にコミュニケーションの要素を持たせることを目的とするものです。せっかくクラスメートが集まっているのですから、力を合わせて発想をみがけば、一人では書けないすばらしい作文が書ける可能性があります。第4章では、協働学習を活かし、読み手の心に届く作文を書く方法を考えます。

⑤**「総合活動型」の活動**は、作文を書くプロセスに焦点を当てるものです。一般の作文の授業では、表現の結果、すなわちプロダクトとしての作文そのものに目がいきがちですが、「総合活動型」の作文の授業では、表現の過程、すなわち執筆のプロセ

スを重視します。第5章では、プロセスを重視する「総合活動型」の授業設計を考えます。

⑥**アーティキュレーションを意識した活動**は、「書く」ことを「読む」「聞く」「話す」ことと連携させるものです。書く能力は、書いてさえいればよいものでなく、読むこと、聞くこと、話すことと組み合わせることで伸びるものです。第6章では、「書く」という技能と、「読む」「聞く」「話す」というほかの三技能と組み合わせる方法を考えます。

⑦**書けない学習者を支援する活動**は、文章を書き慣れていない学習者を適切な方法でトレーニングするものです。作文は技術であり、きちんとした手順さえ教われば、書くのが苦手な学習者でも、ある程度の文章は書けるものです。第7章では、書けない学習者を書けるようにするための段階別トレーニング法を考えます。

最後に、**フィードバック**ですが、⑧**モチベーション**（第8章）、⑨**学習者の誤用**（第9章）、⑩**母語の影響**（第10章）という三つの観点から考えます。

⑧**モチベーション**は、添削や評価といったフィードバックを学習者のモチベーションを上げる道具として用いるという観点です。フィードバックは修正の道具として使われるだけだと、ネガティブなものになりがちです。第8章では、従来あまり目が向けられてこなかったポジティブなフィードバックの方法を考えます。

⑨**学習者の誤用**は、学習者がおかしがちな誤りにはどのようなものがあり、それをどう修正するかという観点です。学習者の誤用は日本語のレベルによって異なり、あれもこれも修正すると、学習者は混乱してしまいます。第9章では、学習者の日本語のレベルに合わせた、学習者が自律的に修正できるフィードバックの方法を考えます。

⑩**母語の影響**は、学習者の誤用の背景に、母語の影響を見るという観点です。とくに、漢字圏の学習者の場合、非漢字圏の学習者とは異なるストラテジーを有していることが多いので注意が必要です。第10章では、母語の影響を知り、それにもとづいて適切なフィードバックを行う方法を考えます。

以上、本書の第1部「作文教育の基本」では、授業準備、教室活動、フィードバックという三つの領域を設定し、10の魅力的な観点から、作文の授業を検討していきます。そして、こうした理念をどのように授業の形にするか、その具体的な方法論を、第11章から第20章まで第1部に対応する形で、本書の第2部「作文教育の実践」に示すことにします。

これで、船出の準備は整いました。これから、優れた教師を目指す旅に、ご一緒に出発しましょう！

第1部

作文教育の基本

授業準備

第1章 作文のテーマ：作文の目的とテーマ設定

第2章 作文のツールを選ぶ：表記ツールとメディア

第3章 教師の役割を考える：ファシリテーターとしての教師

教室活動

第4章 コミュニケーションを重視した活動：協働の場としての教室

第5章 「総合活動型」で書く：作文を書くプロセスの重視

第6章 アーティキュレーションを意識する：四技能の連携

第7章 書けない学習者を支援する活動：意見文を書くトレーニング

フィードバック

第8章 フィードバックでモチベーションを高める
：成功期待感の湧く添削・評価

第9章 学習者の誤用を考える：学習者のレベル別支援

第10章 母語の影響を考える：学習者の母語別支援

【基本】授業準備

第1章 作文のテーマ
：作文の目的とテーマ設定

安部達雄

>>>>>

硬すぎるテーマで学習者に作文を書かせると、型にはまった文章とありきたりな論調に終始しがちです。それでは書く方も読む方もおもしろくありませんし、真の意味で学習にもなりません。文章を書く目的も、また学習者の日本語のレベルも多岐にわたるはずで、目的やレベルが違えば、アプローチも、トレーニングの方法も、書き方も変わります。したがって目的やレベルに見合ったテーマ設定が重要になります。この章では、作文の目的と、それに合ったテーマ設定を考えます。

Q1：書く前にする準備はありますか。

A1：文章のジャンル、読み手の望む情報、読み手の属性、読み手に伝える方法を、書き手である学習者に意識させることです。

文章表現の授業で一番見落とされているのが、書く前の準備です。まず、なによりも自分が書こうとしている文章が、下記のどのジャンルに属するものかをきちんと意識させることが必要です。

		読む人	
		1人／少数	多数
書く人	1人	手紙　日記　メール　メモ　辞令　etc.	小説　一斉メール　記事　ブログ　作文　etc.
書く人	多数	レポート　小論文　履歴書　エントリーシート　etc.	新聞　雑誌　ネット掲示板　SNS　etc.

自分1人が書いて、決まった相手が読むとわかっている「書く人1人　読む人1人」の文章は、共有情報は言葉にせず、キーワードだけを伝えれば済むことがあります。「明日、いつもの場所に7時で」と。

しかし、これが「書く人1人　読む人多数」の一斉メールとなると事情が変わります。読む人それぞれが共有している情報がバラバラです。「明日金曜日、○○駅前の改札に19時集合」という書き方をしないと誤解を与えてしまいます。なおかつ「遅れる人は ○○○-○○○○-○○○○ まで連絡をください」など添えないと万が一のときにも対応できません。

同じ内容を書く場合でも、読む人数や誰が読むかで書き方が変わってきます。

そして、学校でよく書く課題や宿題、レポートや小論文などは、「書く人多数　読む人少数」の、珍しい文章であることを意識させることが大切です。多くの人が似たようなテーマでなにかを書く場合、「目立つ」「印象に残す」ことも大事な要素になる場合があります。
　そして、次に意識させたいのが

① 読み手の望む情報：読む人が欲しい情報はなにか（なにを聞かれているのか）
② 読み手の属性：どんな人が読むのか
③ 読み手に伝える方法：どう工夫して伝えるか（効果的に伝えるためにどう書くか）

の３点です。だいたいの学習者は書く準備というと、③からはじめます。しかし、大事なのは①と②です。これを怠ってしまうと、非常にひとりよがりな文章になってしまうからです。出身国・地域を問わず、留学を志すエリートといわれる人たちが陥りがちな傾向です。
　「飲み会のお知らせのメールを書きなさい」だけでも、書き方は人それぞれです。
　時間と場所しか書いていない人は、①を怠っています。準備するべき金額や、緊急の連絡先、お店の名前、遅れてきたりする人のために、どんな名義で予約をしているか、なども時として必要です。地図のURLも貼りつけてあるとより丁寧です。
　さらに、②についていえば、たとえばそれが、子どもが読む文章だと、ルビをふったりすることが必要になってきます。相手が読めない文章を書いても意味がありません。あるいは、自分の国以外の人が読むのだとしたら、自分の名前のアルファベットや漢字に読み仮名をふるのも当然です。こういったことは、指示されるまでもなく、考えればわかることであり、書く前に頭に入れておかなければならないことです。
　最後に③で、「どう読みやすくするか」や、「どうわかりやすくするか」などを考えます。
　この準備は、どのレベルのどの学習者にとっても共通して大事なことです。これを踏まえたうえでテーマを設定していくことになります。

Q2：レベルに合わせたテーマ設定とは何ですか。

A2：**おなじテーマであっても、学習者の目的を考え、レベルに合った出し方をすることです。初級には身近でやさしいテーマ、上級にいくにしたがって社会的な難しいテーマを出す、ということではありません。**

　従来の文型教育だと「なぜかというと……だからです」という理由を述べる文型を

まず教えて、それを使った文を書きましょう、ということになりがちです。しかし、本来の作文教育は「文型を使うこと」ではなく、「文型を使うべきところで使えるようになる」ことを目指しているはずです。そこで、理由を述べる文型を使えるようになるという目的があったとすると、理由を述べる必然性があるテーマを考えます。

たとえば、「人がタバコを吸うことに賛成ですか、反対ですか」というテーマを考えてみましょう。いずれの立場を選んでも、その理由を述べることが必要になります。これは、理由を述べる文を書くという目的にかなっています。このテーマについてレベル別に課題の出し方を加工してみましょう。

①初級の場合：学習者には単文でよいので、ポイントだけを書いてもらいます。
　課題：人がタバコを吸うことに賛成ですか、反対ですか。理由を短く説明してください。
　学習者の作文例：反対です。なぜならば、タバコは人の体に悪いからです。

②中級の場合：学習者には複文で、列挙の技法を使いながら書いてもらいます。
　課題：人がタバコを吸うことに賛成ですか、反対ですか。理由をいくつか挙げて詳しく説明してください。
　学習者の作文例：反対です。その理由は三つあります。第一の理由は、タバコは人の体に悪いからです。タバコを吸う人は吸わない人よりも病気になるリスクが高いと言われています。第二の理由は、……

③上級の場合：学習者には説得力を高める文章構成で書いてもらいます。
　課題１：人がタバコを吸うことに賛成ですか、反対ですか。データを示しつつ500字程度で説明してください。
　学習者の作文例：反対です。その理由は三つあります。第一の理由は、タバコは人の体に悪いからです。国立がんセンターの発表によれば、タバコを吸う人は吸わない人よりも肺がんになるリスクが高いことがわかっています。その相対リスクは、10倍以上もある欧米に対し、日本では4倍程度とされていますが、4倍という数字はけっして低いリスクではありません。第二の理由は、……
　課題２：人がタバコを吸うことに賛成ですか、反対ですか。自分と対立する立場の人を説得するつもりで、500字程度で書いてください。
　学習者の作文例：賛成できません。私は以前喫煙者であったので、タバコを吸いたくなる人の気持ちはわかります。また、法的に禁じられていない以上、タバコを吸うかどうかは一人一人の責任で判断すべきことだと思います。しかし、……

目的とレベルに合った出し方、とはこういうことです。

「A」というテーマを「A + α」だったり「A'」だったり「A"」に変えていくのです。そして、Yes あるいは No という立場を取りやすい話題で、なおかつもっと身近なものにすれば、だれもが書きたいという意欲を持って文章を書くことができます。

このように、そのときのクラスのレベルに合わせたテーマ設定をすることで、使用すべき文型や採用すべき構成を明確に意識することができるのです。

死刑問題や原発問題など、書くこと以上に考えることが非常に複雑で難解なテーマを与えてはいませんか。そして、そういった難しい話題はこれまでの教育でさんざん考えられてきており、インターネット上にたくさんの模範解答が転がっています。

テーマは、出す側のセンスや資質も問われます。身近な内容で、自分の言葉で答えられるもののほうが、学習者たちにとってはよいトレーニングになるものです。

「嘘をつくのは賛成ですか、反対ですか」でもよいですし、「浮気するのは賛成ですか、反対ですか」でもよいです。「友だちから聞いたプライベートな話を、そのまま別の人に話すのは OK ですか、NG ですか」でも構いません。

レベルに合わせて話題を難解にする必要はありません。もちろん、教えている教育機関の教育方針やカリキュラム、教わる学習者自身の強いニーズがあれば、社会的で複雑なテーマを出す意味は大きいでしょう。目的、レベル、テーマはすべてが繋がっているからです。ただ、書く技術を向上させることだけを考えるのであれば、シンプルで身近な話題でも、問い方を変えるだけで、高いレベルの学習者にも十分対応可能です。

Q3：作文授業の目的はどのように設定したらいいですか。

A3：学習者の要望や学校の方針を考慮して教師が総合的に判断して設定します。

「入試に合格する」「大学の授業で単位が取れる」「就活で成果を上げる」など、作文は実用面の目的と直結しているものです。そうした実用面の目的を学習者たちも意識していますし、大学や日本語学校などの教育機関もそうした面で実績を上げることを求めています。そこで、学習者たちの要望や、所属している教育機関の方針を尊重することは必要です。

しかし、文章を書くことを、そうした実用面の目的にのみ還元すると、作文の教育が不完全で貧弱なものになってしまいます。そこで、こうした実用面の目的を補強する別の観点からの目的を教師が意識し、そうした複数の観点を踏まえ、目的を総合的に判断して設定することが重要です。たとえば、以下のような観点が考えられます。

【量の観点】

　単文を、ミスを少なく書けるようになる（初級）

　複文を使って長く複雑な文章を書けるようになる（中級）

　構成を意識して段落（パラグラフ）を書けるようになる（上級）

【質の観点】

　日常生活に問題ない範囲の文章を書けるようになる（初級）

　小論文や一般的なレポートなどを書けるようになる（中級）

　専門的な内容のレポート・論文を書けるようになる（上級）

【種類の観点】

　小説・コラムを書けるようになる（娯楽）

　説明文・意見文を書けるようになる（学術）

　企画書・報告書を書けるようになる（ビジネス）

　学期を通した授業全体の目標が確認できたら、それを達成するために、どういった技術が必要か、スモールステップに分解して各単元の目的を考えてみてください。

　これは、スポーツでいうと、「シュートを決める」という「大きな目的」を達成するために、段階別の「目的」に分解するのと同じです。

● シュートを決めるまで ＝ 段落（パラグラフ）を書けるようになるまで

①ボールをもらえる場所にうごく

因果関係を述べる

②ボールをもらう

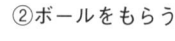

時制を操る

③シュートが届くところに（一人で）移動する

列挙する

④ディフェンスをよける

文をつなぐ

⑤一番入る可能性の高いシュートを打つ

主張をする

いきなり「シュートを決めろ」というのは、学習者にとっては無理難題です。たとえば、中級のクラスで、「段落（パラグラフ）を書けるようになる」という、学期を通した授業全体の目標を立てたとします。5回課題を出せるのであれば

① 因果関係を述べる：主張を掲げ、その理由が説明できる
② 時制を操る：執筆時点からの時間表現の調整ができる
③ 列挙する：いくつかの似た事柄を整理して提示できる
④ 文をつなぐ：展開にそった接続詞が使えるようになる
⑤ 主張をする：反論を想定した議論ができるようになる

などの技術に分解し、各回で、その技術を身につけられるようなテーマを出します。

Q4：テーマはどうやって設定したらいいですか。

A4：授業全体の目標の分解が終わり、各回で身につけてもらいたい技術をハッキリさせたら、その技術を学べるようなテーマを出し、学習者に書いてもらいます。そして、添削を経て、どのような技術を学習したのかを、頭に入れてもらいます。

Q4-1：技術別のテーマを教えてください。

A4-1：具体的に、Q3の最後で挙げた技術を習得できるようなテーマを挙げてみます。
　「① 因果関係を述べる」ために、理由を言わなければならないテーマ、たとえば、

- 「あなたの好きな日本語を、その魅力が伝わるように教えてください」
- 「あなたが恋人にしたくないのはどういう人ですか。理由をそえて書いてください」
- 「友人にお金を借りるメールを書いてください」

などといったテーマを出してみます。

　「② 時制を操る」のであれば、過去や未来のことについて触れざるを得ないようなテーマ、たとえば、

- 「日本に来てみて笑ったことを教えてください」
- 「5年後の自分はどういう生活をしている予定ですか？」
- 「いままで見た素敵な景色を教えてください」

などといったテーマがよいでしょう。過去のエピソードや、未来の予測が出てくるはずです。

「③ 列挙する」ために、複数のものを挙げざるを得ないテーマ、たとえば、

- 「旅行するまえに準備するものを教えてください」
- 「得意料理の作り方を教えてください」
- 「結婚相手に求める条件を３つ挙げてください」

などといったテーマを出します。ただの列挙ではなく、接続詞の使用や、段取りの説明の練習にもなるように加工できます。

「④ 文をつなぐ」ために、段取りがいくつかにわかれているテーマ、たとえば、

- 「大学から東京駅への行き方を説明してください」
- 「先週の木曜日のあなたの行動をわかりやすく説明してください」
- 「あなたの国で結婚する手続きを教えてください」

などといったテーマを出します。もちろん先に挙げた「得意料理の作り方を教えてください」などは、この目的も合わせた複合的なテーマとして出すことも可能です。一日の行動などは、なぜそういう行動を取るにいたったのかという理由も書く必要が出てくるので「因果関係を述べる」という技術を終えたあとなら、その目的を達成できているかというチェックにもなります。

「⑤ 主張をする」ためには、反論がくることが容易に想像がつくようなテーマ、たとえば、

- 「世の中の人に、タバコの良さをアピールしてください」
- 「戦争を容認してください」
- 「世の中はお金がすべてであるという主張をしてください」

などというテーマを出して、反対する人たちの気持ちがわかった状態で文章を書いてもらいます。

このように、学期を通した授業全体の目標を、各回の目的として分解し、各回の目的に合わせたテーマを設定します。テーマは複合的な要素をはらみますので、どの技術や文型が使えればOKか、という評価軸は教師側で設定しておいてください。

上に挙げたテーマは、レベルごとに加工することも可能です。ここが作文授業を受け持つ教師のもっとも楽しく、また悩ましいポイントなのです。

Q4-2：どのようなテーマがあるのか、ヒントをください。

A4-2： いままで実際にクラスで出したことのあるテーマの一部を以下にご紹介します。

※（ ）で囲んだ部分が目的です。

- 自由になんでも書いてください（相手の印象に残る文章とはなにかを考える）
- 私の趣味とその魅力（具体的に書くこと、プレゼンテーションで効果的な文章とはなにかを考える）
- 自分の国と日本を比較して、気づいたこと（比較の文型使用、適切な対応関係を作り上げる、課題を良く読み観察眼をみがく）
- 好きな人・好きだった人がどういう人なのか教えてください（自分にとって既知のことを未知の人に教える、具体的に書くこととはなにかを考える）
- ウソをついてください（本当らしさを伝える技術を修得する）
- 結婚相手にのぞむ3つの条件（列挙、因果関係をはっきりさせる書き方、理念のある意見）
- 浮気容認派としての主張（相手を説得する文章、譲歩の文型）
- 私の作る法律（理由を説明する文章、現状を分析する）
- 物語の登場人物を好きな順にならべる（登場人物たちを自分なりに整理し、ひとつの理念のもとに意見をまとめる）
- あなたが親の子であることを証明してください（状況証拠を積み重ねて説得力をもたせる）
- 子どもがわかるように、比喩を使って「恋愛」を説明してください（自分の知っているものを相手が知っているものに置き換える）
- 最強の動物を教えてください。ただしすべての動物の体長を1mに還元した場合（総合的、複合的課題）

　このクラスの学期を通した授業全体の目標が、「日本語で、論理的な文章を500字以上で書けるようになる」だとします。その授業全体の目標を分解し、各目的に分けて、その目的を学習すべくテーマを考えたわけです。

　もう少し文法的なことを教えたい場合は課題を約半分にしぼったりしますし、レベルを上げ下げしたい場合は、条件を変えたりします。たとえば「ウソをついてください」という課題であれば、見ず知らずの人にその文章を読んでもらった場合に「ウソ！？」と声をあげるほどのウソをついてください、というテーマの出し方をします。「見ず知らずの人に」としたのは、「自分に関するウソ」＝「裏のとりようがないこと」を書く人がいるからです。自分は王族の血統だとか、おじいさんが双子だとか、そういう類のものです。また「ウソ！？」と声をあげるほどの、としたのは、つくウソにサプライズがあるようにしてほしいからです。「おじいさんが双子」だと聞

かされても、その真偽を問わず、「それで？」としかなりません。となると、公共性の高いこと＝みんなが知っていることをテーマにウソをつくことになります。

「ウソをついてください」としたのは、一瞬でも人を信じこませることができるような本当らしいウソをつける人は、本当のことも本当らしく表現できることができるからです。では「本当らしさ」とはなにかというと、それはデータだったり数値だったり具体性だったり実体験だったり文書の形式だったり文体だったり…、と人によって工夫はさまざまですが、それぞれがどんなウソを書いたかを読むことで、「そういう方法があったのか」と気づいてもらうことも良いことです。

そして、それらの「本当らしさ」の技術を学習すると、レポートなどを書く技術を自然と身に付けることができるのです。もちろん、「ウソを見破る技術」も補足で教えておいたほうがいいでしょう。データや数値を疑われて反証を立てられると、ウソは見透かされてしまう、というリスクのあるポイントを学習すれば、より実用的になると思います。

「思っている方向と違う文章が出てこないような条件」をつけていくことも工夫のひとつです。もちろん最初のうちはこちらの意に沿わないものも出てくる可能性はありますが、2度、3度とクラスを担当していくうちに、だいたいのパターンを知ることができますので、そこで課題を細かく修正していくことで、洗練した授業にしていくと楽しいかもしれません。

参考文献

アカデミック・ジャパニーズ研究会(編著)(2002)『大学・大学院留学生の日本語 ④論文作成編』アルク．
石黒圭(2009)『よくわかる文章表現の技術Ⅱ 文章構成編[新版]』明治書院．
石黒圭・筒井千絵(2009)『留学生のための ここが大切文章表現のルール』スリーエーネットワーク．
石黒圭(2012)『この1冊できちんと書ける！論文・レポートの基本』日本実業出版社．
筑波大学日本語教育研究会(編著)(1983)『日本語表現文型 中級Ⅰ』凡人社．
筑波大学日本語教育研究会(編著)(1983)『日本語表現文型 中級Ⅱ』凡人社．
野田尚史・森口稔(2003)『日本語を書くトレーニング』ひつじ書房．

【基本】授業準備

第2章 作文のツールを選ぶ
： 表記ツールとメディア

有田佳代子

>>>>>

　近年、作文のツールは、パソコンや携帯電話、スマートフォン、モバイルPC、タブレット端末などのIT機器に移りつつあります。とはいえ、現状ではまだ手書きの必要もありそうです。この章では、作文のツールのひとつとして、まず手書きによる作文指導を考え、続いてパソコン等電子機器を使った作文指導について、便利なオンラインツールはどんなものか、ソーシャルメディアを使った作文クラスはどういうものかを考えます。

Q1：作文は手書きで原稿用紙に書かせるのですか。それとも、パソコンなどを使って書かせるのですか。

A1：学習者や教室の環境によって判断する必要がありますが、現状では、どちらも作文教育の手段として有力です。

　私たちの日常はすでにパソコンやタブレット端末、スマートフォンなどの電子機器に囲まれています。公文書はもちろん、会社などでの会議の資料や学生たちが書くレポート、そして個人の電子メールでのやり取りなどでも、手書きの場面は姿を消しつつあります。ですので、「実用性」という点から考えると、日本語の作文クラスも、今後はこうしたIT機器をツールとする授業が主流になっていくでしょう。
　一方で、電子機器に囲まれた現代社会にあっても、手書きはまだ使われています。ここではまず、伝統的な作文の手段としての手書きについて考えてみましょう。

Q1-1：作文教育を手書きで行う利点はなんですか。

A1-1：①手書きが必要な生活場面の存在、②文字習得の際の定着のよさ、③メモに適した自由度の高さの三つです。

① 手書きが必要な生活場面の存在

　手書きが必要な生活場面はまだ多く存在します。教育現場での身近な例では、授業終了直前の数分で書かなければならないミニッツペーパー（授業内容についてのコメントや質問を記入する紙）、論述式のテスト、受験や就職活動時に短時間で書くことを課される小論文などは手書きです。地域の教室で勉強する母親であれば、子どもの担任の先生との連絡帳も、今はまだ手書きが多いでしょう。医療や福祉の現場で働

く看護師・介護士・ヘルパーの記録や報告書記入も現状では多くが手書きです。さらに、IT機器が苦手な人の存在や災害時など電子機器が使えない場合のことなども考えると、やはり手書きは必要です。

② **文字習得の際の定着のよさ**
　手書きは音読と同じく運動を伴う動作なので、文字習得の定着という面でも意味がありそうです。パソコンで文書を作るときにも複数の変換候補の中から適切な漢字を選択しなければならないし、そうした力を、書いてみることで効率よく獲得する学習者もいるでしょう。日本語学習者の場合で言えば、漢字のみならず、ひらがなやカタカナ、そして句読点や各種記号の書き方・段落の変え方なども、手書きを通して実感を伴って学べます。

③ **メモに適した自由度の高さ**
　文章を書き始める前のメモの段階でも手書きは有効です。特に論述型の作文は、いきなり書き始めると失敗することが多いものです。マインドマップなど「考えていることを、とりあえず目に見える状態にして図示する」ことは、多くの学習者にとって必要な作業です。また、「考えていること」は、ことばや文、文章だけではなく、図や絵やさまざまな記号も含むでしょう。それらはキーボードを通さずに直接書いてみたほうが、スムーズに取り出せるという人が多いのではないでしょうか。
　現在手書き機能のあるタブレット端末などが開発され、教育現場でも使われ始めています。ただ、もちろん学習者によってはこのデジタル時代に手書きトレーニングはまったく不必要だという人もいると思いますので、個別の配慮は必要です。
　私自身は、大学入学直後の留学生への日本語のクラスで、手書きによる原稿用紙の使い方を教えています。句読点や記号などが外国人には意外と難しいようです。中国人学生のうちの何人かは句点と読点をきちんと区別して書かなかったり、アメリカ人のある学生が書く句点は原稿用紙のほとんど一マスいっぱいの大きな○になっていたりします。特に縦書きだと、句読点の位置、「　」(カギ括弧)の方向、カナ書きの長音記号「ー」の書き方も難しいようです。
　本書では原稿用紙の使い方についての解説はしませんが、WEB上の「Online作文教室言葉の森　原稿用紙の使い方」http://www.mori7.net/gennkou.php や「慶應情報喫茶レッテラ　原稿用紙の使い方」http://www.nets.ne.jp/~keio/genkoyoshi.htm などに詳しい解説がありますので、必要に応じて参照してください。

Q1-2：手書きは積極的に授業に取り入れるべきですか。

A1-2：手書きの授業への導入には賛否があり、賛否それぞれの理由を認識することが必要です。

　日本の中学校の学習指導要領では、英語教育において現在アルファベットの筆記体は必須項目ではなくなりました。欧米人でも、筆記体が書けない人はかなりいるようです。それは、IT機器の普及によって筆記体を読んだり書いたりする機会が圧倒的に減っていること、そして、やはり読みにくいことだと言われています。それに対して、「文化としての筆記体」を残していきたいという意見があることは頷けます。

　同様の議論が、日本語の手書き文字についてもあります。たとえば、毛筆による書道などは日常生活でほとんど使わないから外国人に教える必要がないという意見に対し、せっかくの「日本文化」だから伝えたいという意見もあるでしょう。たしかに、非漢字圏の学習者などは、毛筆で半紙に大きく字を書いたり、自分の名前を漢字の当て字で考え、それを半紙に書いたり、自分で考えた俳句を筆書きしたりすることは楽しそうです。

　また、文化庁文化審議会による改訂常用漢字表(2010年)の「Ⅰ　基本的な考え方」の中に、「(4)漢字を手書きすることの重要性」という項目があります。そこでは「文化としての手書き」の必要が、次のように説明されています。

> 　効率性が優先される実用の世界は別として，＜手で書くということは日本の文化としても極めて大切なものである＞という考え方を社会全体に普及していくことが重要である。また，手で書いた文字には，書き手の個性が現れるが，その意味でも，個性を大事にしようとする時代であるからこそ，手で書くことが一層大切にされなければならないという考え方が強く求められているとも言えよう。情報機器が普及すればするほど，手書きの価値を改めて認識していくことが大切である。
> 　　　　　　　　　　　　　　　　　　　　　　　　　　　（文化庁2010：5）

　外国人の日本語学習者に対して「日本の文化だから手書きの文字を伝える」かどうかという点については、それぞれの現場での判断が必要です。情報機器の時代だからこそ、ごつごつした個性のある文字で書かれたお礼状やちょっとした私信などの「肉筆の魅力」は、たしかに私たちの気持ちを和ませたり温めたりするのかもしれません。

　しかし一方で、あべ(2010)が指摘する次のような状況も見過ごすことができません。「手書き信仰」とも呼べるような、手書き文字や筆跡が人格を評価する基準にまでなってしまうことによって、たとえば、さまざまな理由で文字が書けない人、手先

が不器用だったり障害があったりして「整った」「美しい」字が書けない人、大人になってから文字を覚えた人などを、社会的に抑圧しているという指摘です。

また、なかの(2012)による左手で文字を書く人々についての次のような指摘も、忘れてはならないことだと考えます。

> 左手で字をかくばあい、右手で字をかくときにはペン先をひいてかくという動作が、おしてかくといううごきになり、ペン先の動きを調整しにくくなる。そのため、筆順をかえる、かがみ文字をかく、紙やからだをかたむけて横画をななめの線として筆画する、もしくは手首をからだのほうにまげた「かぎてもち」でペンをもち右手書字のひいてかく動作をまねる、または規範的な「正しく整った字」をかくことをあきらめる、などの工夫を、左手書字者は具体的な指導なしに独自でおこなっている。
> (なかの2012:121)

書道や手書きを授業に取り入れる際、ことばの教師である私たち日本語教師は、トランスナショナルな多言語多文化だけではなく、「日本人」のうちにあるこうした多言語多文化に対する認識も必要でしょう。それぞれの現場の具体的な状況に合わせなければなりませんが、たとえば実際に識字障害や左利きの学習者がいた場合の対処は、手書き指導を実施するにしても見合わせるにしても、上述したような議論についての認識を持った上での判断が必要です。

Q2：学習者がパソコンで日本語を入力するために、どんな準備が必要ですか。

A2：まずはパソコンに日本語入力環境があるかどうかを確認しましょう。もしなければ、インストールします。そのあと、ローマ字入力による日本語のキーボード操作の練習をします。

Q2-1：学習者のパソコンに日本語入力環境がない場合、新しいパソコンが必要ですか。

A2-1：いいえ、要りません。

WindowsにもMacにも日本語入力ソフト(MS-IME、kotoeri)が搭載されているので、セッティングしてください。また、フリーの日本語入力システムをWEBからすぐにダウンロードできます。「Google日本語入力」や「Baidu IME」が代表的です。

Q2-2：キーボードでの日本語入力には、どんな練習方法がありますか？

A2-2：オンライン上にさまざまな練習方法が紹介されています。

　たとえば、タイピング練習は、ワシントン大学の岩田亜紀子先生が作られた「Japanese Typing Practice for Beginners」があります。オンライン上でひらがな・カタカナ・漢字のタイピング練習ができます。書かれている単語をそのまま入力する練習と、聞いた単語を入力してみる練習があります。

```
Character charts        Upper section: basic syllables and sounds with diacritical marks
                        Middle section: contracted sounds
                        Lower section: combination with small vowel letters for foreign sounds
```

ん(nn)	わ(wa)	ら(ra)	や(ya)	ま(ma)	は(ha)	ば(ba)	ぱ(pa)	な(na)	だ(da)	た(ta)	ざ(za)	さ(sa)	が(ga)	か(ka)	あ(a)
		り(ri)		み(mi)	ひ(hi)	び(bi)	ぴ(pi)	に(ni)	ぢ(ti/chi)	ち(ti/chi)	じ(zi/ji)	し(si/shi)	ぎ(gi)	き(ki)	い(i)
		る(ru)	ゆ(yu)	む(mu)	ふ(hu/fu)	ぶ(bu)	ぷ(pu)	ぬ(nu)	づ(tu/tsu)	つ(tu/tsu)	ず(zu)	す(su)	ぐ(gu)	く(ku)	う(u)
		れ(re)		め(me)	へ(he)	べ(be)	ぺ(pe)	ね(ne)	で(de)	て(te)	ぜ(ze)	せ(se)	げ(ge)	け(ke)	え(e)
を(wo)		ろ(ro)	よ(yo)	も(mo)	ほ(ho)	ぼ(bo)	ぽ(po)	の(no)	ど(do)	と(to)	ぞ(zo)	そ(so)	ご(go)	こ(ko)	お(o)

　また、台北市の日本村有限公司 NIHON MURA CO.LTD が日本語学習者向けに無料公開している「オンライン日本語練習帳」は、動詞の活用・漢字の読み方・序数・上級者向け練習などのコンテンツを揃えた独習用サイトですが、その基本としてのキーボード入力練習も充実しています。

Q2-3：スマートフォンを使って作文を書かせてもいいのでしょうか。

A2-3：ルールを決めれば、書かせてもよいと思います。

　スマートフォンや携帯電話の教室への持ち込みについては、反対意見も多いかもしれません。授業中に着信音が響いてしまったり、剽窃やカンニングに使ったり、授業内容とまったく関係ない「遊び」で使っていたり……。しかし、多くの学習者にとって携帯電話や「スマホ(スマートフォンの略)」があまりにも身近ななくてはならないものとなりつつあり、また、スマホは徐々にコンピュータと同じ機能を持つ高性能 IT 機器になりつつある今、強力なツールとして味方にしてしまうという方略があります。以下で述べるソーシャルメディアを使った作文活動にも、携帯電話やスマホは有効です。また、一人一台のパソコンがないときに、スマホで代用できます。そして、もしできるなら、教室で携帯電話やスマホを使いたいかどうか、またはどのように使うのか、という点について、クラスみんなで討論してルールを決めていくというのが理想的でしょう。

　しかし、正式な報告書などをスマホで書こうとするときには注意が必要です。スマホでは今のところテキスト入力が主流なので、最終的に書式を整えるためには、スマホで作ったテキストを一度パソコンに落とす必要があるでしょう。ですので、Evernote, Box, Google drive などクラウド型の文書管理システムを使うと、いちいち

USBメモリーやSDカードなどに保存する必要がないので便利です。また、携帯型のキーボードを持っていると、入力しやすいです。ただ、学習者の中には、スマホだと日本語が書けるが、キーボード入力は苦手だという人がいます。将来的にキーボード入力は必要なくなるかもしれません。しかし前述の通り、現状ではスマホはテキスト入力が主流なので、私は今のところキーボード練習を学習者に勧めています。

Q2-4：キーボードやマウスを使わずに、ワープロ文書を作ることができますか。

A2-4：音声－テキスト変換ツールを使えばできます。

　音声－テキスト変換ツールを使えば、マイクで録音された単語をコンピュータ上のテキストに置き換えてくれます。Windowsなら「コントロール・パネル」から「コンピュータの簡単操作」⇒「音声認識」を選びます。Macなら「システム環境設定」から「音声入力と読み上げ」パネルを開いて有効にします。スマホなら、もっと手軽なアプリがあります。「音声入力」、「スマホ　音声認識」などで検索してみてください。これらはもともと障害を持つ人のために開発されましたが、書き始める前のメモや考えを整理するときに便利です。下の画像はWindowsの音声認識チュートリアルの画面です。

Q3：学習者が作文を書くときに使える便利なオンライン上のツールはありますか。

A3：現在、急速に整備が進んでいます。

　作文支援システムとしては、東京工業大学仁科研究室グループによる日本語作文支援システム「なつめ」、青山学院大学の日本語表現法開発プロジェクトによる「Tomarigi」などがあります。また、Lang-8やLivemochaなどの学習者同士による助け合い系ソーシャルメディア、母語話者による相互添削システムも有用です。私のクラスでは、Lang-8を気に入った学習者が多かったです。ぜひアクセスし学習者に紹介してください。

　しかし、ここでは特に、私たちが毎日のように使い、また多くのオプションを持つ「Google 検索」、そして「Google 翻訳」を、学習者自身が作文執筆時にどう使えるかについて考えてみましょう。

Google 検索はとても便利で、キーワードを検索窓に入力するだけで瞬時に多くの情報を教えてくれる「先生」ですが、検索コマンドや検索演算子などを使うとさらに便利に使えます。たとえば、次のようなものがあります。

① **ワイルドカード検索(アスタリスク「*」)とフレーズ検索(二重引用符「""」)を使って適切な助詞を調べる。**

　「街を散歩する」なのか「街で散歩する」なのか迷ったとき、「"街*散歩する"」で検索します。「""」がないとバラバラな語彙だけで検索されてしまうので、必ず「""」(二重引用符)を付けたフレーズ検索にしてください。

② **フレーズ検索(二重引用符「""」)を使って、自分が書いた日本語の文に「一般性があるか(自然か)」を調べる。**

　「日本は四季がはっきりです」と書いたのですが、自信がありません。Googleの検索窓に「"日本は四季がはっきりです"」と入れて検索すると、検索結果では最初に「"日本は四季がはっきりです"との一致はありません」と出てきます。短い文なので、ここで一致がなければ、おおよそ「一般的(自然)ではない」と判断できます。そして、すぐ下に「はっきりしている」「はっきりしていない」ということばが入ったサイトリンクが出てくるので、学習者は自力で修正できる可能性が高いです。

③ **マイナス検索(- 検索)などを使って、検索結果を限定する。**

　たとえば、過去に行われた東京オリンピックについて調べたい場合、「東京オリンピック」だけでは最新のものがたくさん検索されてしまいます。そのとき、「東京オリンピック -2020」(半角スペースと半角「-」と消したい語)で検索すると、2020年の東京オリンピック以外の情報が出てきます。

　マイナス検索以外にも、次のような限定検索があります。
- OR検索　　大文字の「OR」を入れて複数キーワードのうちどれかを含むサイトを見つける。
- テキスト検索(intext:)　タイトルや広告などを含まず、本文中の文字だけを見つける。

・ファイルタイプ検索　PDFファイルだけ(filetype:PDF)、wordファイルだけ(filetype:doc)などファイルを限定して見つける。例えば、「filetype:PDF 東京オリンピック」と入れて検索すると、PDF文書だけのサイトリンクが出てきます。

④ Google翻訳

「機械翻訳を使って作文？」と思いがちですが、これもやはり上手に使うリテラシーを身につけたほうが学習者にとって有利です。たとえば、"I like getting out of the house and being with others at parties and other social events."という意味の文を日本語で書きたい場合、Google翻訳にかけると「私は家から取得し、パーティーやその他の社会的なイベントで他の人と一緒にいるのが好きです」になってしまいます。

しかし、次のように２つの単文に分けて翻訳してみましょう。文が長いと機械は混乱してしまうので、文を短くして翻訳してもらうのです。

1. I like getting out of the house.
2. I like being with others at parties and other social events.

すると、それぞれ

1. 私は家から出るのが好きです。
2. 私は、パーティーやその他の社会的なイベントで他の人と一緒にいるのが好きです。

と翻訳してくれます。ここまで機械がやってくれたら、学習者は「私は家から出るのが好きです。そして、私は、パーティーやその他の社会的なイベントで他の人と一緒にいるのが好きです」とするか、あるいは、「私は外出して、パーティーやその他の社会的なイベントで他の人と一緒にいるのが好きです」と書けるかもしれません。

もちろん作文の授業で安易に機械翻訳を使うことを勧めるのは危険ですが、「単文にして翻訳機にかける」、「Weblio、livedoor、Yahoo!、Exciteなど複数のWEB翻訳を比較する」、「最終的に自分の頭で考える」などのことを徹底しておけば、便利なツールとして上手に使える力がついていきます。

Q4：ソーシャルメディアを作文の授業に使えますか。

A4：使える可能性は十分にあります。

SNSなどソーシャルメディアの利用については、個人情報の漏えいや偽情報の拡

散などリスクが主張されたり、一定数の人々からの無関心や拒絶感が示されたりします。しかし、デジタル・ネイティブと呼ばれる学習者たちに対して、新しい社会の潮流をまったく無視した教室は今後成立しにくくなるでしょう。

ソーシャルメディアを作文のクラスに用いる利点は、何と言っても「現実性」です。「一人で苦労して書いた作品の読者は、ただ先生だけだった」というのではなく、作文を書くための対話の相手、また成果物を介した対話の相手が、コンピュータの向こうに現実にいるというおもしろさです。海外の日本語教育の現場では、これまでは教室外で「生の日本語」に触れる機会は限られましたが、SNSを使えば、初級段階から実際の日本語コミュニティに学習者を「放り込む」(當作2013)ことができます。「いつか日本に行くときのための日本語学習」ではなく、今、ここで実際に使いながら学ぶ日本語です。また、関心のある領域のブログにコメントしたり、社会的に影響力のある人に直接自分の意見を送るなど、現実の社会活動を授業の一環として組み込むことができます。ここでは、Facebookとブログを使った例を見てみましょう。

① **Facebookを教室で使うとしたら？**

Facebookの教育現場での使用はまだ試行錯誤の段階ですが、テキスト上で特定の人たちと連絡しあったり、頻繁にコメントを見たりそれに返答したりできる機能は、作文の教室にはとても便利です。たとえば、初級段階でも「今、〜ています」という写真付きの投稿や、おいしい料理を写真とともに紹介する投稿などを宿題として課すなどの活動ができます。そこに日本語のコメントや「いいね！」が付けば、学習者のモチベーションはあがります。また、学習用の非公開グループを作り、教師が与えたテーマについて、あるいは学習者自身が関心のあるテーマを提出して議論できます。週に1回以上のコメントを義務づけておく、○○文字以上書きこんだらボーナスポイント！などのルールを決めておくとよいでしょう。《➡第2部第14章を参照》

Blattner & Lomicka(2012)は、米国内の大学のフランス語クラスとフランス国内の大学の英語クラスで、Facebookを用いた交流授業をしています。英語もフランス語も自由に使って「ロマ(ジプシー)の人々について」などのテーマで双方の学生たちがテキスト上で議論します。異文化理解、目標言語使用、対人コミュニケーションスキルの向上の点で、学生たちからの評価は高いものでした。また、語彙や文法的な知識についても、それに焦点を当てたクラスではなかったにもかかわらず、目標言語のパートナーたちからのフィードバックによって効果があったとされています。

② ブログを書く

　プレンスキー(2013)は、デジタル時代の最大の力は「情報共有」であると言っています。学習者たちの作文は、オンライン上に置くことで世界の共有物となります。プレンスキーは、今一つ学習意欲が低かった移民労働者の子どもたちに親類や知り合いにインタビューさせ、その記録をWEBに投稿させたという活動を紹介しています。その子どもたちの中には、大人たちの会議に報告者として参加する人もいるそうです。この活動をやり遂げた子どもたちを、プレンスキーは「ジャーナリスト」と呼びます。

　また、米国のBicycle Writingという活動もユニークです。毎回目的地を変えて数時間の自転車旅行を行い、そのときの様子や考えたことを日誌にまとめることで文章力を磨きます。学習者それぞれが自転車に乗りながらぐんぐん街をめぐり、ブログを書いてその魅力を世界に発信し、「地域おこし」「街づくり」の地域活動をする人々とつながっていくという作文教室も、楽しそうです。

　自分が大好きな本や映画、ゲーム、アニメなどを紹介するブログも、創造的な自己表現です。他の人が書いたブログにコメントすることもできるし、そのテキスト上で興味や関心を共にする人たちとの交流が生まれます。しかし、世界に向けて発信する以上、そこにはもちろんリスクがあります。それを避けるための事前の手続きは必要でしょう。不適切な投稿を読ませて批判させたり、「信頼性のある情報発信」、「他者のプライバシーを守る」、「温かみのある表現」、「著作権などの知的所有権の遵守」などが盛り込まれたガイドラインを作って考えあったりすることが必要です。「言論の自由」とのバランスは大事ですが、東海大学、亜細亜大学などの学生向けのガイドラインは参考になります。

参考文献

あべやすし(2010)「てがき文字へのまなざし─文字とからだの多様性をめぐって─」かどやひでのり・あべやすし(編)『識字の社会言語学』生活書院、pp.114-145.

なかのまき(2012)「書評／松本仁志著『「書くこと」の学びを支える国語科書写の展開』」『社会言語学』XII, pp.115-126, 社会言語学刊行会.

當作靖彦(2013)『NIPPON3.0の処方箋』講談社.

マーク・プレンスキー(著)・情報リテラシー教育プログラムプロジェクト(訳)(2013)『デジタルネイティヴのための近未来教室─パートナー方式の教授法─』共立出版.

Blattner, G & Lomicka, L（2012）Facebook-ing and the Social Generation, *A New Era of Language Learning, Apprentissage des langues et systèmes d'information et de communication*, Vol.15, No.1, Alsic.（http://alsic.revues.org/2413）

参考URL

亜細亜大学　ソーシャルメディアガイドライン
　　http://www.asia-u.ac.jp/information/socialmedia/guideline_media_student/
オンライン日本語練習帳　http://www.nihonmura.net/jp/
Online Nihongo　http://www.onlinenihongo.com/
Google日本語入力　http://www.google.co.jp/ime/
慶應情報喫茶　原稿用紙の使い方　http://www.nets.ne.jp/~keio/genkoyoshi.htm
Online作文教室言葉の森　原稿用紙の使い方　http://www.mori7.net/gennkou.php
Japanese Typing Practice for Beginners
　　http://faculty.washington.edu/iwata3/type/typing_contents.html
東洋大学　ソーシャルメディアの利用について　https://www.toyo.ac.jp/site/support/21738.html
Tomarigi　http://www.pawel.jp/outline_of_tools/tomarigi/
日本語作文支援システム「なつめ」　http://hinoki.ryu.titech.ac.jp/
Baidu IME 楽しい日本語入力　http://ime.baidu.jp/type/
文化庁改訂常用漢字表　http://www.bunka.go.jp/bunkashingikai/soukai/pdf/kaitei_kanji_toushin.pdf
むらログ　日本語教師の仕事術　http://mongolia.seesaa.net/
Lang-8　http://lang-8.com/
Live mocha　http://livemocha.com/

※本章を書くにあたり、一戸信哉さん（敬和学園大学　情報法・情報メディア論）より貴重なアドバイスをいただきました。感謝申し上げます。

【基本】授業準備

第3章 教師の役割を考える
：ファシリテーターとしての教師

金井勇人

>>>>>

　作文の授業では、学習者の目的を第一に考え、それを授業の方針に反映させることが重要だということを、第1章では作文のテーマから、第2章では作文のツールから述べました。この第3章では、作文の授業のもう1つの柱である教師の役割を扱います。作文の授業において教師はどのような立場から何をすることが期待されているのでしょうか。この章では、教師の役割をファシリテーターという観点から考えます。

Q1：作文の授業における教師の役割とは何ですか。

A1：作文の授業における教師の役割はファシリテーターです。

　「ファシリテーター（facilitator）」という言葉を『大辞泉』（小学館）で引いてみると、次の2つの語釈が出てきます。

　　(1) 物事を容易にできるようにする人や物。また、世話人。
　　(2) 集会・会議などで、テーマ・議題に沿って発言内容を整理し、発言者が偏らないよう、順調に進行するように口添えする役。議長と違い、決定権を持たない。

　(1)と(2)の意味での「ファシリテーター」は、この章で紹介する作文の授業における2つの役割と、ぴったり合います。それではなぜ「2つ」の役割が必要なのでしょうか。まず、作文の授業における教師と学習者との関係を考えてみると、それは理論的に大きく分けて、以下の2つのパターンとなるはずです。

　　(3) 教師が「学習者より一段上に立ち、学習者たちを統率する」という関係。
　　(4) 教師が「学習者たちの輪に入りこんで、同じ目線に立つ」という関係。

　教師は日本語の文章表現に精通し、学習者に作文を教える立場にありますから、(3)の役割を期待されるのは当然のことです。学習者の作文能力が向上するように、授業運営に責任を持ち、クラスを導いていく責任が教師にはあります。

　しかし同時に、教室では、作文が皆で学ぶものである以上、内容の改善を巡り、参加者が対等な立場に立ち、教室内で活発なコミュニケーションが交わされるべきもの

です。ですから、筆者の授業では、1人の学習者が書いた作文をそのクラスの全員で読み、検討するようにしています。このときの教師は、一読者として、(4)の役割も担うことになるのです。

また、この章で紹介する授業スタイルでは、ある作文について2つの着眼点が生まれます。それをLittlewood(1981：88-89)にしたがって、以下のように考えます。

(5) focus on form（形式の焦点化）
(6) focus on meaning（意味の焦点化）

日本語として適切な書き方を指導するという点に着眼すれば、(5)が必要となります。一方、作文教室の中で交わされるコミュニケーションという点に着眼すれば、(6)が必要となります。この2つの見方が補完し合うことによって、1つの作文の授業が構成されるわけです。

この章では、(1)=(3)=(5)にかかわる役割を「添削・リライトのファシリテーター」と呼ぶことにします。そして、(2)=(4)=(6)にかかわる役割を「授業進行のファシリテーター」と呼ぶことにします。主に前者をQ2で、後者をQ3で扱います。

Q2：「添削・リライトのファシリテーター」とは何ですか。

A2：学習者が書いた作文を、きっちりと添削して、作文を「容易に書けるようにする人」のことです。

「学習者主導型」の授業が重要であるという認識は、かなり広く浸透してきました。このこと自体には私も賛成します。しかし、「学習者主導型」が重要であるということは、「教師主導型」は重要ではない、ということを意味するわけではありません。2つの「型」が1つの授業の中でバランスよく配合されて初めて、どちらの「型」も効果を発揮できるのです。この「2つが補完し合う」という点が重要です。

「学習者主導型」の代表として「ピア・レスポンス」が挙げられます。これは学習

者同士が相互に「レスポンス」を行い合うことによって、正解への道を自律的に進んでいく授業方法・学習方法です。この「ピア・レスポンス」では「学び手たちが自律的かつ創造的に学ぶことができるように、教師は引き出しサポートするという教育観に立って」います（池田・舘岡 2007：46）ので、教師の介入は最小限にとどめられます。

それでは「教師による添削」は必要ないのではないか、ということになってしまいますが、ピア・レスポンスに代表される「学習者主導型」の意義を認めつつも、そういう立場を筆者は採りません。やはり「教師による添削」は必要なのです。それではなぜ「添削」は必要なのか、原点に立ち返って、そこから考えてみましょう。

学習者が書く日本語の文章、特に中級レベルの学習者の作文には、言うまでもなく、日本語の表現として不自然な箇所や、不適切な箇所が散見されます。これらを1つ1つ指摘して、修正して提示するわけです。《➡第1部第8章〜第10章を参照》

学習者は母語話者に比べて内省が苦手ですから、自分では自然、適切であると思って文章を書いていても、母語話者の目で見たら不自然、不適切かもしれません。そのような箇所は、指摘されて初めて気がつきます。この気づきこそが、作文上達のための第一歩と言って過言ではないでしょう。

すなわち、完全な「学習者主導型」で問題となるのは、「規範」が存在しない、ということです。ここで言う「規範」とは、必ずしも「正しい」という意味ではなく、日本語母語話者ならば「ふつう」このように書く、といった程度の意味です。

ピア・レスポンスを推奨する池田・舘岡（2007）でも、次のように指摘しています。

（7）教室の中では、学習者の文字や文法の間違いを確実に指摘し、日本語母語話者のような文章に修正できるのは日本語教師しかいません。

(池田・舘岡 2007：80)

また、学習者は他の学習者からレスポンスやフィードバックを受けても、「どう直せばよいか分からない」「フィードバックが誤っている」といったような理由から、それを受け入れない場合もある、という調査結果も出ています（田中 2010：88）。

さらに英語教育において Ferris（1995：46）は、以下の調査結果を伝えています。

(8) 145 (93.5%) students felt that their teacher's feedback had indeed helped them improve as writers because it helped them know what to improve or avoid in the future, find their mistakes, and clarify their ideas.

（145名(93.5%)の学習者が、書き手としての自分を改善させるために、教師のフィードバックが大変役に立つと感じている。それは今後、何を改めるべ

きか、何を避けるべきかを教えてくれるし、誤りを見つけ、自分の考えを明瞭にできるからである）

であるならば、教師は堂々と（大胆に！）「教師主導型」で添削を行うべきでしょう。「学習者主導型」は、後述するように別の方法で補えばよいのです。

筆者は、第2部第13章で紹介する授業において、添削を行うのみならず、リライトまで行います。もちろん、あるクラスにおいて添削まででとどめるべきか、リライトまで進むべきかについては、諸々の状況に影響されますので、一概に言いきることはできませんが、ある場合にはリライトまで進んでもよい、と考えます。

例えば、寺村（1993）は、「一杯ノブドー酒ガアナタヲ元気ニスルデショウ」という文を挙げて、

(9) 文自体が間違っているわけでもなく、また、文または語が外界の事象または話し手の心象とマッチしていないというのでもないが、その言語として、そういう場合にはふつうはそうは言わない、といったような性質のものだと限定するのがよいのではないかと思う。　　　　（寺村 1993：196-198）

と述べています。この場合、「ブドー酒ヲ一杯ノンダラ気分ガヨクナリマスヨ（同）」といったふつうの言い方は、いくら学習者が一人で考えても、あるいは、いくら学習者同士でレスポンスし合ったとしても、出てこない可能性が高いでしょう。

この例が示唆しているように、学習者にふつうの言い方を提示することは、とても重要なことです。「規範を教える」というより、あくまで「ふつうの言い方を提示する」という心構えです。

表記や文法を修正することを添削と呼ぶとしたら、「ブドー酒ヲ一杯ノンダラ気分ガヨクナリマスヨ」のように文全体を修正することはリライトと呼ぶことができるでしょう。

そして「ふつうの言い方を提示する」という意味においては、添削の延長線上にリライトがある、と言えるでしょう。したがって筆者は、この2つを一括して「添削・リライト法」と呼んでいます（授業では「添削済み作文」と「リライト済み作文」の2つを配布します）。《➡第2部第13章を参照》

以上をまとめると、「教師主導型」における「添削・リライト法」において、教師は学習者を"一段上から"ぐいぐいと引っ張っていかなければなりません。このような役割をする教師が、前出の(1)=(3)=(5)の意味での「添削・リライトのファシリテーター」であり、作文の授業を構成する一側面として、欠かせない役割なのです。

Q3:「授業進行のファシリテーター」とは何ですか。

A3:ある課題（作文の表記・文法・表現の誤用や、作文の内容）についてクラスでディスカッションするときに、「順調に進行するように口添えする人」のことです。

「添削・リライトのファシリテーター」とは異なり、「授業進行のファシリテーター」では、教師はあくまで「口添えする人」であり、主役は学習者です。したがってこちらは「学習者主導型」の方法と言えます。

まずはディスカッションの一例を挙げてみましょう。

> (10) PROJECT WORK（先生の思い出）は先生から思い出を残こり、あるいは先生に思い出を残こるだけではなくで、このチャンスを使って先生と互いにもっと交流すること、もっと深く理解できるようにそれから、互いに思い出を残こる事と<u>私たちが思っています</u>。　　　　（水谷 1994：139）

(10)は水谷(1994)に掲載されている作文例です。筆者は日本人学生と外国人留学生の双方を対象にした誤用分析の授業を担当していますが、そこでは水谷(1994)の作文例を用いています。興味を持たれた方は、金井(2014)をご参照ください。

この作文を学習者が書いてきたものとしましょう。第2部で詳述しますが、ある学習者が書いた作文から、添削をしたもの(添削済み作文)、リライトをしたもの(リライト済み作文)の2部を作って、クラスの全員に配布します。したがって、クラスの全員が同じ作文を手に、ディスカッションをするのです。

(10)には複数の誤用の箇所がありますが、今は下線を引いた箇所だけに注目したいと思います。(10)の作文には添削をしてありますから、正確には以下のように、「が」は「は」に添削されています。

> (10)'「私たち<u>が</u>思っています」
> 　　　　　　は

ここでは、クラスメートの手元に「添削・リライト済み」の作文がある、ということが重要です。形式面で言えば、学習者がどのように間違え、それがどのように添削されたのかということ。内容面で言えば、学習者がどのようなことを伝えようとして、それがどのように伝わったかということ。これらをクラスの全員で「共有」するのです。後者の内容面については、添削・リライト済みでなければ、クラスで内容だけに集中できないことに注意してください。

さて、ここでなぜ「が」を「は」にする必要があるのかについて、学習者たちに自

由にディスカッションしてもらいます。このとき「さあ皆さん、話し合いましょう」と言っても、それはそれでなかなか難しいものでしょう。

　そこで重要となるのが、「授業進行のファシリテーター」です。話し始めるきっかけを作り、学習者たちがいろいろ意見を出し合っている間は、流れを把握しながら聞いていて、そのうちに意見が出尽くしてきたら、さりげなくヒントを出したりします。

　例えば「自己紹介をするときは何と言いますか？」などというヒントを、あくまで一参加者として学習者のディスカッションの輪の中に投げかけるのです。そうすると、「私はケビンです」というような答えが返ってくるでしょう。

　ここで「自己紹介では、なぜ『は』を使うのか」をきっかけに議論が活発になり、答えに辿り着けるような見通しが立てば、教師はディスカッションを静かに見守っていくだけで十分です。

　ファシリテーターの出番は、あくまでも、ディスカッションが停滞しているときや無関係な方向に進みそうなときです。そのとき、一石を投じたり、軌道修正をしたりするのです。それは言わば黒子であり、であるからこその「学習者主導型」です。

　さて、ここで「は」と「が」の違いに学習者たちが気づかなかった場合、改めて教師はヒントを投げかけます。例えば、「今、事務員がケビンさんを探しに来ました。そのとき何と言いますか？」などと尋ねます。そうすると、「私がケビンです」という答えが返ってくるでしょう。学習者たちは、無意識に「が」を選択しています。

　ここでさらに、なぜ自己紹介のときは「は」で、事務員が探しに来たときの答えは「が」を使うのか、学習者たちに自由にディスカッションしてもらいます。そうすると、たいてい誰かが「は」と「が」の使い分けに気づきます。その学習者に、日本語で皆に説明してもらいます。伝わらなければ、伝わるまで、ディスカッションです。

　(10)に即して言えば、おおよそ、「私たち」を主題として述べる場合は「は」、「私たち」に排他の意味が込められている場合は「が」、といったところでしょう。

　そうすると、(10)は「他の人たちではなく、私たちが思っています」という排他の意味ではないこと。つまり、主題の「私たち」はどうなのかが言いたいということ。したがって自己紹介のときと同じく「は」を使うのだということ。これらを、教師のヒントを頼りにしつつ、学習者たち自身が導き出していくのです。

　このように教師は、学習者たちのディスカッションの輪に入りこみながら、ときには一意見を言い、ときにはヒントを与えつつ、学習者たち自身から答えを引き出していく役割に徹します。これが「授業進行のファシリテーター」です。

　ここで、どこまでのヒントを与えるかが重要となります。あまりに「浅い」ヒントであれば、停滞したディスカッションは停滞したままでしょうし、むしろ混乱するか

もしれません。反対に、必要以上に「深い」ヒントを与えてしまうと、学習者たちからディスカッションをする楽しみを奪ってしまいます。それは、学習者の主体性を奪うということです。したがって、適度なヒントが望まれます。

テレビのバラエティ番組の司会者を思い浮かべると、分かりやすいかと思います。番組の流れが悪いとき、司会者は面白そうなネタを提供したりします。それを出演者の誰かが拾い、話を展開させていきます。その結果、番組の流れがよくなったら、司会者は少し引っ込み、話の交通整理に徹します。

自分が出過ぎてしまうと、他の出演者の個性が際立ちませんので、司会者の仕事としては上手ではありません。逆に、話題が盛り上がらないときに、面白そうなネタを提供しなければ、番組の流れが停滞してしまいますので、こちらも上手な司会者とは言えません。このように司会者の仕事には、２つの異なる役割が存在します。上手な司会者を見ていると、この２つを上手く使いこなしていることが分かるでしょう。

さて、ここで話を戻しましょう。「授業進行のファシリテーター」も、テレビ番組の司会者と同様である、ということが分かると思います。

教師が出過ぎてしまうと、学習者の個性が際立ちません。言い換えると、学習者の主体性を奪ってしまうことになります。一方、ディスカッションの停滞や脱線を放置しておいたら、答えに辿り着けません。ほどほどの介入ぶりがよいのです。

このように、いきなり教師が「格助詞の『が』には、こういう機能があって…」と講義するよりも、ディスカッションを経ることによって、ずっと楽しく、ずっと深く理解に到達することができる点こそ、「学習者主導型」の醍醐味です。そのためにこそ教師は、一段上からぐいぐいと引っ張っていかず、学習者たちの輪に入りこんで同じ目線に立つ必要があるのです。

ヒントからディスカッションへ

| 学習者たちが話し合う | 教師がヒントを出す | ある学習者が気づく | 学習者たちが納得する |

Q4:「添削・リライトのファシリテーター」と「授業進行のファシリテーター」はどちらも担当する必要がありますか。

A4：2つのファシリテーターは補完し合う関係ですのでどちらも必要です。

　添削・リライトを行うのは、内容についてのディスカッションを焦点化するためでもあります。安心して内容のディスカッションを行うには、添削・リライト済みの作文が必要です。その意味で、2つのファシリテーターは補完し合う関係にあります。ただし、その2つがつねに五分五分というわけではなく、学習者の希望や授業の環境に応じて、両者の配分を変更することは必要でしょう。

参考文献

池田玲子・舘岡洋子(2007)『ピア・ラーニング入門―創造的な学びのデザインのために―』ひつじ書房.

石橋玲子(2012)『第2言語による作文産出の認知心理学的研究―学習者主体の言語教育のために―』風間書房.

金井勇人(2014)「作文の誤用分析のための日本人学生と外国人留学生の混在型授業」『埼玉大学日本語教育センター紀要』8, pp.25-34, 埼玉大学日本語教育センター.

田中信之(2010)「学習者作文に対するピア・フィードバックの分析―フィードバックの教示と推敲の二つの観点から―」『小出記念日本語教育研究会　論文集』18, pp.81-92, 小出記念日本語教育研究会.

寺村秀夫(1993)「「表現の比較」ということについて」『寺村秀夫論文集Ⅱ―言語学・日本語教育編―』くろしお出版, pp.185-212.

水谷信子(1994)『実例で学ぶ誤用分析の方法 ―日本語の教え方実践マニュアル―』アルク.

Ferris, D.R.(1995) Student reactions to teacher response in multiple-draft composition classrooms, *TESOL Quarterly,* Vol.29, No.1, pp.33-53.

Littlewood, W(1981) *Communicative Language Teaching: An Introduction*, Cambridge University Press.

【基本】教室活動

第4章 コミュニケーションを重視した活動
：協働の場としての教室

渋谷実希

>>>>>

　作文の授業は、与えられたテーマについて、机に向かってひたすら静かに書く時間でしょうか。書く力を伸ばすのは、教師にしかできないことでしょうか。せっかくいろいろな学習者が集まる教室という場を活用してみませんか。この章では、学習者同士が互いに支援する活動をはじめとして、コミュニケーションを重視した教室活動を考えます。

Q1：作文の時間はクラスが暗いです。活性化するにはどうしたらいいですか。

A1：作文のクラスを活性化するのに大切なことは、①コミュニケーションを目的に書かせること。②学習者同士の協働学習の機会を持たせること。③自分を表現し、相手も理解する相互理解の場を与えることの三つです。

　言葉を使うことの最終的な目的はコミュニケーションです。書くことの目的もコミュニケーションであるはずです。けれども、作文の活動は、文型練習や誤用チェックが大きな目的になっており、自分が誰に向かって、何のために書くのかという大切な部分が忘れられがちなのではないでしょうか。教室は、書き手と読み手のコミュニケーションを作り出す場だと考えることが大切です。

　もう一つ、作文のクラスは教師がテーマを指示し、学習者は机に向かってとにかく書くというイメージなので、どうしても個人的で静的な作業になりがちです。ですが、作文だからと言って一人の作業に徹する必要はありません。クラスを活気づけ、楽しく書くためには、学習者同士が協力し合う時間を持ちましょう。トピックについて話を膨らませる、クラスメートが書いた作文について意見を言うなど、書き手と読み手の双方に学習者を登場させることで、クラスがイキイキしてきます。

　人は、自分を表現し相手を理解したいという願望を持つ社会的存在です。自分を表現する機会や場所があることは、学習者にとって非常に大切なことです。また、表現することで自己発見や自己理解を促し、他者とは違う自分のアイデンティティやオリジナリティを確立する助けになります。そして、相手を理解しようとする姿勢は、相手を受け入れることにつながり、その気持ちが学習者同士の理解を助けます。互いに理解に努め、相手を受け入れることで安心感が生まれ、学習者はクラスでの存在意義を感じられるようになるのです。教室活動を活性化するためには、そういった信頼関

係もとても重要だと考えます。

Q2：「コミュニケーションを目的にして書く」とは、どういうことですか。

A2：自分のメッセージを、自分で表現して誰かに伝えるために書くことです。

　私たちがコミュニケーションを行うときには、何のために相手と交流するかという目的があります。書くときにも、何かを伝えたいから書くという、本来の目的があります。たとえば、「〜より…のほうが―」という文型を学習した後の書く練習を見てみましょう。表1の上段は与えられた文型定着のための練習、下段は教師からの問いかけに答える、コミュニケーションのための練習です。

表1　練習の目的

練習の目的	作文例	情報とやりとりの場面
文型定着	（飛行機、電車を使った作文） ・飛行機より電車のほうが安いです。 ・電車より飛行機のほうが速いです。	・当然の情報 ・メッセージを伝える場面が思い浮かばない。
コミュニケーション	（あなたの国より日本のほうが安いものは何ですか？に答える作文） ・私の国より日本のほうがタバコが安いです。 ・車は、タイより日本のほうが安いです。	・自分の体験を通して発見した情報 ・相手からの問いかけに答えるという実際の場面

　このように、文型を練習する短い文を書くときにも、誰かに何かを伝えるときの目的を考え、場面を思い浮かべられると、ぐっと現実味が出るのではないでしょうか。小さなことでも、「伝えたい」ことがあること、自分の生活との関連性を感じられることが大切です。私たち自身が、いつどんなときに書く行動をしているかを思い起こし、学習者が必然性を感じられる状況を提供できるといいでしょう。

　必然性を感じるためには、真正性があることも大切です。真正性とは、学習者が実際に見たり聞いたり経験する、真実味のことです。現在進行形の「〜ています」を使って書くときを考えてみましょう。南国で日本語を学んでいる学習者に「今、雪が降っています」と書かせるのはリアリティがなく、状況に真正性が感じられません。

　では、「〜ている」の文型を、真正性のある場面で書くのはいったいどんなときなのか。そこで思いつくのが、たとえばFacebookです。皆さん自分の今やっていることを「友だちと居酒屋でビールを飲んでいます。」「スノボーをしてます！」と書き込んでいます。これなら、状況にも無理がなく、自然に文型を使いながらメッセージを伝えられます。自分のしていることを「〜ています」を使ってFacebookにアップする宿題などは、楽しく自然な学びにつながります。《➡第2部第12章を参照》

また、学習者が大学生やビジネスマンなら、日記やエッセイよりも、プレゼンテーションを目的に何かについて調べ、書いてまとめるほうが、より真正性の感じられる活動になるでしょう。《➡第2部第14章参照》

　そうやって教師が真正性を意識することで、学習者の生活やニーズとつながった、実際の場面で使える日本語の力を提供できるのです。その場合、伝える相手がいることも大切で、それが誰かもポイントになります。自分と親しい人なのか、同じ国の人なのか、それによって目的も伝えたい内容も表現も変わってくるはずです。ですから、常に教師だけを読み手に設定するのではなく、クラスメートや教室外の日本人を対象にすると、実際のコミュニケーションの目的が意識しやすくなります。

Q3：「協働学習」とは何ですか。

A3：学習者同士が協力して学習課題を進めることです。「ピア・ラーニング」とも呼ばれます。

　私たちは普段、コミュニケーションの中で様々な反応を受けとっています。気持ちを理解してくれた、話がウケた、よく伝わらなかった、などのリアクションがあることで、次にどんな話を続けようかとか、あるいはもっと分かりやすい説明を加えようかなどの展開を考えることができます。

　作文も、読み手からの反応によって自分を振り返るきっかけになり、次の学習につながります。そのため私たち教師はフィードバックをするわけですが、ここにクラスメートを協力者として参加させてみましょう。お互いを知っているだけに、教師よりも一歩踏み込んだ立場のフィードバックや鋭い質問が出るかもしれません。同じテーマでも、いろいろな見方があることに気づくかもしれません。作文を書く前のテーマ選びの時点で協働を取り入れれば、アイディアが広がり、書くことへのモチベーションも高まります。

　さらに、その読み手の反応を意識しながら作文を書くことも大切です。私たちは相手にしてほしい反応をどこかで期待しながらコミュニケーションをとっているからです。皆さんは、「友だちにこの話をしたら驚くだろうな」とか、「彼女を怒らせないように謝らなくちゃ」などと考えて話の順番や言い回しを練っているはずです。書くときにも、読み手が誰で、その人にどんな反応をしてほしいかによって書き方も変わります。こういうことを意識してテーマを選ぶと、学習者はトピック選びにも真剣になります。そこで私は、クラスメートが驚くような新しい情報を集め、それをまとめて発表し、クラスメートから一番多く「へえ！」を獲得できた人の優勝という活動をしています。《➡第2部第14章参照》

学習者にとって、クラスメートからの反応というのは、教師からのものより重要な意味を持つことがあります。あの人を驚かせたい、みんなを笑わせたいという気持ちは、純粋にモチベーションを上げるものなのです。このように、学習の過程に学習者同士の協力を用い、互恵的に学ぶ活動が「協働学習（ピア・ラーニング）」です。
　池田・舘岡（2007）では、タイトルとアウトラインを考えた段階でグループのメンバーが相互にそれを読み、理解を確認する協働学習を紹介し、その目的を次のように整理しています。

表2　活動の目的

書き手にとって	読み手にとって
①自分の文章がどう読まれるかを知る。 ②話し合った中から自分の作文の改善の手掛かりをつかむ。	①相手の文章を分析的に読むことで書き手の意図を理解する。 ②相手の文章をよりよくするために、具体的な改善案を書き手と一緒に考える。

池田・舘岡（2007：95）

　このように、クラスメートからの反応は作文の内容や構成を考える手助けになります。協働学習には日本語能力の向上以外に次の効果が期待できると言われています。
　①リソースが増える：それぞれに異なった文化や背景、知識を持った仲間が集まることで、より豊かなリソースを持つことができる。
　②相互作用による理解深化：仲間との対話は、互いの理解を深めたり、考え方を変容させたり、また、新しいものを生み出したりする可能性がある。
　③情意面でのメリット：自分以外の人間と協力してものごとを進めることで、他者との社会的関係性の構築への学びや学習への動機づけになる。

Q4：学習者が自分を表現し、相手を理解するには、どんなことをすればいいですか。

A4：教師がトピック設定や、タスクの出し方に工夫をすることです。

　具体的には、次の2つのことを意識すると、学習者の個性が出やすくなり、互いに関心のあるトピックになるでしょう。
　①（書き手と読み手に）情報差があること。
　②（書き手の）内容や表現の選択の自由があること。

Q4-1：「（書き手と読み手の）情報差」を作るには、どのようにしたらいいですか。

A4-1：学習者同士の情報差が表れるトピックを示しましょう。
　たとえば、基本の動詞や時間の表現を学んだ後によく「私の一日」というトピッ

クで書かせると思うのですが、文型をなぞっているだけで、ほぼ全員が同じ作文という状態に陥りませんか。それは、学習者自身にとっても目新しいことがなく、面白味を感じられないトピックなのではないでしょうか。既知の情報、当たり前のことについて書いたり読んだりすることは、練習としては必要なときもありますが、コミュニケーションの純粋な楽しみを奪うことになりかねません。そのために工夫できるのは、学習者同士の情報差をうまく利用するトピックの提示です。

たとえば、「私の一日」を、「私の理想の一日」「私の国の大学生の一日」というトピックにすると、どのような違いが生まれるでしょうか。

表3 「私の一日」をめぐるトピックの工夫

トピック	作文例	情報差とその効果
私の一日	・私は、毎日朝7時に起きます。顔をあらって、ごはんを食べます。電車に乗って学校に来ます。…	・自分にとって目新しいことはない ・クラスメートも似たような生活をおくっており、ほとんど情報差はない
私の理想の一日	・川の近くのテントで起きて、朝のコーヒーを飲みます。朝の空気はおいしいです。… ・私は寝ません。夜、友だちとお酒を飲んでパーティーをします。…	・各自のアイデアや個性が出せる ・クラスメートがどんなことを書いたか、作文を読んでみたくなる ・クラスメートの作文を読み、どんな人か知るきっかけになる
私の国の大学生の一日	・私の国の大学生はあまりアルバイトをしません。宿題がたくさんあるからです。 ・韓国の大学の近くには、たくさん居酒屋があります。大学生は週末、よくそこでお酒を飲みます。私もよく飲みました。	・学習者が多国籍の場合、情報差が大きい ・クラスメートの国について知るきっかけになり、日本語を通したコミュニケーションになる ・はじめに教師が「日本の大学生の一日」というトピックで紹介しておくと、日本事情の学習にもなる

このように、情報差への欲求をうまく使うと、自分と他者との違いが際立ち、書くことも読むことも楽しくなってきます。

Q4-2：「選択の自由」とは、どのようなものですか。

A4-2：書く内容やどんな表現を使うかを、自分で選んで決めることです。

たとえば、希望を表す「〜たいです」という文型を書いて練習するとき、「ビール・飲む」「国・帰る」と全て教師からキューが指定されると、ビールを飲みたくなくても「ビールが飲みたいです」と書かなければいけません。形の練習にはよいのですが、学習者には選択権がありません。選択権のない練習では、学習者が自分について表現する喜びがありません。でも、だからと言って「"〜たいです"を使って自由に書きなさい」と言われると、逆に何を書いていいか分からなくなる学習者もいます。そこは教師がある程度ヒントを出す必要があるでしょう。

特に初級のうちは、使える文型も言葉も限られていますから、そのクラスに合ったレベルで、アイディアが広がったり、自分の経験が生かせたりするようなテーマを設定するのがよいです。たとえば、「私は日本の_____を国へ持って帰りたいです」とするだけで、考える楽しみが出てきませんか。新幹線を持って帰りたい学習者、ウォシュレットを持って帰りたい学習者など、様々です。そしてその理由を説明していくことで、自分を表現する一つの作文ができます。

　中級以降はある程度学習の蓄積があるので、選択権の自由を発揮できる機会は多くなります。「あなたは、Ａさんという人とデートをすることになりました。しかしあなたは、友だちもＡさんが好きなことを知っています。友だちに、Ａさんとデートすることをどう伝えますか。メールを書いてみましょう。」などという設定にすれば、どんな表現を使って、どう伝えるのか、個性が出てきておもしろいでしょう。

Q4-3：「選択の自由」と言っても、学習者にはそれだけの選択肢がないのではないでしょうか。

A4-3：その通りです。だからこそ、教師からの支援が必要です。

　自分が伝えたいことにピッタリくる表現や書き方を選ぶためには、充分な選択肢を持っていなければいけません。しかし学習者にはネイティブと同じような日本語力がありませんから、やはり教師からの支援が必要になってきます。文と文をつなぐ接続詞の使い分けや、硬い文を書くときに「です・ます体」ではなく「である体」を使うことなどは、教師が教え、知識として提供しておかなければいけません。しかし、一度書いてみないと自分が何を書きたくて、どう伝えたいかが分からないこともあります。その場合は、作文を書いた後に、学習者が本当は何を伝えたかったのか詳しく説明を聞き、それに合ったフィードバックをする《➡第２部第18章を参照》、教師がリライトして自然な表現を提供する《➡第２部第13章を参照》などの対応をすることで、今後の選択肢が増やせるはずです。

　教室という場を生かし、教師も学習者も協力し合って、コミュニケーションをとりながら、楽しく書くことを目指したいものです。

参考文献
池田玲子・舘岡洋子(2007)『ピア・ラーニング入門 ―創造的な学びのデザインのために―』ひつじ書房.
岡崎敏雄・岡崎眸(1990)『日本語教育におけるコミュニカティブ・アプローチ』凡人社.
国際交流基金(2007)『国際交流基金日本語教授法シリーズ６ 話すことを教える』ひつじ書房.
田中武夫・田中知聡(2003)『「自己表現活動」を取り入れた英語授業』大修館書店.
當作靖彦(2011)「外国語教育のゴールを設定するために」『国際文化フォーラム通信』89, pp.3-7, 国際文化フォーラム.

【基本】教室活動

第5章 「総合活動型」で書く
: 作文を書くプロセスの重視

武 一美

「総合活動型」の「総合」は、総合的なコミュニケーションをすること、「活動型」は、学習者にとって必然性のある活動をすることを意味します。つまり、教師は、「話す」「聞く」「読む」「書く」という四技能が自然な形で存在するよう教室環境を整え、学習者の言語活動の結果として産出された成果物が作文となります。この章では、そうした「総合活動型」の作文授業について考えます。

Q1:「総合活動型」の作文授業と一般的な作文授業とは何が違いますか。

A1:作文に違いがあるのではなく、両者の授業の組み立てに違いがあります。

一般的な作文授業では、作文そのものに授業の焦点があるのに対し、総合活動型の作文授業では、作文完成に至るまでのプロセス全体を重視します。プロセスでは、学習者同士や教師とのやり取りが大切になります。《「総合活動型」作文授業のプロセスについては、第2部第15章を参照》

例えば、自己紹介文を書かせる場合には、どのようなテーマで書くとお互いのことが分かるのかを話し合うことから始めます。次に、複数のテーマ(私の故郷、私の家族、私の友達など)について口頭による自己紹介と学習者間のやり取りを経て、作文をスタートさせます。また、書かれた自己紹介文をもとに、内容・表現形式へのやり取りをさらに数回重ねて、一つの作文を完成させます。

「総合活動型」の作文授業の特徴を挙げると次のようになります。

① 具体的な目標に向けて活動するプロセスを重視する。
② 活動のプロセスで、作文の内容が作られたり深められたりする。
③ 表現内容を深めることに教師が大いに関与する。
④ 学習者が作文のテーマを決める。
⑤ 作文が学習者間のコミュニケーションの媒介となる。
⑥ 教師は学習者の表現意図を十分確認した上でそれに見合う表現を提案する。

Q1-1:「総合活動型」の作文授業のテーマはどのように決めますか。

A1-1:テーマから学習者が考える場合と、教師がテーマを提示する場合とがあります。

提示するテーマは、例えば「自己紹介文を書く」「自分の将来について書く」「新聞への投書文を書く」「書評を書く」などです。しかし、教師がテーマを提示する場合でも、1つの作文の完成に至るまでには、作文の第1稿を書く前からの教室での学習者間のやり取りが欠かせません。

Q1-2:「総合活動型」の作文授業で重視することは何ですか。

A1-2:「総合活動型」では、作文は総合的な活動の成果物と考えます。したがって、重視するのはその最終地点までのプロセスの設計です。

例えば、「自分の好きなテーマで作文を書いて文集を作成する」という15週間の授業の流れは、表1のようになります。作文は「動機・対話・結論」の3部構成で、授業の流れに沿って作文が順に書き足されていくように授業が設計されています。

表1 「総合活動型」作文授業(中級以上)の15週の計画例

週	内容	学習者がすること
1	オリエンテーション	・自己紹介をする（興味のあることについて話す）。 ・文集の例を見て活動のイメージを作る。
2	テーマを決める	・自分のテーマについて話す。
3	「動機」を書く	・なぜそのテーマなのかについて「動機」を書く。 ・クラスで「動機」を読み合いコメントする。 ・「動機」を書き直す。
4		
5		
6	対話する	・テーマについて対話する相手を決める。 ・対話する（対話を記録する）。 ・対話の内容をクラスで報告する。
7		
8	「対話」を書く	・対話の内容を整理して作文の「対話」部分を書く。 ・クラスで「対話」を読み合いコメントする。 ・「対話」を書き直す。
9		
10		
11	「結論」を書く	・「動機」「対話」に続けて「結論」を書く。 ・作文（「動機」+「対話」+「結論」）を読み合いコメントする。 ・作文全体を調整する。
12		
13		
14	「終わりに」を書く	・「終わりに」を書いて、作文を完成させる。
15	評価する	・他者評価・自己評価する。

中でも、6〜7週の「対話する」部分が特徴的です。テーマに対する自分自身の考え(「動機」)をもとに、自分が決めた1人〜2人の対話相手とディスカッションし、対話内容の記録を取り、作文の「対話」部分(対話の報告)を書きます。対話相手は、学習者が「この人と対話したい」と思う人が一番望ましいのですが、クラスや学習者によっては対話相手を探すことが難しい場合もあります。その際には、クラスメート同士でペアになって対話したり日本人ボランティアをクラスに入れたりします。ですから、対話相手次第で、授業時間内にその都度対話時間を設ける必要も出てきます。

　作文中の「対話」部分は、自分と対話相手とのやり取りをト書きのように書いたものに、自分が考えたことを書き加えます。つまり、授業設計に、書く内容自体を創造する段階が組み込まれているのです(表1の網掛け部分)。

　「動機」「対話」が完成したら「結論」(最終的に考えたこと)を書いて、作文全体を完成させます。コメントの活動は、授業開始当初はグループではなく全体で行うほうがいいでしょう。学習者が、コメントのやり方を理解するためには、教師の働きかけが必要だからです。例えば、教師は、学習者のコメントを促したり、分からない部分を指摘して書き手に説明を求めたり、学習者がいいコメントをした場合には励ましたりします。そして、学習者間のコメントが順調に進むようになったらグループ活動へと移行するといいでしょう。ただし、10人前後のクラスであれば、1学期間を通してグループではなく全体でコメント活動を行うこともあります。

Q2：「総合活動型」の作文授業を設計するためには、まず何をしたらいいですか。

A2：なぜ、何のために、誰に向けて、何を書くのかをしっかり考えることです。

　まず、「なぜ、何のために」について考えてみましょう。私の場合は、大学の留学生クラスで教えるとき、様々な国から「この教室」に集まった人たちがお互いのことを何も知らずに終わることがとても残念なので、お互いがこれまで体験してきたことや日本で体験したこと、したいことなどを共有したいと考えます。何より、まず私が彼らのことを知りたいのです。したがって、私の教室の「なぜ」は、お互いのことが分かるために、ということになります。「誰に向けて」は、お互い、つまり、クラスメートに向けてということになりますが、教師である私も中に入れてもらいます。

　「何を書くのか」は、「お互いについて分かるためには何を書いたらいいのか」を学習者たちに考えてもらいます。つまり、「テーマを自分で考える」ということです。話し合いの結果、クラスの統一テーマになる場合もあれば、学習者それぞれが別のテーマで書く場合もあります。

Q2-1：授業の設計と計画は同じですか。

A2-1：いいえ、違います。授業の設計の中に授業の計画があります。

　授業の設計には、目標と計画が必要です。目標は、すでに述べた「なぜ、何のために」ということです。そして設定した目標を実行するために、授業の計画を立てて実行します。例えば、表1の授業の目標は、「お互いを知ること」、つまり、「お互いの価値観を知ること、自分の価値観を見つめ直すこと」です。そこで、計画の中に、「対話」があり、お互いの作文へのコメントの時間が組み込まれているのです。

Q2-2：「総合活動型」の作文授業の設計を、初級でするのは難しいのではありませんか。

A2-2：難しいですが可能です。初級でこそ「総合活動型」の作文授業の設計が必要です。

　初級の授業設計では、自己紹介を作文の大きな枠組みにするといいでしょう。自己紹介のためのテーマを、教師が複数提示することも必要です。例えば、「私の友達」「私の家族」「私の故郷」「私の好きな場所」などが挙げられます。また、学習者からテーマを出してもらうこともできるでしょう。

　「総合活動型」の作文授業の設計は、初級レベルであっても内容のある作文を書くことを可能にします。それは、「総合活動型」の授業設計が作文を書き始める前の時間をとくに十分に取っているからです。例えば、「私の故郷」というテーマで作文を書き始める前の段階では、次のように授業が進みます。

　　地名をまずＢ５の紙(少し小さめの紙)にカタカナで書く。
　→ 一人の学習者が「トロムサ」と書いた紙を示す。
　→ 「トロムサ」は北欧の都市名だが、聞き慣れない名前なのでクラスメートたちから「どこですか」「どんなところですか」などの質問が出る。
　→ その質問に、本人がしどろもどろに答える。
　→ その内容が、作文の内容へとつながる。

　このように、作文の内容と日本語が同時に産出されていくよう、「総合活動型」の作文授業は設計されます。

　表2(次頁)の例は、「お互いのことをよく知る」という目標に向けて、学習者自身がクラスのテーマを考え、テーマに沿って口頭で自己紹介を数回行い、最終的に作文を書くという授業例です。学習者間の作文の読み合い・質問とコメント・書き直しを複数回行います。その間、内容の深まりと適切な表現形式へ向けて、教師は積極的に関わっていきます。まず、自己紹介のテーマをクラスみんなで決めます。表2の例では、①「私の旅行」、②「私の故郷」を想定しています。次にテーマ①、②を振り返って、

「お互いのことをよく知る」ために、このクラスでの自己紹介のテーマは何がいいのかをじっくり話し合い、③のテーマを決めます。この最後の自己紹介には、「私の将来」「私の友達」「私の専門」など、「今の私」を語るテーマが学習者から提案されることが多いです。そして最後に、完成した作文を読み合って、15週間を振り返ります。

　一般的な初級のクラスでは、クラスメートの発表や作文が理解できないということが生じがちです。しかし、「総合活動型」では、作文を書き始める前から、そのプロセスにお互いが関わっているため、完成した作文が理解できないということはありません。

表2　「総合活動型」作文授業(初級)の15週の計画例

週	内容	学習者がすること
1	ガイダンス	・簡単な自己紹介をする。
2	自己紹介のテーマ	・どんなテーマがあるか挙げる。 ・いくつかのテーマで自由に自己紹介する。
3		
4	テーマを決める	・どのテーマが面白かったかを話す。 ・クラスのテーマを決める。 　→（例）「私の旅行」「私の故郷」
5	テーマ①「私の旅行」	【キーワードを書く＋話す】 ・テーマについて、キーワードを5～10考える。 ・キーワード1つにつき1枚のB5の紙に書く。 ・キーワードの紙を見せながら話す（やり取りする）。 （教師は、1人の自己紹介が終わるごとに内容の確認を行う。）
6		
7	テーマ②「私の故郷」	
8		
9	テーマを決める	・最後のテーマ、作文を書くためのテーマを1つ考える。 　→（例）「私の将来」
10	テーマ③「私の将来」	【作文を書く＋作文を読み合う＋作文を書き直す】 ・キーワードを書く前に「私の将来」についてブレーンストーミングをする。 ・キーワードを考える。 ・キーワードの紙を見せながら話す（やり取りする）。 ・作文を書く。 ・作文を読み合い質問やコメントをする。 ・作文を書き直す。→完成させる。 ・作文集を作る。
11		
12		
13		
14		
15	活動を振り返る	・作文集を読む。 ・15週の活動とお互いの作文についてコメントする。

Q3：作文を書く前から書き始めるまでのプロセスで教師は何をしたらいいですか。

A3：学習者個々のポートフォリオ収集をするといいでしょう。

　どのようなサポートが必要かは、個々の学習者によって異なります。そこで、学習者個々の情報を収集し可視化できるようにしておくことが大切です。

Q3-1：ポートフォリオとは何ですか。

A3-1：教育におけるポートフォリオには、①ポートフォリオ収集と、②ポートフォリオ評価があります。①は具体的な産出物を指し、②は評価の材料として、その産出物を使うことを意味します。

　まず、ポートフォリオ収集について考えてみましょう。収集の目的は、証拠を集めて学習の状況を把握することです。例えば、ある学習者の自己紹介のキーワードをテーマごとに並べてみると、「うれしい」を使い回していることが分かりました。「うれしい」が意味することをよく聞いてみると、「(初めての知らない土地での)ドキドキした感じ」、「(友達の心遣いに)心が温かくなったこと」「(日本への留学で)自信がついたこと」など、様々な「うれしい」がありました。こういったケースでは、クラス全体で、「うれしい」の中身を突き止めて、ふさわしい表現を考えることもできます。また、ある学習者の作文第1稿と作文第2稿を並べてみると、もらったコメントを全て反映させたために説明が多くなりすぎて、言いたいことが分かりにくくなってしまうことがあります。その場合には、もらったコメントをそのまま全部反映させるのではなく、一度心に留めて、反映させるコメントとそうでないものをよく考えるよう促します。このように、授業での産出物を学習者別に時系列で並べて整理することで、教師が、誰に対してどういったサポートをすべきなのかが見えてきます。

　学習者にとっては、作文を書く前に教室でいろいろ話したことや、もらったコメントを見直すことで、作文に書く内容のイメージ作りができます。また、クラスで初めに書いた作文と最後に書いた作文を並べてみると、自分の表現力の進歩を確信することができるでしょう。

　収集物であるポートフォリオは、このように、質的な自己評価の方法としても使うことができます。ポートフォリオ評価は、学習者の成長や能力の証拠であると共に、教師が自分の指導を見直すためにも有効であると言えるでしょう。

Q3-2：ポートフォリオ収集は何をどのようにしますか。

A3-2：学習者の産出物（作文・ワークシート・コメントシートなど）を時系列でファイルします。

　学習者に作文等を返却する前にコピーを取っておいてもいいですし、学習者から学習者へのコメントシートであれば、もらった学習者がコメントを見たあと回収して教師が持っていることもできます。学習者は、ポートフォリオとして全ての産出物が整理されて、初めてその価値に気付きます。学習者任せにしていると、返却されたシート類を捨ててしまったりすることもあります。ですから、ある程度教師主導で産出物を回収・整理するほうがいいでしょう。

Q3-3：ポートフォリオ評価は誰が誰に対して何をどのように評価しますか。

A3-3：正しい答えはありません。教師が何を見たいのかによって異なります。ここでは、2つの例を挙げておきます。

　①学習者が自分の成長と今後の課題を作文やコメントシートから検討・評価する。
　②教師が自分の指導を学習者の産出物とシラバスや教案をもとに検討・評価する。

　①、②共、自分自身の学習や教授について自己評価するものです。このようにポートフォリオ評価では、他者からの評価やコメントは最終的には自己評価へと吸収されます。つまり、ポートフォリオの考え方には、自分で自分の学習を管理する自律的な学習者像があり、教師は、学習者を自律的な学習へと導く存在だと言えるでしょう。教師主導でポートフォリオを収集・整理することや、教室で教師が作文を教えることは、ポートフォリオの概念と一見相反するように見えるかもしれません。しかしながら、自律的な学習へと向かうプロセスにおいて、教師主導であること、また教師が教えることは、学習者の自律と相反するものではなく、自律への足がかり (scaffolding) と言えます。

ポートフォリオ収集の例

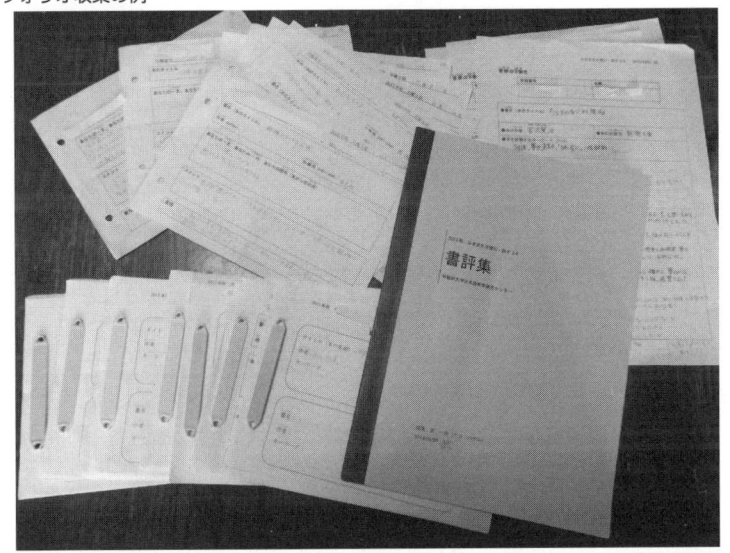

Q4：作文授業で教師が学習者をサポートするために心がけることがありますか。

A4：授業ダイアリーを書くことをお勧めします。

　ポートフォリオ収集によって、個々の学習者の進捗状況が可視化できます。一方、学習者間のやり取り、授業の手順や、教師の指示への学習者の反応、といった教室で起きていることは、ポートフォリオからはわかりません。学習者をサポートするために、よりよい教室環境へと整えていくためには、授業観察が重要です。授業ダイアリーにその日の予定をあらかじめ記入しておき、授業後に、教師がしたこと、学習者の様子、教師が感じたことなどを記録することによって、教室で何が起こっているのかを可視化でき、授業の改善へとつながります。

Q4-1：授業報告と授業ダイアリーとは何が違いますか。

A4-1：授業報告は他の教師に向けて書く外部の記録であるのに対して、授業ダイアリーは教師が授業改善のために書く、いわば内省の記録です。

　授業報告は、次に担当する教師やコースコーディネーターという他の教師に向けて書くものですが、授業ダイアリーは授業を行う教師自身（チームティーチングの場合には、複数教師間で共有される）の記録です。授業でしたことや学習者の反応などの記録に加え、教師が感じた授業の感触など主観的な記録を詳しく書きます。授業を行う教師自身が、何をどう感じたかは、授業の設計に関わる重要な記録です。

表3 授業ダイアリーの例

	2014年4月21日（月）

出席者：17名
欠席者：3名　（ヨー、キム、マイ）
準備したもの：B5白紙（10枚×学生数、マジック×学生数、マグネット）
　　　　　　　教師の自己紹介用キーワード記入済みB5用紙
配付物：B5白紙、マジック
提出物：キーワードを書いたシート
目標にしていたこと：テーマのある自己紹介のやり方を把握してもらう
〔教師がすること〕学習者に故郷を通して自分の気持ちを表すよう働きかける。
〔学習者がすること〕情報の羅列ではなく故郷を通して自分のことを語る。

授業で行った内容：
1. 故郷の場所を一人ひとり言わせる。
2. 教師が自分の故郷「東京」について発表する。
   - キーワードを書いたB5用紙7枚（1枚につき1つのキーワード）を黒板に貼る。
   - B5用紙＝「東京」「50年前」「空」「灰色」「今」「青い」「うれしい」
   - キーワードを見せながら話す。
   - 自己紹介が終わったら学習者からの質問を受ける。
3. A4白紙を配布し、故郷について思いつく言葉を書きださせる。
4. 3.でA4白紙に書いた言葉の中から、大事だと思う言葉（キーワード）を5～10選ばせる。
5. B5白紙を配布し、学習者にキーワードを書かせる。
6. 5人グループに分けて自己紹介をする。
7. グループを組み替えてもう一度自己紹介をする。×2回
8. 自己紹介を文章化する。

授業に関するコメント・学習者の様子
- 教師の自己紹介を丁寧にしたので、クラスでの自己紹介の仕方を理解できたと思う。
- 自分の思いや気持ちを表現するキーワード選びが難しいようだった。気持ちを表現することばのリストを配布することも必要かもしれない。しかし、配布したリストに縛られずに、自分の「感じ」を表現してほしいので、注意が必要だ。
- 合計3回自己紹介をしたら、少し飽きてきた様子だったので、1つのグループで自己紹介したあと、次に同じグループになった人については、他の学習者が紹介するようにしてみたら、割合よくできていた。前の自己紹介を忘れている場合は本人に聞いたりしていた。
- 質問が活発に出るグループとそうでないグループがあった。ピエールさんと朱さんがよく質問をして、自己紹介の内容が広がっていた。
- 自己紹介でどのようなやり取りをしたらいいのか戸惑っている学習者が多いようなので、次回は質問の仕方のモデルを見せるようにしたい。

学習者の進捗状況
・1回目自己紹介作文提出済み。

次回の予定
・次回は「私の将来」をテーマにした自己紹介だが、自己紹介後の質問時間に教師が関与してやり取りの仕方のモデルを具体的に示したい。

参考文献

細川英雄(2002)『日本語教育は何をめざすか —言語文化活動の理論と実践—』明石書店.

細川英雄・言語文化教育研究所スタッフ(2004)『考えるための日本語 —問題を発見・解決する総合活動型日本語教育のすすめ—』明石書店.

細川英雄(編著)(2007)『考えるための日本語［実践編］—総合活動型コミュニケーション能力育成のために—』明石書店.

細川英雄・蒲谷宏(編)(2008)『日本語教師のための「活動型」授業の手引き—内容中心・コミュニケーション活動のすすめ—』スリーエーネットワーク.

細川英雄・武一美(編著)(2012)『初級からはじまる活動型クラス—ことばの学びは学習者がつくる—』スリーエーネットワーク.

B. D.シャクリー・N.バーバー・R.アンブロース・S.ハンズフォード(著), 田中耕治(監訳)(2001)『ポートフォリオをデザインする—教育評価への新しい挑戦—』ミネルヴァ書房.

【基本】教室活動

第6章 アーティキュレーションを意識する
：四技能の連携

志村ゆかり

>>>>>

　レポートを書くためには、文献を読まなければならず、ノートをとるためには講義を聞かなければなりません。また、「書く」行為と「話す」行為は表現という面で近い関係にあります。「書く」という行為は、独立した行為ではないのです。この章では、コミュニケーション力を総合的に鍛えるために「書く」という行為に、「読む」「聞く」「話す」を組み合わせるとどんな活動ができるかを考えます。

Q1：コミュニケーション力を総合的に鍛える授業をするために、知っておくべきことは何ですか。

A1：「プロフィシェンシー」と「アーティキュレーション」という2つの考え方です。

　耳慣れない英語なのでわかりにくいですが、「プロフィシェンシー」と「アーティキュレーション」の2つはとてもシンプルな考え方です。

　まず「プロフィシェンシー」ですが、日本語にすると「熟達」「熟練」といったものに当たります。日本語教育での意味は、「活動の目標」、つまり「実際の場面で、日本語で何ができるか」ということになります。たとえば、「自己紹介ができる」「レストランで注文ができる」「買い物中、値段の交渉ができる」「新商品についてプレゼンテーションができる」といった具合に項目を立てて、それが日本語でできるようになることを目指し、日本語の学習を進めるのです。とても実践的で、生きた日本語を学べる考え方です。

　次に「アーティキュレーション」ですが、これはもう少し専門的な意味で使われる言葉です。日本語にすると「連携」「連関」「接続」といったものに当たります。日本語教育においてはいったい何と何との「連携」「連関」「接続」なのでしょうか。それは、大きくは2つに分かれます。

① **縦のアーティキュレーション**
　→初級、中級、上級といった日本語のレベル間の連携
　・初級、中級、上級では別々のことを学習するわけではありません。中級では初級

で学習してきた表現や文型が役に立ち、上級では初級・中級の表現や文型が役に立ちます。そうした連続性を踏まえて授業を組み立てる必要があります。

② 横のアーティキュレーション
　→「四技能の連携」「教師間の連携」「学校間の連携」など様々な視点があります。
　・「四技能の連携」を例にとると、「書く」ことは、言語運用という面では「読む」「聞く」「話す」ことと連動しています。たとえば、中級レベルのクラスが「書く」「読む」「聞く」「話す」という技能別のクラス編成であったとしても、クラス同士が連携を取ることで、教育効果は高まります。

　私たち教師は、「初級」「中級」「上級」、「書く」「読む」「聞く」「話す」、A先生・B先生・C先生のクラス、日本語学校・海外の大学・日本の大学などと、区別することに慣れています。区別自体は学習者の能力や状況を整理し理解するのに役立つのですが、区別が分断につながらないか、注意する必要があります。

　学習者の日本語能力の成長は連続的なもので、それを意識することで教育の効果も高まります。アーティキュレーションは、区別と連続という２面性を包括する優れた考え方なのです。

Q2：具体的に「書く」「読む」「聞く」「話す」を組み合わせるとどうなりますか。

A2：各技能単独の活動では得られない、高い教育効果が得られます。

　ここでは順に、「書く」だけにフォーカスした活動、「書く」「読む」を組み合わせた活動、「書く」「聞く」を組み合わせた活動、「書く」「話す」を組み合わせた活動を紹介していきます。

【「書く」だけにフォーカスした活動】

　「読む」「聞く」「話す」を意識せず、とにかく書いてみると、何が書けるでしょうか。この場合、使える情報はそれまでの自分の経験と知識になります。それをベースに「プロフィシェンシー」「アーティキュレーション」で整理してみます。

　ここで整理した表は、あくまでひとつの活動例としてご覧ください。例を紹介したのち、活動を考えるポイントも紹介しますので、そちらを参考にご自身で活動を考えてみてください。

表1　「書く」だけにフォーカスした活動例

話題（何ができるか）	初　級	中　級	上　級
自己紹介が書ける	「私は…です。…に…から来ました。どうぞよろしくお願いします。」と定形表現で自己紹介が書ける。趣味なども、音楽、料理などの項目で紹介できる。	来日理由や自分の性格、具体的な趣味などが簡単に説明できる。	自己PRができたり、来日のきっかけや経緯が詳しく説明できる。趣味や興味のある事柄について詳しく説明できる。
私の町について書ける	形容詞や存在（いる・ある）などを使って簡単に描写できる。	具体的に町やそこに住む人々の様子を説明できる。	地域の特性、歴史などについても紹介できる。
私の家族について書ける	家族構成（兄がいる等）や簡単な描写（兄は背が高い等）ができる。	家族の一人一人について、仕事や性格などを具体的に説明できる。	家族の一人一人について、比較したり性格分析したり、総合的に説明できる。
私の日本の生活について書ける	どんな日常生活を送っているか簡単に説明できる。（私はよく買い物します等）	自分の生活を通して、日本と母国の違いなどを具体的に比較できる。	自分の生活を通して、日本と母国を比較、分析し総合的に説明できる。
私の専門について書ける	何が専門かごく簡単に書ける。（私の専門はビジネスです。ビジネスはおもしろいです。でもレポートがたくさんありますから大変です等）	専門について、選択理由を述べたり、将来につなげて述べたりできる。	専門について、専門用語を使いながら具体的に説明できる。

　表1の活動は、縦軸でも横軸でも、「プロフィシェンシー」と「アーティキュレーション」を意識しています。

　「プロフィシェンシー」について見れば、「縦軸：身近な話題を広げて、書ける話題を増やす／横軸：ひとつの話題を深めて書ける」ということになります。また、「アーティキュレーション」について見れば、「縦軸：身近から広げた話題で連続している／横軸：ひとつの話題で連続している」ということになります。

　つまり、活動を考えるポイントは「身近な話題から社会的・専門的・抽象的話題へ」「ひとつの話題を段階的に（レベル別に）深める」という2点です。この2点で活動を考えると、実は文章の構成レベル（語句→単文→複文→段落）の習得も段階を踏めるようになります。

　そして、この2点はこのあとに続くほかの技能と連携した活動でもベースになるポイントです。《➡構成のレベルの詳細は、第1部第9章を参照》

【「書く」「読む」を組み合わせた活動】

　まず、「身近な話題から社会的・専門的・抽象的話題へ」というポイントについて考えてみます。身近な「読む」行為とはどんな行為でしょうか。それは、たとえば友だちから来たメール、冷蔵庫に貼ってある母親からのメモ、好きな芸能人や友だちのブログ、学校のお知らせ、ファッション雑誌といったものでしょう。そして社会的・専門的・抽象的話題で「読む」行為とはどんな行為でしょうか。それは、新聞、ビジネスメール、専門書、論文といったものでしょう。

　このように考えたのち、ではそうした「読む」行為に対して私たちはどんな場合に「書く」行為で応答しているでしょうか。この視点で活動例を挙げてみます。

表2　「書く」「読む」を組み合わせた活動例

話題（何ができるか）	初　級	中　級	上　級
申込用紙が記入できる	名前・電話番号・住所など最低必須項目が適切な箇所に書ける。	スポーツクラブの申込用紙など記入事項が具体的な場合に記入できる。	アパートの契約書類などに対応できる。
メールでやりとりできる	飲み会の誘いなど簡単な用件のみの対応ができる。	いろいろな話題で具体的なやりとりができる。	いろいろな話題で詳細なやりとりができる。
本を読んで感想が書ける	レベル別に対応した読み物教材を読んで、簡単な感想が書ける。	生教材で短いエッセイなどを読んで、著者のメッセージを簡単に紹介しながら感想が書ける。	平易な文章の小説やエッセイを読んで、ストーリーを要約しながら感想が書ける。
ブログを読んだり書いたりできる	ブログの簡単な記事が理解でき、自分でも記事が書ける。	ブログの具体的な話題が理解でき、自分でも具体的に記事が書ける。	ブログの微妙な表現や込み入った内容が理解でき、自分でもそうした書き込みができる。
新聞記事を読んで感想や意見が書ける	新聞の4コマ漫画などを読んで、簡単な感想が書ける。	新聞の生活面などの記事を読んで、記事内容を簡単に説明しながら感想や意見が書ける。	新聞の社会面・経済面などの記事を読んで、記事内容をまとめながら自分の意見が書ける。

　「書く」のみの活動では、いわゆる作文授業と言われる活動になりますが、そこに「読む」活動を連携させると、読む対象への応答の仕方（たとえば返信メールか感想文か）によって書くスタイルや使う表現などを調整する必要が生じ、改まり度による文体の調整にも役立ちます。

　一方、読む力と書く力のレベルは同じくらいに揃えます。これも「プロフィシェンシー」と「アーティキュレーション」を意識した調整です。《➡ SNSなどを利用した活動は、第1部第2章を参照》

【「書く」「聞く」を組み合わせた活動】

　「読む」行為と同じく、「聞く」行為を「身近な話題から社会的・専門的・抽象的話題へ」という視点で捉えるとどんな聞く行為が思い浮かぶでしょうか。たとえば身近な話題では、留守番電話のメッセージを聞く、テレビやYouTubeで好きなドラマやアニメ番組などを見るといった場面が浮かんできます。そして社会的・専門的・抽象的話題では、大学の講義、クラスメートのスピーチ、会社の説明会、店頭での販売員による商品説明等々を聞くといった場面が浮かんできます。

　ではそうした「聞く」行為に対して私たちはどんな場合に「書く」行為で応答しているのか。今度はこの視点で活動例を挙げてみます。

表3　「書く」「聞く」を組み合わせた活動例

話題（何ができるか）	初級	中級	上級
好きなドラマやアニメをSNSで紹介できる	ごく簡単にストーリーと魅力を紹介できる。	具体的にストーリーと魅力を紹介できる。	ストーリーを順序よく整理して紹介でき、魅力をほかの作品と比較したり、客観的に分析したりしながら紹介できる。
友だちの発表を聞いてコメントが書ける	ごく簡単な感想をコメントできる。	具体的にいい点や問題点などをコメントできる。	いい点、問題点を、理由や解決策とともに整理してコメントできる。
講義内容を書き留められる（料理番組などでもいい）	語句や短い文で重要なポイントを書き留められる。	ポイントを項目で整理し、簡単に内容を書き留められる。	ポイントを自分なりに再構成しながら書き留められる。
ニュースを見て、情報をレポートし、感想や意見が書ける	視覚情報が豊富なニュース（天気予報や事故など）のポイントを語句や短い文で報告でき、ごく簡単に感想が書ける。	ニュースを大筋理解して報告でき、感想や意見を簡単な理由や根拠とともに述べられる。	情報を詳しく整理してレポートでき、意見は、理由や根拠、ほかとの比較などを行いながら述べることができる。

　聞いて書くというコミュニケーション活動を考えると、誰かの発信にコメントしたり、感想を述べたり、また発信内容をメモしたりという行為が浮かびます。聞いて書く行為には、聞いた情報を即時取捨選択、そして整理し記録するといった、瞬時の情報処理能力も必要になることがわかります。

　また、別の見方をすれば、確認したい箇所を読み返す、よく聞き取れなかった話や確認したい内容などをもう一度会話の相手に話してもらうというような行為は大抵の場面で気軽にできますが、一方的に聞こえてくる音声の場合、聞き取れなかった箇所をもう一度聞き直すという行為は思うより気軽にできる場面が少ないので、「書く」と「聞く」の連携はほかの技能との連携よりレベルに合った話題と課題を選ぶ工夫が必要となることがわかります。

【「書く」「話す」を組み合わせた活動】

　「話す」という行為は、実はほかの「書く」「読む」「聞く」行為と手軽に組み合わせることが可能です。なぜなら隣に人がいて何かをするなら自然と話してコミュケーションするのが普通だからです。しかし、ただ「なんか眠いね〜」などと雑談するのでは活動の意味がありません。「書く」ために「話す」なら、「書く」ために「話す」行為が活用されなければなりません。「話す」ことが何に役立つかについては、4つのポイントが挙げられます。

①ほかの人と意見を交換することで、自分の意見の根拠を明確にしたり、ほかの意見と比較したりすることが可能になる。つまり、自分の考えを深めることができる。《➡「考えを深める」に関しては、第1部第7章を参照》
②書いたものに、または話している時にコメントをもらうことで、説明不足の情報を補ったり、適切な表現に修正したりすることができる。
③感想をもらうことで、読み手の存在を意識し、書く動機づけになる。
④自分の書いた文章、ほかの人が書いた文章、どちらについても話すことで自己モニターが可能になる（「私ってまわりくどい表現を使うなあ」「私って論点が飛ぶなあ」などということに気づける）。

　以上を踏まえて、表4をご覧ください。「話す」という行為が、手軽にほかの「書く」「読む」「聞く」行為に組み合わせられることが見て取れると思います。

表4　「話す」と「書く」「読む」「聞く」を組み合わせた活動例

話題（何ができるか）	初　級	中　級	上　級
私の町について書ける	形容詞や存在（いる・ある）などを使って簡単に描写できる。	具体的に町やそこに住む人々の様子を説明できる。	地域の特性、歴史などについても紹介できる。
私の町について口頭で説明することができ、その後文章にすることができる。	同上	同上	同上

話題（何ができるか）	初級	中級	上級
本を読んで感想が書ける	レベル別に対応した読み物教材を読んで、簡単な感想が書ける。	生教材で短いエッセイなどを読んで、著者のメッセージを簡単に紹介しながら感想が書ける。	平易な小説やエッセイを読んで、ストーリーを要約しながら感想が書ける。
本を読んで感想を述べ合ったあと、文章にすることができる。	レベル別に対応した読み物教材を読んで、簡単な感想を述べ合ったあと、文章にすることができる。	生教材で短いエッセイなどを読んで、著者のメッセージと感想を簡単に口頭で紹介したあと、文章にすることができる。	平易な小説やエッセイを読んで、口頭でストーリーの要約と感想を述べることができ、その後文章にすることができる。

話題（何ができるか）	初級	中級	上級
好きなドラマやアニメをSNSで紹介できる	ごく簡単にストーリーと魅力を紹介できる。	具体的にストーリーと魅力を紹介できる。	ストーリーを順序よく整理して紹介でき、魅力をほかの作品と比較したり、客観的に分析したりしながら紹介できる。
好きなドラマやアニメをSNSで紹介でき、その後口頭でコメントをもらって内容を更新できる。	同上	同上	同上

　この表4を見ると、「話す」行為が組み合わされても、活動の内容自体に大きな修正はないことがわかります。理由は、繰り返しになりますが、「話す」行為は私たちの生活の中で呼吸のように自然に行われているものだからです。そして、表4に示したように、「話す」行為を加えることで、さきほど挙げた4つのポイントが可能になるのです。「話す」と「書く」が連携する活動は、一見難しそうですが、実は一番自然に、一番簡単に、そしてより効率よく書く力を伸ばすことのできる便利な連携なのです。

Q3：それぞれの活動に共通した基準は何ですか。

A3：初級レベルから、社会的・専門的・抽象的話題までを扱うということです。

　この回答が意味することは、四技能の連携を意識した活動では、「生きたコミュニケーションを常に念頭におく」ということです。つまり日本語のレベルに囚われずにまず接触場面を考えるわけです。その接触場面でその人が何ができるかを考える。この順番を大切にしてください。回答として挙げた「初級レベルから、社会的・専門的・抽象的話題までを扱う」という表現を言い換えれば「たとえ日本語が初級レベルであっても、例えば大学生ならインターネットを利用し、文献を読み、レポートも書

くわけだから、まずできる日本語を駆使して表現してみる。」ということです。Q2で見た表1から表4にも挙げたように初級レベルでも表現できることがあるのです。このことを意識して授業を組み立てると、学習者は日本語の上達とともに、言語面、内容面の両面で自己の日本語での表現力の広がりを実感していくことができます。

Q4：活動後、どんな基準で学生の文章力を評価すればいいですか。

A4：日本語力を文法、語彙、漢字といった表現の細目で判断するのではなく、総合的に評価する工夫をしてください。

　初級・中級・上級という日本語のレベルをベースに作文教育を考えていると、学習者が使用する文法、語彙といった日本語力の細目が気にかかるものです。しかし、四技能の連携を生かした総合的な活動の場合、表現をベースに細かく捉えすぎるのも問題でしょう。

　大切なことは、学習者が自分に必要な表現を身につけて何ができるようになったかです。Q2の表1から表4は何ができるかを大筋で捉えたものであり、学習者はそうした活動を通して、自分にとって新しい文法、新しい語、表現の工夫を自然に習得していくものです。

　ですので、学習者を日本語のレベルで一律に評価するのはできるだけ避け、学習者別のポートフォリオを作り、学習者一人一人がどのように日本語力、文章力を伸ばしていったかを、資料をもとに判断するのがお勧めの評価方法です。《➡ポートフォリオに関しては、第1部第5章を参照》

参考文献

鎌田修・嶋田和子・迫田久美子（編）（2008）『プロフィシェンシーを育てる―真の日本語能力をめざして―』凡人社．

野田尚史（編）（2005）『コミュニケーションのための日本語教育文法』くろしお出版．

牧野成一・鎌田修・山内博之・齊藤真理子・荻原稚佳子・伊藤とく美・池﨑美代子・中島和子（2001）『ACTFL OPI 入門 ―日本語学習者の「話す力」を客観的に測る―』アルク．

参考URL

JF日本語教育スタンダード2010［第二版］http://jfstandard.jp/pdf/jfs2010_all.pdf

【基本】教室活動

第7章 書けない学習者を支援する活動
: 意見文を書くトレーニング

志賀玲子

>>>>>

　大学や専門学校等への進学を希望している学習者の多くは、意見文を書くことが求められます。しかし、試験日がせまっているのに何をどう書けばよいかわからない学習者、また、そんな学習者を前に的確なアドバイスができず困っている教師も、少なくないのではないでしょうか。この章では、そのような学習者を支援する方法について考えます。

Q1：書けない学習者が書ける学習者になることは可能なのでしょうか。

A1：トレーニングをすることによって可能になります。

　書けない学習者は本当に書けないのではなく、書くためのトレーニングを受けていないだけだと考えられます。

　トレーニングをすることによって、必ず誰でも作文が書けるようになります。スポーツ選手は、筋力トレーニングをすることで筋肉を増強し、スポーツに耐えうる体を作ったり、筋肉の効率的な使い方を体得したりします。それと同じように、トレーニングを重ねることによって、作文を書くための素地を作り上げましょう。

　学習者だけでなく教師自身も、作文を書けないと思い込んでしまっている人、また、書くのは無理だと考えている人が多いようです。しかし、適切なトレーニングを積み重ねれば、試験で問われるレベルのものなら、ほぼ全員が書けるようになります。

Q1-1：どんな文章が書けるようになるのですか。

A1-1：意見文・小論文なら、誰でも書けるようになります。

　トレーニングによって文章が書けるようになると言っても、どんな文章でも書けるというわけではありません。エッセイや小説は、まったく別次元の話です。優れたエッセイや小説を書くには、他人とは一味違った豊かな感受性や、その感性を表すのに十分なだけの独特の表現力や言い回しが必要になります。これらはいわばセンスであり、短期間のトレーニングで身につけるのは至難の業です。

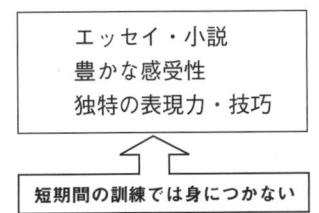

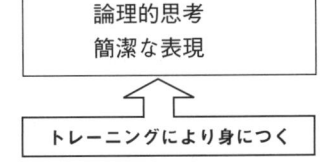

```
┌─────────────────┐      ┌─────────────────┐
│  エッセイ・小説  │      │ 意見文・小論文  │
│  豊かな感受性    │      │  論理的思考      │
│ 独特の表現力・技巧 │     │  簡潔な表現      │
└─────────────────┘      └─────────────────┘
         ⇧                        ⇧
 短期間の訓練では身につかない    トレーニングにより身につく
```

しかし、意見文・小論文は多角的な視野や論理的な思考を求められる、いわば技術ですので、適切なトレーニングさえ積めば、比較的短期間でも身につきます。

意見文・小論文においては、人とは違った感性や特別な表現技巧は必要ありません。簡潔で、他人が読んでわかりやすい文を書けばよいだけです。求められているのは、わかりやすさなのです。読者が十人いたとしたら、その十人に同じ理解をしてもらう必要があります。ですから、読む人によって解釈が異なってしまう恐れがあるような凝った表現は、まったく必要ないのです。

Q2：「書けない」学習者を「書ける」学習者にする具体的な方法を教えてください。

A2：方法は四段階にわかれます。

第一段階	トレーニング①：理由を述べるトレーニング
第二段階	トレーニング②：発想力を鍛えるトレーニング
第三段階	トレーニング③：創造力を鍛えるトレーニング
第四段階	仕上げ：文章を箱に入れて重ねる

第二段階、第三段階は授業時間数に余裕がある場合、また学習者のレベルを考慮した上で、「追加」のトレーニングとして行ってください。つまり、二と三を飛び越えて、第一段階から第四段階に飛んでしまってもかまわないということです。進め方としては、以下の3通りが考えられます。

　　　第一段階 ⇨ 第四段階
　　　第一段階 ⇨ 第二段階 ⇨ 第四段階
　　　第一段階 ⇨ 第二段階 ⇨ 第三段階 ⇨ 第四段階

Q2-1：どんなトレーニングをするのですか。

A2-1：**第一段階として、「トレーニング①：理由を述べるトレーニング」を行います。**

　学習者がそれぞれの意見を述べたあとで、必ず「理由」を述べることを習慣づけるよう指導します。「理由」については、はじめは1つ挙げるところからスタートしてもかまいませんが、慣れてきたら3つくらい挙げるように習慣づけていくとよいでしょう。《➡具体的なトレーニング方法は、第2部第17章を参照》

> 私は・・・・・・と考える。
> なぜなら・・・**理由1**・・・からである。
> そして・・・**理由2**・・・からである。
> また・・・**理由3**・・・からである。

Q2-2：トレーニング①が終了したあとは、どうしたらよいですか。

A2-2：**第二段階として、「トレーニング②：発想力を鍛えるトレーニング」を行います。**

　実際には、A2-1で紹介した「トレーニング①：理由を述べるトレーニング」が終了した時点で、最も基本的な意見文・小論文は書けるようになります。

　学習者のレベル、あるいは授業にあてられる時間数などによっては、「トレーニング①」のみを終えた時点で、仕上げの「文章を箱に入れて重ねる」段階に入ってもよいのです。それぞれの教育機関によって、作文にあてられる1週間あたりの時間数や、期間に違いがあるでしょう。クラスによってトレーニング時間や期間を調整できるのが、このトレーニングのよい点です。

　授業時間数が確保できる場合、あるいはより深みがあり説得力に富んだ意見文・小論文を書きたいと思っている学習者に対しては、「トレーニング②：発想力を鍛えるトレーニング」を行ってください。

　学習者に限らず私たちは、ついつい自分が持っている「常識」をものさしにしてものごとを判断したり、評価をしたりしてしまいがちです。しかし、「常識」というのは、育った環境や受けた教育等により形成されているため、実は個人によってかなり違っているものなのです。その事実に気づくことも大切ですし、他人の常識を理解しよう、あるいは認めようとする姿勢を持つことも重要です。そのためには、違う立場に立って考えられるような発想力や想像力が必要となります。

　また、国・地域の教育、あるいは学習者の個性によっては、「自分の意見を主張する」ことを重視し、「相手の立場を認める」という姿勢を怠る傾向にある場合があります。

しかしながら、「主張・結論を導き出すに当たって、一つの視点からだけでなく、多角的な視点から考察を行うことができるか」ということが、日本留学試験の意見文で求められているように、アカデミックな道に進む学習者は、あらゆる角度からものごとを見られるようにすることが要求されます。

たとえば、相手の立場を考えずに自分の意見ばかりを強く主張しても、相手にはなかなか伝わりません。一方的に意見を主張するよりも、相手の立場を理解した上で自分の意見を展開していくほうが、より冷静で客観的な姿勢だと評価されますし、他人にも受け入れられやすいのです。

このような姿勢を作るため、トレーニング②では、発想力を鍛え、さまざまな角度からものごとを見る目を養います。

たとえばトレーニング②の初回の授業では、

○ 架空の人物になって自己紹介をする

といった活動をします。また、

○ 今まで生きてきた人生を振り返る

という活動を通して、今現在の自分の考え方、生き方、価値観が、過去の経験から成り立っていることを自覚するきっかけを作ります。そしてそのどれもが、自分自身の財産であり、作文を書く要素となりうることを認識してもらいます。

Q3：ユニークな作文を書くための方法はありますか。

A3：創造力を鍛えることで可能になります。授業時間に余裕がある場合は、第三段階として「トレーニング③：創造力を鍛えるトレーニング」を行ってください。

ユニークな作文を書く一つの要素として、新しい提案ができるようになることが挙げられます。新しい提案、つまり独特の発想を生み出したりするためには、何か新しいことを作り上げるための視点や発想が有効になります。

この際必要になってくるのは、想像力であり、創造力です。トレーニング②において柔軟な発想ができるようにはなっていますが、次の段階として、学習者自らが何かを考え出すという活動をしてみましょう。そのためのトレーニングが「トレーニング③：創造力を鍛えるトレーニング」です。

テーマを与え、まず学習者ひとりひとりに自分なりの考えを出してもらいます。この場合のテーマというものは、何か新しいものの創造についてです。どんなものを

作ったらよいか、設置したらよいか、ということを、理由とともに考えてもらいます。

たとえば、「この教室の中に、何か一つ新しい設備をつくるとしたら、どんなものをつくりますか。理由も挙げてください。」などの問題を学習者に投げかけます。

まず、ひとりで考えてもらいます。紙を配布し、考えたことを書きとめておくように指示するとよいでしょう。自ら主体的に考えることで創造力が鍛えられます。

その後小グループを作り、意見を交換し合います。学習者は、クラスメートとのディスカッションを通して、いろいろな考えや見方があるんだということを実感します。そして、他者を認める姿勢、より柔軟な発想力なども鍛えられます。

《➡具体的なトレーニング方法は、第２部第17章を参照》
《➡話すことと書くこととの結びつきに関しては、第１部第６章も参照》

Q4：最後に文章全体を整えていくにはどうすればいいですか。

A4：第四段階として、重箱を重ねていくようなイメージで全体を組み立てていきます。

重箱にはさまざまな大きさや高さのものがあります。文章全体も重箱と同じように、分量(段落及び全体の長さ)が調整できるのです。

Q4-1：トレーニング終了後、どのように作文としてまとめていけばよいですか？

A4-1：文章を箱に入れ、重ねていくだけです。

箱に入れるようなイメージで段落を作るよう導きます。箱をたくさん重ねれば長い作文になります。その際、必要な文字数に合わせて、箱の数を変えることができるということも伝えましょう。

箱と言ってもイメージが浮かばないかもしれません。おせち料理などを入れる重箱をイメージしてみてください。

おせち料理の場合、重箱一段一段に、それぞれ意味のある料理が並べられています。見て楽しめるように色彩も考えられ、単独でも堪能できるように料理が詰められています。箱の大きさもさまざまなものがありますので、それぞれに適した大きさのものを使うことになります。そして、できあがった一段一段を重ねていきます。三段重もあれば四段、五段のものもあります。

ここでは重箱一段を一つの段落と考えましょう。一つずつの箱(段落)をしっかり作り、あとはそれを重ねていくことになります。

全体の箱について、簡単に説明します。

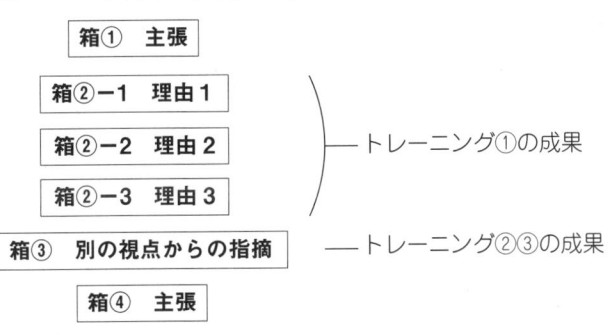

```
箱①　主張
　箱②-1　理由1
　箱②-2　理由2　　　─ トレーニング①の成果
　箱②-3　理由3
箱③　別の視点からの指摘　── トレーニング②③の成果
　箱④　主張
```

たとえば箱②を見てください。箱②はトレーニング①の成果が入り、箱②-1、箱②-2、箱②-3の三つがありますが、求められる文字数によって使用する箱の数を変えます。作文全体として必要な文字数が少ない場合は、箱を一つだけ使用することになります。その際には、理由の中でも最も強いものを選びます。

箱③は、あってもなくてもよい箱ですが、あれば作文全体の説得力が増します。トレーニング②やトレーニング③の成果がここに入りますが、学習者によってはトレーニング②やトレーニング③は行っていません。求められている文字数、学習者のレベルによって、箱③を作るかどうかを調整してください。

Q4-2：箱はどのような構成になっていますか？

A4-2：**箱①と箱④では自分の主張を述べます。箱②は理由で、箱③は他の視点からの指摘です。**

箱①と箱④の主張内容は決して変えないように指導してください。この二つの主張が矛盾していると、全体の論理性が低くなったり、主張の一貫性が失われたりしてしまいます。作文全体の幹になる部分なので、構想段階で明確に決めておくよう伝えます。

箱① 主張
私は_____と考える。

箱④ 主張
以上より、私は_____と考える。

箱②は、理由を述べます。一般的な理由の書き方としては「なぜなら〜だからである」という表現があります。

より強い説得力を持たせるためには、例を挙げて、理由を補強するとよいでしょう。一つの箱は下のような感じになります。

```
箱②-1　理由1
㋐なぜなら・・・・・・・・・・・・・・・からである。
㋑たとえば、＿＿＿＿＿＿＿＿＿＿＿＿＿＿＿＿＿。
```

ただし、必ず㋑の具体例を書かなければならないわけではありません。優先順位としては圧倒的に㋐が高く、学習者のレベルや学習段階によっては、㋑がなくても文章としては成立します。

作文の長さがもっと必要であれば、同じような箱をさらに用意させましょう。

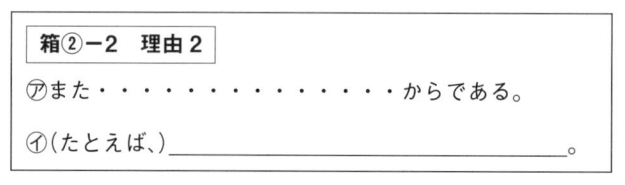

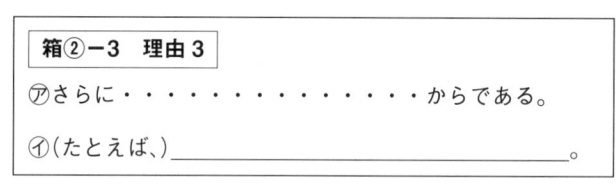

```
箱②-2　理由2
㋐また・・・・・・・・・・・・・・・・・からである。
㋑（たとえば、）＿＿＿＿＿＿＿＿＿＿＿＿＿＿＿。
```

```
箱②-3　理由3
㋐さらに・・・・・・・・・・・・・・・からである。
㋑（たとえば、）＿＿＿＿＿＿＿＿＿＿＿＿＿＿＿。
```

求められている字数によって、理由の箱をいくつ使うか決められるということを伝えてください。逆に言うと、同じ方法で、あらゆる長さの意見文や小論文が書けるようになるということです。また例を示すことによって、さらに全体を長くすることが可能です。もちろん長さを足すことだけが目的ではなく、長さが長くなれば内容も濃くなりますし、説得力も増します。

箱③は別の視点からの指摘です。この箱は、意見文・小論文に、より冷静な観点を持たせるために作ります。トレーニング②やトレーニング③の効果を、ここに出すことができます。学習者に余裕がある場合に、この箱を使うよう導いてください。

> 箱③　別の視点からの指摘
> ㋐もっとも＿＿＿＿＿＿＿＿＿＿＿＿＿＿＿＿＿＿＿という考えもある。
> ㋑しかし＿＿＿＿＿＿＿＿＿＿＿＿＿＿＿＿＿＿＿＿＿＿である。

《➡具体的な例は、第2部第17章を参照》

Q4-3：箱は、どうやって重ねていくのですか。

A4-3：A4-1でも紹介したように、重箱を重ねていくのと同じ要領です。

　重箱に二段、三段、四段、五段と種類があるように、必要な高さ（作文の長さ）によって箱の数を変えます。一つ一つの箱がしっかりと作られていれば、高さ（作文の長さ）は自由自在に変えられる、ということになります。特に、理由の部分を多くしたり少なくしたりすることにより、全体の長さを簡単に調整することができます。その重箱を重ねてセットにするときに「また」が多く使われます。意見文に「また」が多い印象があるのは、重箱同士の接着剤として使われているからです。

　学習者が留学試験や各種教育機関での入学試験等を受ける場合、作文には字数制限がついていることがほとんどでしょう。その際、適当な長さに調整することができる一つの方法が、この「箱を重ねる」という考え方によるものです。

参考文献

石黒圭・辻和子・星野恵子(2014)『改訂版　日本語教育能力検定試験に合格するための記述式問題40』アルク.
黄明俠(2014)『「序列の接続表現」に関する実証的研究—日中両言語話者による日本語作文の比較から—』ココ出版.

参考URL

独立行政法人日本学生支援機構　日本留学試験シラバス　http://www.jasso.go.jp/eju/syllabus.html

【基本】フィードバック

第8章 フィードバックでモチベーションを高める
：成功期待感の湧く添削・評価

二宮理佳

>>>>>

　試験に代表される評価もフィードバックです。また、添削も評価であると同時にフィードバックです。フィードバックがうまくいくと、作文を書く学習者のモチベーションが高まります。この章では、添削を中心にモチベーションアップをねらったフィードバックの方法を考えます。

Q1：フィードバックとは何ですか。

A1：フィードバックとは、現地点と目標とのズレを伝えることです。

　「もう少し、右へ」「あー、行き過ぎ」「そのまま、まっすぐ」。車の車庫入れ？　福笑い？　スイカ割り？　どの場面にも当てはまりそうですが、これがフィードバックです。つまり結果を伝えるだけでなく、目標に到達できる結果を導くための道筋や行動の修正点についての情報を伝達するものがフィードバックです。

Q1-1：フィードバックと、評価の違いは何ですか。

A1-1：評価は優劣の価値判断、フィードバックは成果についての情報提供です。

　評価とフィードバックを明確に線引きする定義は特になく、ほぼ同じ意味という捉え方もできます。ですが、評価と聞くと一般的には成績と結びつくことが多いのではないでしょうか。一方、フィードバックと聞くと「もっとアドバイス的で、あとに続く感じ」を受けるのではないでしょうか。

　評価とは学習の成果をなんらかのものさしで測ることだと言われています。基準に従ってくだされた「学習者の現時点での位置」が評価です。一方、「学習者が現地点から目標まで到達するための情報」がフィードバックです。

　つまり「学習者の順位づけ・成績決定のためのもの」と捉えれば「（一般的に使われる）評価」のイメージになり、「学習者の現地点からの改善・上達を目的としたもの」と捉えれば、評価もフィードバックの一部と見えてきます。

　さて、フィードバックでもある評価は、それを受けた学習者が次のステップに進めるような足がかりとしての情報を与えるものでなくてはいけません。

　では、目指すフィードバックはどのようなものでしょうか。それは評価結果を伝え

るだけでなく、モチベーションを下げないように配慮しながら、上達につながる次への足がかりを示すものです。

Q1-2：フィードバックを効果的に行うにはどうすればいいですか。

A1-2：ネガティブなフィードバックだけでなく、ポジティブなフィードバックもあわせて行うことです。

　フィードバックとは、次のステップに行くために「維持すべき点」と「改善すべき点」を指摘することです。学習者のやる気を引き出しつつ、良い点をさらに伸ばし、改善点を自分で修正できるようになるようにという視点から行います。

　学習者のパフォーマンス・状況をよく観察し、継続的にフィードバックを与えることが大切です。フィードバックは、意欲を下げることなく改善へ向かわせるのが最大の目的です。

Q2：フィードバックを通して、学習者の意欲を上げていくにはどうすればいいですか。

A2：教師はコースを設計する際、また学習者にフィードバックを与える際、以下の3点を常に考えることを勧めます。

　　① 成功期待感を高める
　　② 自信を持たせる・強める
　　③ 達成感を持たせる

Q2-1：「成功期待感」とは何ですか。

A2-1：「成功期待感」とは、「自分ならできそう」「うまくいく！」という明るい期待のことです。

　私たちは成功できると信じる場合に最も真剣に取り組むものです。「成功期待感」とは、「自分にはこの課題をこなす力があるのでは？」また「これをすればこんなことができるようになるのでは？」といった自分の能力や将来への前向きな見通しのことです。

　「自己効力感」という言葉も同じような意味で使われます。「自己効力感」とは「過去の経験からこの課題はできそう」「このくらいがんばればこのくらいできそう」という見通しです。「自己効力感」が低ければ、つまりがんばってもできそうもないことには取り組みたいという気持ちは起こりません。何かを始めるためには、この「前

向きな予想」が必要です。「うまくいく」という見通しがあるとき、学習は最もうまく進むと言われています。

また、学習者が不安でスタートするのではなく「できそうだ」という気持ちを持って進められるように課題を設計します。具体的には以下のような方法があります。

- **スモールステップを作る**
  難易度が高い課題も、段階に分け、それぞれに期日を設け、小さいゴールを設定することで、1つ1つのゴールはそれほど難しいものではなくなります。
- **成功への道筋を見せる**
  目の前の小さなゴールをクリアしていけば皆が最終ゴールへ到達できる、という道筋を、予定表や手順の指示等、書かれたものや言葉で説明しておきます。
- **大変なときには助けやアドバイスがもらえることを伝える**
  自分の力だけでは難しすぎる課題も、教師の支援の下で行えば「達成可能」だから心配には及ばないという明るい見通しを言葉で伝えておきます。

以上のような方法を採ることによって、学習者の不安を軽減し成功期待感を高めます。

Q2-2：自信や達成感はどうすれば高まりますか。

A2-2：「定期的な励まし」や「成功体験」を与えることです。

「定期的な励まし」を与えるためには観察が不可欠です。小さい変化も見逃さず、以前との比較材料にします。

では「成功体験」による達成感を与えるには、具体的にはどのようにしたらいいでしょうか。簡単な課題ばかりでは成功体験にはなり得ても、達成感は伴いません。ある程度、挑戦的な内容も含んだ課題をこなせたという体験にする必要があります。

達成感とは「何か困難なことをやり遂げたときに感じる自己肯定感」だと言われています。つまり何も努力しなくても、または少しがんばればできるような簡単な課題をこなしたときには現れません。自分の力で何とかこなせるような課題に立ち向かい、それがクリアできたときにわき起こる感情です。「挑戦的で難しいこと」が必要ですが、同時にその学習者の能力の範囲でなければいけません。どんなにがんばってもできないような難しさでは、取り組む前や取り組みの最中にあきらめてしまいます。

個々のレベルに合わせた適度な難易度の加減は容易ではありませんが、何が手がかりとなるでしょうか。これも観察です。観察を通し情報を得、判断材料にします。

さて「達成感を得ること」はどうして良いのでしょうか。単純に考えても達成感を味わうことはうれしいことで、達成感を感じたあとは、もっとがんばるぞ〜、もっと勉強したらもっと上達するかも…、など総じてやる気がアップしますね。モチベーションレベルが上がります。そしてモチベーションが上がった状態で学ぶと、学習効果が上がります。

達成感を感じると、有能感も高まると言われています。「こんな難しい課題をこなせたんだから、私は(前より)すごい(かも)」と思えるのです。有能感を感じ、自信を得られるとそれは肯定的な自己を形成していきます。そして学習への楽しさも増すでしょう。そのような気持ちで勉強を続けるとさらに上達する、という好循環が生まれます。またスランプや疲れたときにも、こういったポジティブな記憶は折に触れ力を与え続けてくれると思われます。

Q2-3：同じ課題で学習者全員に達成感や自信を持たせるのは難しいのではないですか。

A2-3：フィードバックのしかた次第です。同じ課題を課しながら、個々の実力に合わせられるやり方があります。

レベルの高い学習者に合わせた課題は力の低い学習者には難しすぎるでしょう。したがって、特に学期の始めは易しい課題からスタートしていくことになりますが、力のある学習者にもやりがいがあるものにしなくてはなりません。フィードバックのしかたで、同じ課題であっても実力に合わせた個別の指導が可能になります。

フィードバックには書面でのもの(つまり添削)、また口頭でのもの(添削をもとにしたやりとり)があります。《➡具体的な方法は第2部第18章を参照》

Q3：モチベーションを下げないように添削をするにはどうすればいいですか。

A3：添削は評価の一形態です。ですが、そこにモチベーションアップの仕掛けを入れ込みます。

私は、赤・青・緑の3色で添削をします。赤は間違いを、青は提案を、緑は褒めを、それぞれ表します。赤で間違いを示しつつ、緑で良いところをしっかり褒めるのです。色を分けることによって、どこがどちらなのか瞬時に伝わります。また、達成点・未達成点も、色という視覚情報により一瞬でわかります。改善すべきところを指

摘しながらも、よくできている部分にも光をあてるというわけです。

ただ、実力差を考えず同一の基準で色分けを決めてしまうと、苦しい学生は従来通り真っ赤になってしまいます（赤を縁起の良い色とする国でも、間違いは赤で修正するそうですから、真っ赤で返ってくる作文はもらってうれしいものではないようです）。学習者に聞いてみると、返却されてまず見るのは緑があるかどうかだそうです。そして緑が多いとやはりうれしいという学習者が大半です（ちなみに緑や青が心理的に嫌な色であるという国の人にはまだ会っていないので、良い点を指摘する色としては問題なさそうです）。また、赤やら緑やらは別に気にしないが、どこにどんな問題があるかがわかりやすいというコメントもありました。

赤・青・緑にする部分は、学習者によって微妙に変えます。つまり３色の定義を柔軟に変化させながら色を使い分けます。力のある学習者にはやりがいのあるタスクになるように、また力がない学習者には、自信を失わずに取り組めるように、力の差・その学習者の学習状況・心理状況・性格等を加味し調整します。特に、作文が苦手な学習者には緑や青の部分を増やし、やる気がなくならないよう配慮しながら実力より少し高いところに引き上げることを目標にします。

添削は「意欲アップのツール」です。そして「定期的な励まし」でもあります。そのことを頭におきながら３色の箇所と割合を決めていきます。

また、添削で示したことをきっかけに、授業中に対話でもフィードバックを行います。
《➡添削や対話での詳しいフィードバックの方法は第２部第18章を参照》

Q3-1：どこまで添削をすればいいですか。

A3-1：私は書き直してしまう部分と、記号でヒントを与え自力で直させる部分とを作ります。記号だけでは学習者は直せない文法項目もあるからです。学習者の実力に合わせ判断します。

また直接、理解を確かめたいところや、言葉を交わしながら修正させたい部分には「話しましょう」と一言書いておきます。《➡詳細は第２部第18章を参照》

添削には他にもいろいろなやり方があり、それぞれにメリットがあります。例えばまったく書き直させず、とにかく数多くいろいろなトピックで作文を書かせることを

目的とする場合もあります。また修正の必要な部分を教師が全部書き直す方法（リライト）もあります。《➡第2部第13章を参照》

　モチベーションを保たせるためには「難易度を学習者の能力に合わせ、要求のきびしいタスクと処理しやすいタスクの釣り合いを取る」ことが大切だと言われています。ですので、簡単に直せる部分と、考えたり調べたり、ときには教師に聞きにいかなくてはいけない部分をそれぞれの学習者の状態に合わせて作ります。例えば、同じ中級のクラスにいる学習者でも、て形が危ない人と、もう少しで上級に届くレベルにいる人に対してだったら、添削する部分やしかた、ヒントの与え方などがまったく変わってくるということです。《➡添削の方法は第2部第18章を参照》

Q3-2：書き直しは宿題にしますか。それとも授業中にさせた方がいいですか。

A3-2：どちらも可能です。ですが、授業中に短くとも書き直しの時間を作るといいでしょう。

　家で一人で直せる学習者もいますが、一人ではすぐつまずき、大変すぎるので嫌になってしまうという学習者もいるからです。授業内で書き直しの時間を取ると、その分書かせるトピックの数は減りますが、添削で作っておいた「対話のきっかけ」を利用し、直接言葉を交わしながら修正をしていってもらうためです。

　授業では、返された作文を見て聞きたいところがある学習者は教師を呼ぶように伝えます。ですから、書き直しの時間は教師はあちこちに行って質問のある人と小声で話します。このやり方に慣れると、学習者は添削で赤の部分や「話しましょう」がたくさんあってもひるまなくなります。むしろ、投げかけられた問いについて教師と考えるのを楽しみにするようになります。また「話しましょう」と書かれていなくても「これはどうか」と自分で疑問を見つけて聞いてきたり、欄外に「Aという表現とBという表現で迷いました。どちらがいいですか？どうして？」などと質問を書いてきたりするようになります。

　人数が多い場合は、時間内に設けた書き直しの時間だけでは皆の質問に答えきれなかったりすることもあります。また、授業時間内では書き直しが終わらない人がいたりします。それでもいいのです。授業時間内に支援がもらえる体験をさせておけば、一人で考えていては大変すぎる場合には課外で教師に聞きにいけばいいと思えるからです。ですから私は困った場合は聞きに来ることを奨励します。

　間違いが少ない学生は、時間内に書き直しが終わり宿題がなくなります。また、書き直しは家ですればいい、直されていないことでも聞きたいことがあるという学生も授業中に私を呼び止めます。短くとも必ず一人一人と添削について話す時間を持ちま

す。人数が多い場合は一人に使える時間の目安を決め、その時間内で解決できるように、添削の過程で「話して解決する部分」の量を調整しておきます。

このようにフィードバックのしかたで同じ課題を使いながらも、個々のレベルに合わせた指導が可能になります。その糸口を添削する段階で計画的に作っておくのです。

Q4：作文の評価はどうすればいいですか。

A4：モチベーションを高める方法で評点を用いること、評点の持つモチベーションを失わせる衝撃を可能な限り少なくすることが大切だと言われています。

評価システムを透明にすること、すなわち成功の基準をクリアにすること、客観的な結果だけでなく努力や進歩も反映させる等が具体的な方略として紹介されています（Dörnyei 2001）。

例えば、1つの作文について2回書く方式の場合、書き直し後のものだけを評価の対象とするやり方もあります。ですがこれでは第1稿からがんばった人、第1稿は手を抜いた人の努力の差があまり反映されない場合もあります。反対に第1稿ではよく書けていたのに、第2稿では失敗してしまうケースもあります。また第1稿で手を抜いてしまうと、第2稿で完成度の高い作文にするのは往々にして難しいものです。それを避けるためには、第1稿、第2稿を同比重で扱う方法もあります。つまり第1稿、第2稿を合計して2で割るのです。また進歩を重視し、第2稿の比重を高くする方法もあります。どの方法も利点・欠点があるので、学習者の状態や課題を見て適切だと思うものを選ぶことになります。

評価の内容は、項目を立て、それぞれに評価し、総合評価を記すものがよく使われる方法です。項目の例としては、「内容面」「言語面」の2分割にして、その下にそれぞれ詳細な項目を立てるやり方、また「内容」「わかりやすさ」「正確さ・適切さ」「レベルの高さ」等に区分するやり方もあります。これに「書き直し」という項目を加えておくこともできます。

そして、それぞれの項目の比重を決めます。全て同比重にするやり方、課題に合わせて力点が違う場合、それらを反映して比重を変えるやり方等があります。

また、それぞれの項目に細かい評点は与えず、良い部分・改善が必要な部分にその必要度に合わせて「○」「△」「×」等で示す方法もあります。《➡実例は第2部第18章を参照》

Q4-1：課題全てを評価の対象としますか。

A4-1：初回の作文は添削し評価を返しますが、私はこれは成績には加えません。

　初回の作文は「評価の基準」と「改善のための支援がもらえる」ことを知ってもらうのが目的だからです(「成功期待感」、「不安の軽減」)。《➡A 2-1 参照》

　ですので、通常通り3色で添削をし、場合によっては評点も書いておきますが、それは成績には入らないことをあらかじめ伝えておきます。3色の意味、書き直しのしかた(クラスで時間を取るので自力で直せない部分は教師に聞ける、授業時間内に書き直しが終わらなければ持って帰って完成してきて良い、課外でも質問があればいつでも来て良い等)を説明します。

Q4-2：作文の総合評価はどうすればいいですか。

A4-2：日常点、つまり個々の作文の評価のみで総合成績を出すやり方もあります。また、中間試験・期末試験を加える方法もあります。

Q4-3：中間試験や期末試験をする場合、どのようにすればいいですか。

A4-3：学期中に書いたものと同じ課題を出す方法と、新しいテーマを出す方法があります。

　中間試験や期末試験では、学期中に書いたものと同じ課題を出す方法があります。つまり学期中で扱ったテーマで再度書かせるわけです。ただし1つの課題が400字から600字の場合です。同じ課題を出題する形式の場合、私はたいてい、辞書の使用は不可とします。

　また、中間や期末試験で新しいテーマで書かせることもできます。その場合、学期中に学んだことが身に付いているかどうか測れるような課題を設定します。辞書の使用を可・不可とするかも課題や試験時間、学習者の実力等の兼ね合いを考えて決めます。

　さて、同じテーマで書かせる利点は何でしょう？それは書いた作文を書きっぱなしにせず、復習させられるという点です。どれが出題されるかわからないので、学期中に書いた作文全てを、試験で辞書無しで書かなければいけないというプレッシャーの中で真剣に復習することになります。復習することで自分の弱点・間違いの傾向に気づいたり、新しい語彙を意識して覚えることになるでしょう。

　また何をどう勉強したらいいかがはっきりとわかるため、特に作文が苦手な人にとっては試験に向けての勉強がしやすくなります。ただ同じテーマでの出題だと、書いた作文を全部暗記しようとがんばる人も出てきます。しかしながら暗記をすると言っても自分が選んだ言葉であり、自分が書きたい内容の中の言葉です。そして間違

いは添削で修正されています。暗記をする過程で、それまでは借り物だった新しい表現や語彙が自分の言葉となり、使える表現や語彙に変化するかもしれません。また作文の力が低い学習者にとってもテストで高得点を取ることが可能になりますので、あきらめずに試験前に復習する姿が見受けられます。

　ただ、暗記に難を示したり、余計に負担だと感じる学習者もいるので「同じテーマではあるが、内容は以前と違うものにしても良い。同じものにした場合は、以前に書いたものと同じ間違いは高い比重で減点するが、違う内容にした場合はこの学期に学んだことを入れ、また自分が学期を通してよくする間違い（例えば助詞「の」の間違い等）をしないよう意識して書けば良い。チャレンジを評価する。」と伝えておきます。

　では、新しいテーマで書かせる利点は何でしょう？　それは、学期末におけるその学習者の実力がきっちり測れるという点です。ですが、新しい課題で書く場合は作文の力が低い学習者にとっては事前の勉強がしにくかったり、高得点を取ることは難しくなります。ですので、試験時間が短い場合や、書くネタ探しに時間がかかると想定される場合も含めて考えると、事前に出題される可能性のあるテーマをいくつか知らせ、それぞれのテーマで書く内容を準備しておくよう伝えるのがいいでしょう。

　また折衷案も利用できます。試験にある程度の長さが確保できる場合、学期中と同じ課題を1問、新しいテーマでの出題を1問、と両方の利点を取り入れる形式です。その場合、準備の負担も考え、出題される可能性のある学期中に書いたテーマは半分から3分の1くらいに限定して伝えておくといいでしょう。この方法では、努力も評価し、実力も測定できるということになります。

　さて、もう一点モチベーションの観点からのやり方を紹介しましょう。

　私たちは「人にやらされている感」があると意欲が下がることが心理学の方面で明らかになっています。「自分で選んだ」「自分がこうしたいからこうしている」という感覚を持つことがやる気アップにつながるということです。試験というのは「やらされ感いっぱい」のものでしょうが、この観点を利用して、「同じトピック出題」・「折衷案」に以下のような方法を組み込むこともできます。

① **出題される作文を学習者自身に選ばせる**
　＊「簡単だから」などという短絡的な理由で選ばせないためにも、選ばせる際に選ぶ基準・考えるべきことを説明する。つまり「この試験を受けることでどんな効果が生まれてほしいか・何を得てほしいか」という教師側の視点を伝える。

② 選んできたものについて1対1で言葉を交わす

　選択の理由や学習者自身の目標を再確認しておく。

　＊時間がなければ、面談ではなく、選んだ作文とその理由を書いて出させる。

③ 試験後、フィードバックの時間を持つ

　結果伝達・目標達成度・上達部分等の確認のための時間を一人一人と持つ。

　どこまで可能かは履修人数、教師／学習者の忙しさを考慮しながら決めればいいことですので、時間がなければ状況に合わせて工夫します。

　以上をまとめますと、A4で述べたように、評価システムを透明にすること、すなわち成功の基準をクリアにすること、また客観的な結果だけでなく努力や進歩も反映させる試験の方法を採ることによって、試験に向かうまでの勉強意欲をアップさせることができます。同時に、準備をしたら高得点が取れるような試験内容にすることで、良い結果を得ることも可能になり、試験を受けたあとの達成感も上がるようです。

参考文献

市川伸一（2001）『学ぶ意欲の心理学』PHP研究所．
上淵寿（編著）（2004）『動機づけ研究の最前線』北大路書房．
梶田正巳（編）（2002）『学校教育の心理学』名古屋大学出版会．
国際交流基金（2011）『国際交流基金日本語教授法シリーズ12　学習を評価する』ひつじ書房．
佐藤浩一（2002）「自伝的記憶」森敏昭（編著）・21世紀の認知心理学を創る会（著）『認知心理学者　新しい学びを語る』北大路書房，pp.15-36．
白井恭弘（2012）『英語教師のための第二言語習得論入門』大修館書店．
多鹿秀継（2001）『教育心理学 ―「生きる力」を身につけるために―』サイエンス社．
二宮理佳（2005）「スキット活動における「笑いの効用」―動機づけの側面からスキットプロジェクト活動を考察する―」『ICU日本語教育研究』1, pp.23-42，国際基督教大学日本語教育センター．
守谷智美（2002）「第二言語教育における動機づけの研究動向―第二言語としての日本語の動機づけ研究を焦点として―」『言語文化と日本語教育』2002年5月増刊特集号，pp.315-329．
Albert Bandudra（1995）*Self-efficacy in changing societies*, Cambridge: Cambridge University Press.（アルバート・バンデューラ（著），本明寛・野口京子（監訳）（1997）『激動社会の中の自己効力』金子書房．）
Deci E.D. & Flaste R.（1995）*Why we do what we do*, New York: G.P. Putam's Sons.（エドワード・L・デシ，リチャード・フラスト（著），桜井茂男（監訳）（1999）『人を伸ばす力―内発と自律のすすめ―』新曜社．）
Dörnyei, Z.（2001）*Motivational strategies in the language classroom*, Cambridge: Cambridge University Press.（ゾルタン・ドルニェイ（著）米山朝二・関昭典（訳）（2005）『動機づけを高める英語指導ストラテジー35』大修館書店．）

【基本】フィードバック

第9章 学習者の誤用を考える
：学習者のレベル別支援

筒井千絵

>>>>>

作文授業での教師の悩みの一つは、「学習者の作文をどこまで直したらいいか」という添削の難しさです。また、「丁寧に添削しても、同じ間違いがなかなか減らない」「添削に膨大な時間がかかる」といった声もよく聞かれます。添削において重要なのは、「直しすぎないこと」です。レベルに応じて、学習者が消化できる範囲にポイントを絞って修正を行えば、誤用は少しずつ減り、教師の添削の負担も軽減することができます。この章では、各レベルの学習者に特徴的な誤用を紹介し、修正のしかたを考えます。

Q1：どういうものを誤用と考えればいいですか。

A1：言葉の使い方の間違いです。

誤用かどうか人によって判断が分かれるものもありますが、ここでは母語話者なら誰でも「変だ」「そうは書かない」と思うものを誤用として、修正の対象とします。ですから、「絶対に間違いとは言えないけれど少々不自然」「こなれた表現ではない」というものは、ここでは「誤用」とはみなしません。

たとえば、中級前半の学習者の書いた、以下のような文はどうでしょうか。

例1：もし他の人に迷惑する、謝るは当たり前だ。

「迷惑する」「謝るは」は明らかな間違いですから、その部分を修正すると以下のようになります。

例2：もし他の人に迷惑をかけたら、謝るのは当たり前だ。

さらに「他人に迷惑をかけた場合は、当然謝罪すべきだ」のように、よりこなれた文に修正したい人もいるでしょう。けれども、この学習者は中級前半ですから、あまりに大きく修正すると、問題点の把握が困難になります。

よって、授業ではまず明らかな間違いを減らしていくことを重視し、文章の完成度や技巧的な側面については次のステップと考えたほうがよいでしょう。

Q1-1：語彙や文法の明らかな誤用以外は直さないほうがいいですか。

A1-1：**学習者の学習段階によっては、「誤用とは言えないが、不自然・不適切」な部分についても修正・指導が必要です。**

　たとえば、A1で紹介した、「よりこなれた表現」のほか、「漢字で書くか、かなで書くか」の選択、書き言葉の使用、適切な読点の打ち方などについても、中級後半〜上級では指導が必要です。

　また、使うべきものを使っていない「非用」も指導の対象とすべきでしょう。さらに、中級以上で目立ってくる、構成のわかりにくい文章、情報不足による読みにくい文章なども改善が必要です。《➡ Q4 参照》

Q1-2：学習者のレベルによって、誤用に特徴がありますか。

A1-2：**はい、あります。たとえば、初級では文レベルの誤用がほとんどですが、中級以上では文章レベルの誤用が目立ってきます。**

　初級では、文レベルでの学習が中心で、作文も学習した語彙・文型の練習のために行うことが多いので、その範囲内での誤用がほとんどです。

　例3：公園にたくさんの人が<u>あります</u>(→います)。
　例4：日本のテレビは<u>おもしろいだ</u>(→おもしろい)と思います。

　しかし、中級以上になると、単文レベルの文法の習得が安定する一方、複雑な複文やまとまった文章を書く機会が増えるため、文章ならではの誤用が目立ってきます。

　例5：今はまだ、将来何をしたい<u>が</u>(→か)はっきりわからない。
　例6：2年前、私は留学することを決めた。なぜなら、どうしても行きたい大学が<u>あった</u>(→あったからだ)。

　さらに上級になると、レポートなど、専門的な内容の文章を書く機会も増えるため、誤用をなくすことだけでなく硬い表現や構成のわかりやすさも求められるようになります。

　例7：日本経済は<u>これからもっと悪くなるかもしれない</u>。
　　　　(→今後さらに悪化するおそれがある)
　例8：最近インドネシアからの観光客が増えているそうだ。日本でもハラールレストランを増やすべきだ。
　　　　(→二文の間に、「インドネシアにはイスラム教徒が多いが、日本にはイスラ

ム法に基づいて調理されたハラール食品を扱ったレストランがまだまだ少なく、困っている人が多い。よって、」という説明を補う）

これらについては、Q2以降で具体的に紹介します。

Q2：誤用を減らすにはどのような指導が有効ですか。

A2：ポイントは、以下の3つです。
　① 学習レベルに応じてポイントを絞って修正する
　② できるだけ自力で修正させる
　③ 学習者が、作文を書く段階で誤用を生まないための、ツールを紹介する

以下、語彙・文法・そのほかに分けて、各レベルの学習者に多い間違いと、その指導法について紹介します。

Q2-1：各レベルの語彙の誤用は、どう指導したらいいですか。

A2-1：誤用を種類別に分類・整理し、誤用の原因をふまえた上で、正しい使い方を説明するとよいでしょう。

　初級では、作文は教科書で学習した内容に沿って総合的な授業の一環として行われることが多いのですが、中級以降は、作文は独立した授業として扱われることが多いようです。よって、中級以降の学習者は自分で辞書を引きながら新しい語彙を使用する機会が増えるため、初級ではさほど目立たなかった語彙の誤用が急に増えてきます。誤用は多岐にわたりますが、大きくは以下の4種類に分類できます。

A　類語の使い分けを誤るケース　……表1 ④、⑥、⑦
B　漢字圏の学習者が日本語と意味・用法の異なる漢語をそのまま使用するケース
　……表1 ①、⑧　　　　　　　　　　《➡第1部第10章・第2部第20章を参照》
C　コロケーション（表現の組み合わせ）を誤るケース　……表1 ②、⑤、⑩
D　品詞を誤るケース　……表1 ③、⑨

表1　レベル別語彙の誤用例と修正例

	誤用例	修正例
初級	①妹の<u>名字</u>はかわいいです。	妹の<u>名前</u>はかわいいです。
	②中学生のときは勉強が<u>上手でした</u>。	中学生のときは勉強が<u>できました</u>。
	③私は<u>いろいろの</u>趣味があります。	私は<u>いろいろな</u>趣味があります。
中級	④日本の生活を通して、たくさんのことを<u>習った</u>。	日本の生活を通して、たくさんのことを<u>学んだ</u>。
	⑤都会でも、いい教育が<u>もらえる</u>とは限らない。	都会でも、いい教育が<u>受けられる</u>とは限らない。
	⑥私は<u>未来</u>、日本で仕事をしたい。	私は<u>将来</u>、日本で仕事をしたい。
上級	⑦この数年で携帯電話が<u>速く</u>普及した。	この数年で携帯電話が<u>急速に</u>普及した。
	⑧現代人は仕事の<u>圧力</u>が大きい。	現代人は仕事の<u>ストレス</u>が大きい。
	⑨近年、<u>犯罪する</u>若者が増えている。	近年、<u>犯罪を犯す</u>若者が増えている。
	⑩警察は、住人の許可も<u>聞かずに</u>部屋のなかに入っていった。	警察は、住人の許可も<u>得ずに</u>部屋のなかに入っていった。

　これらの誤用を減らしていくには、教師はただ正用を提示するだけでなく、学習者が誤った原因を明らかにした上で、提示した正用を選択する理由や法則をわかりやすく説明する必要があります。また、学習者が適切な語彙を選択できるようなツール（類語辞典・インターネット検索など《➡第1部第2章を参照》）も紹介するとよいでしょう。
　以下に上の誤用の説明例をいくつか示します。

説明例

②辞書で「上手」を引くと、「料理が上手だ」「字を上手に書く」のような例が挙げられています。これらの共通点を考えてもらい、「上手」は特定の技術に関して使うこと、技術以外の学問や、「勉強」「スポーツ」のような総称には「できる／得意」を使うことを説明します。「成績が上手」という誤用もしばしば見られるので、あわせて「成績」は「よい」を使うことも説明するとよいでしょう。

⑧中国語の翻訳の誤りです。改めて辞書を引いてもらい、例文などから中国語の「圧力」はこの場合、日本語では「ストレス」に当たること、日本語では「圧力」は「ストレス」の意味では用いないことを確認します。あわせて「ストレス」と「プレッシャー」の使い分けについても説明するとよいでしょう。

⑨「犯罪」という言葉の品詞を誤解した例です。「犯罪」は、動作性の名詞ではありますが、「読書」「入院」などのように「スル動詞」として用いることができません。よって、「犯罪を犯す／重ねる」のようにほかの動詞と組み合わせる必要があ

ります。「損害する」「犠牲する」「参考する」なども同様の例です。また、「安定な生活」「緊張だ」「成熟な大人」などの品詞の間違いもしばしば見られます。漢語は、辞書で品詞や用例を確認するよう指導するとよいでしょう。

Q2-2：各レベルの文法の誤用は、どう指導したらいいですか。

A2-2：文法の誤用も多様ですが、ここでは特に誤用が目立つ、「助詞」「品詞・活用」「呼応」をとりあげ、レベル別にどのような誤用が多く見られるか紹介します。

(1) 助詞

初級では、「場所＋に／で／を」や、「を」と「が」の誤用が目立ちます。動詞や形容詞との組み合わせで覚えるよう指導するとよいでしょう。

中級では、動詞との組み合わせに加えて、条件節や連体修飾節の中の「が」など、複文ならではの助詞の使い方の指導も必要となります。

上級では、複文の使用数もバリエーションも増えるため、従属節の主語の後ろにつける助詞の誤用が中級以上に目立ってきます。また、意見文や説明文を書く際に用いることの多い対比の「は」など、特殊な用法についても指導が必要です。

表2　レベル別助詞の誤用例と正用

	誤用例	正用
初級	家族は北京で住んでいます。	家族は北京に住んでいます。
	商店街で歩いて帰った	商店街を歩いて帰った
	朝7時にうちで出ます。	朝7時にうちを出ます。
	私はラーメンを大好きです。	私はラーメンが大好きです。
	昨年、大学を入学した。	昨年、大学に入学した。
中級	Aさんの意見を賛成する。	Aさんの意見に賛成する。
	北海道に行くなら、季節はいつはいいだろうか。	北海道に行くなら、季節はいつがいいだろうか。
	もしお金はあったら、母にプレゼントを買いたい。	もしお金があったら、母にプレゼントを買いたい。
	父は帰ったとき、妹はもう寝ていた。	父が帰ったとき、妹はもう寝ていた。
上級	ベルは鳴ったので、教室の外に出た。	ベルが鳴ったので、教室の外に出た。
	私は論文のテーマを変えたのは、先生に指示されたからだ。	私が論文のテーマを変えたのは、先生に指示されたからだ。
	肉が好きだが、魚が嫌いだ。	肉は好きだが、魚は嫌いだ。

(2) 品詞・活用

　中級になってまとまった文章を書くようになると、既習の文型でも誤用が目立つようになります。その原因としては、学習者の意識が一つ一つの文型・表現よりも内容に向けられがちであることや、複数の文型・表現を組み合わせて複雑な文を作ることに慣れていないことなどが考えられます。よって誤用の多い文型・表現を再整理し、文章の中での適切な使い方を訓練していくとよいでしょう。

表3　レベル別品詞・活用の誤用例と修正例

	誤用例	修正例
初級〜中級	公園にたくさんの人が<u>あります</u>。	公園にたくさんの人が<u>います</u>。
	最近<u>多い</u>若者が留学します。	最近<u>たくさんの／大勢の</u>若者が留学します。
	私はピアノを<u>弾くできます</u>。	私はピアノを<u>弾くことができます</u>。
	時間が<u>ありません</u>と思います。	時間が<u>ない</u>と思います。
	日本のテレビは<u>おもしろいだ</u>と思う。	日本のテレビは<u>おもしろい</u>と思う。
	友だちに相談したら、悩みが<u>ないように</u>なった。	友だちに相談したら、悩みが<u>なく</u>なった。
中級〜上級	漢字が<u>読めないで</u>、買い物ができなかった。	漢字が<u>読めなくて</u>、買い物ができなかった。
	日本に<u>来た</u>前、全然日本語ができなかった。	日本に<u>来る</u>前、全然日本語ができなかった。
	この時計は私<u>に対して</u>とても大切なものだ。	この時計は私<u>にとって</u>とても大切なものだ。
	電波が<u>届ける</u>ところなら、どこでも携帯電話が使える。	電波が<u>届く</u>ところなら、どこでも携帯電話が使える。
	<u>知らない男は弟に話しかけた</u>。	<u>弟は知らない男に話しかけられた</u>。

(3) 呼応

　呼応というのは、「あまり→ない」「きっと→だろう」「もし→たら」のように、決まった表現の結びつきのことです。「もし」と書いて「たら」を忘れるなど、学習者は文法よりも書きたい内容に集中していると、呼応する表現を忘れがちです。また、呼応には、副詞との呼応、疑問詞との呼応、主語との呼応などさまざまなものがあるので、これらをまとめて整理して提示し、意識化をはかるとよいでしょう。

表4　レベル別呼応にかかわる誤用例と修正例

	誤用例	修正例
初級〜中級	皆さんが私の国に来たら、ぜひ有名な観光地を<u>案内します</u>。	皆さんが私の国に来たら、ぜひ有名な観光地を<u>案内したいです</u>。
	もし携帯を忘れて<u>出かけて</u>、とても不安な気持ちになる。	もし携帯を忘れて<u>出かけたら／出かけると</u>、とても不安な気持ちになる。
中級〜上級	昔に比べると、外で遊ぶ子供がだんだん<u>少ない</u>。	昔に比べると、外で遊ぶ子供がだんだん<u>少なくなってきた／減ってきた</u>。
	ある調査によると、朝食を取らない子どもが<u>増えている</u>。	ある調査によると、朝食を取らない子どもが<u>増えているそうだ／らしい／ということだ</u>。
	あの時どうしてそんな間違いを<u>した</u>と考えた。	あの時どうしてそんな間違いを<u>したのか</u>と考えた。
	私は日本に留学することを決めた。なぜなら行きたい大学が<u>あった</u>。	私は日本に留学することを決めた。なぜなら行きたい大学が<u>あったからだ</u>。

　以上のような誤用は、既習でも再整理し、練習問題で確認するとよいでしょう。これらの指導には、市販の解説書や練習問題集も参考になります。《➡第2部第19章を参照》

Q3：くだけた表現が気になるのですが、どうしたらいいでしょうか。

A3：中級では話し言葉特有のくだけた表現を使わないよう、上級ではより硬い表現も使えるように指導するとよいでしょう。

　初級では、話し言葉の語彙や文型を中心に練習します。作文も身近なものごとをテーマに書くことが多いので、話し言葉でもさほど不自然ではありません。ですが、中級以上になってさまざまなテーマで作文を書くようになると、くだけた表現の使用や文体の不統一による不自然さが目立ってきます。

　中級レベルでは、まず、話し言葉でしか用いないようなくだけた表現を、文章では使わないように指導するとよいでしょう。

　上級レベルでは、表現の硬さを意識させ、論文やレポートなど、硬い文章を書く際には硬い表現で統一することを指導する必要があります。

表5　レベル別くだけた表現例と修正例

	くだけた表現例	修正例
中級	私の町は<u>都会じゃない</u> <u>けど</u>、<u>すごく</u>すてきなところが<u>いっぱい</u>あります。	私の町は<u>都会ではない</u> <u>けれども／ですが</u>、<u>とても</u>すてきなところが<u>たくさん</u>あります。
	北海道<u>とか</u>沖縄<u>とか</u> <u>いろんな</u>ところへ行きたいです。	北海道<u>や</u>沖縄<u>など</u> <u>いろいろな</u>ところへ行きたいです。
上級	日本の経済状況は<u>これから</u> <u>もっと</u> <u>悪くなる</u> <u>かもしれない</u>。	日本の経済状況は<u>今後</u> <u>さらに／いっそう</u> <u>悪化する</u> <u>おそれがある</u>。
	我が社の<u>イメージを上げる</u>ために、<u>私たち</u>は<u>がんばらなければならない</u>。	我が社の<u>イメージ向上</u>のために、<u>我々</u>は<u>努力すべきだ</u>。

Q4：語彙や文法は間違っていないのにわかりにくい文章については、どう指導すればいいですか。

A4：「接続表現の問題」「論理の飛躍や説明不足」が原因となっていることが多いので、これらの指導が必要です。

　以下、問題のある文章例を挙げ、原因と対処法を紹介します。《➡**具体的な練習方法は、第2部第19章を参照**》

Q4-1：接続表現の問題とはどのようなものですか。

A4-1：接続表現の不使用、不適切な使用の2つがあります。ワンパターンな使用についても指導の必要があります。

問題のある文章例

> 多くの人はインスタントラーメンは栄養がないと思っています。それなのに、私はインスタントラーメンが好きです。現代は能率を重んじる時代です。そして、多くの人はインスタントラーメンやファースト・フードなどを食べます。インスタントラーメンだけを選ぶ人は少ないです。

修正例

> 多くの人はインスタントラーメンは栄養がないと思っています。<u>けれども</u>、私はインスタントラーメンが好きです。現代は能率を重んじる時代です。<u>ですから</u>、多くの人はインスタントラーメンやファースト・フードなどを食べます。<u>といっても</u>インスタントラーメンだけを選ぶ人は少ないです。

　上の文章において、接続の問題点として目立つのは、次の3点です。

A 接続表現の不適切な使用により、文脈がとらえにくい。

…たとえば同じ逆接でも「しかし、だが、それなのに、にもかかわらず、ところが、それが、…」のように接続表現は多様です。が、その使い分けを学ぶ機会がなかったり、辞書の情報だけでは用法の理解が不十分だったりするために、上の文章の「それなのに」のような不適切な使用が見られます。

B 接続表現の使用がワンパターンである。

…初級では、学習する接続表現がごく限られています。よって、上の文章の「そして」のように、知っている表現のみを多用する学習者もいます。

C 接続表現がなく、文脈がとらえにくい。

…文章においては、接続表現は読み手が後続文脈を予測するのに大きく役立ちます。よって、接続表現の重要性をまずは意識づける必要があります。

Q4-2：論理の飛躍や説明不足については、どのように指導したらいいですか。
A4-2：読み手の視点から書くことを意識させるとよいでしょう。

読み手にとって必要な情報が抜けていたり、文章の構成に問題があるために、読みにくい文章になっている場合もあります。わかりやすい文章を書くためには、読み手の視点から書くことが大切です。よって、クラスメートなど読み手のコメントを得ることで、読み手の立場から自己の文章をモニターする訓練が効果的です。

以下に、問題のある文章例と、その問題点、訂正例を示します。

例9：北京の姓の上位四位は、王、李、張、劉がそれぞれ10.6％、9.6％、9.6％、7.7％を占めている。

[問題点]データがあとにまとめて羅列されているので、把握しにくい。

➡北京の姓の上位四位は王、李、張、劉で、王が10.6％、李と張がそれぞれ9.6％、劉が7.7％を占めている。

例10：中国も日本も漢字を使っている。双方が読める字体に統一したほうがよい。

[問題点]第1文と第2文の間に必要な説明がないために論理の飛躍がある。

➡中国も日本も漢字を使っている。しかし、字体が異なるため、おたがいに読めないことがある。よって、双方が読める字体に統一したほうがよい。

例11：私の国では改名ブームで、多くの人が改名申請をしている。変な名前だと周りの人に笑いものにされる。そして、犯罪者と同じ名前で普通の生活ができない。また、運勢が悪いという理由などで、改名申請をしている。
［問題点］各文の関係が明確に示されていないため、文脈がとらえにくい。

➡私の国では改名ブームで、多くの人が改名申請をしている。その理由は、たとえば変な名前だと周りの人に笑いものにされる、犯罪者と同じ名前で普通の生活ができない、運勢が悪い、などだ。

以上、各レベルの学習者の作文によく見られる誤用を、語彙・文法・文体・文の接続や構成に分類して整理しました。ここで紹介した誤用の分類や整理、修正のしかたは、あくまでも一例に過ぎませんが、教師が学習者を指導する際の何らかのめやすになると思います。

参考文献

池田玲子(1999)「ピア・レスポンスが可能にすること―中級学習者の場合―」『世界の日本語教育』9, pp.29-43, 国際交流基金日本語国際センター.
池田玲子(2004)「日本語学習における学習者同士の相互助言(ピア・レスポンス)」『日本語学』23(1), pp.36-50, 明治書院.
石黒圭・筒井千絵(2009)『留学生のための ここが大切 文章表現のルール』スリーエーネットワーク.
市川保子(編著)(2010)『日本語誤用辞典―外国人学習者の誤用から学ぶ日本語の意味用法と指導のポイント―』スリーエーネットワーク.
張麟声(2001)『日本語教育のための誤用分析―中国語話者の母語干渉20例―』スリーエーネットワーク.

【基本】フィードバック

第10章 母語の影響を考える
: 学習者の母語別支援

烏 日哲

>>>>>

　学習者にとって、日本語で作文を書くということは、単に語を並べて文を組み立て、そうした文をつないでいくだけではありません。彼らは自分の母語と日本語との言語の違い、発想の違い、文化の違いに四苦八苦しながら作文を書いているのです。では、教師は学習者の作文における母語の影響をどう考えればよいでしょうか。また、学習者が自分の前に立ちはだかっている「母語」という大きな壁と上手く付き合えるように、教師はどういった手助けができるのでしょうか。この章では、中国語を母語とする日本語学習者の支援を例に考えます。

Q1：学習者の誤用と母語は関係ありますか。

A1：大いにあります。

　誤用の起きる原因はさまざまですが、一つは、母語の影響といえます。この影響を母語の転移といいます。

　たとえば、初級ではよく、「場所＋に／で／を」の誤用が多いといわれます。中国語を母語とする学習者の場合にそうした誤用が多いのは、そもそも中国語に場所を表す助詞には「在(zai)」しかないからです。そこで、たとえば「在(zai)」＝「に」と覚えてしまうと、日本語では「に」「で」「を」の３つを使い分けなければならないのに、「に」で通してしまうのです。

　母語の転移は、母語で身につけた言語能力が学習言語に利用されたり、影響したりすることをいいますが、そこには、学習者の母語が日本語の習得にプラスに影響する場合（正の転移）もあれば、マイナスに影響する場合（負の転移）もあります。

　第１部第９章で扱った誤用は、学習者の母語が日本語の習得にマイナスに働いたことに起因するものも少なくありません。実際、日本語の作文の場合、漢字の読み書きは大きな割合を占めるため、漢字圏の学習者にとっては、母語の漢字の知識がプラスに働き、文面がわかりやすく見えるメリットがあります。一方、非漢字圏の学習者にとっては、漢字の習得が比較的難しいため、作文に誤字脱字が目立つ可能性も高く、母語がマイナスに働く可能性があります。

Q2：学習者の母語が違うのに、同じ誤りが見られるのはなぜですか。

A2：学習者が目標言語を学ぶとき、その過程で、母語とも目標言語とも異なる、学習者に共通して見られる言語体系、すなわち中間言語が構築されるという仮説が近年有力になっています。

　誤用は、母語だけが原因ではありません。ある言語を学ぶとき、何語話者であっても、母語とも学んでいる言語とも異なる共通の言語体系が構築されると考えられています。それを中間言語と呼び、これは学習段階に従い変化が起きるのです。

　この中間言語を理解するためには、まず、対照言語研究とはなにかを知る必要があります。目標言語、つまり学習しようとしている言語と学習者の母語の文法や音声、語彙などで共通する部分は易しく、異なっている部分は難しいと考えられ、学習者の誤りは、「2つの言語の間の異なっている部分」が原因になって起こるとされていました。そして、2つの言語を比較して共通する部分や異なる部分を明らかにするのが大切であるというのが、対照言語研究の考え方です。それによって、学習者の誤用の原因の解明は進みました。

　ところが、実際に学習者の誤りを見ていると、すべての誤りが母語と目標言語の違いから説明できるわけではないことや、むしろ母語とは関係ない誤りが思ったより多いことが明らかになってきました。

　たとえば、中国語を母語とする日本語学習者には、「名詞＋名詞」において「の」を使うべきところを、次のように「の」を脱落させてしまう誤用が見られます。

　例1＊ つまり自分体力が、続く限りですね。→つまり自分の体力が、続く限りですね。

　しかし、この誤用は中国語を母語とする学習者だけのものではありません。松田・他(2006)によると、このような日本語学習者の名詞句における「の」の脱落は、7ヵ国(中国・韓国・モンゴル・マレーシア・タイ・ベトナム・カンボジア)を対象とした日本語学習者の作文データにおいて、7ヵ国すべてに見られたそうです。

　また、第1部第9章でも紹介した、初級でよく見られる誤用である、時を表す助詞「に」に言及すると、木村(1984)は対照研究の観点から中国語を母語とする学習者にとって時を表す助詞の「に」は習得困難だと結論づけていますが、八木(1996)によれば、タイ語・マレー語・インドネシア語・カタログ語を母語とする学習者の作文における助詞の使用について調べたところ、いずれにも誤用が見られ、学習者の母語はそれぞれ違っていても、時を表す助詞「に」の習得が学習者にとって困難であることが報告されています。

私自身は、対照言語研究、中間言語研究、いずれも重要であると考えますが、この章では、主に対照言語研究の成果に立脚して論じることにします。

Q3：学習者の作文に見られる母語の影響には、具体的にどんなものがありますか。

A3：中国語を母語とする学習者の作文を見ると、語彙表現、文法項目、談話のスタイルいずれの面からも母語の影響が観察できます。

　作文に見られる母語の影響についての具体像をつかんでもらうのには、ある特定の言語に絞ったほうがわかりやすいので、ここでは中国語を母語とする学習者の作文の特徴を説明することにします。

(1) 語彙表現に見られる母語の影響

　中国語を母語とする学習者の作文の特徴として、漢語を多く使う傾向があります。それは非漢字圏の学習者の書いた、和語の多い文章に比べると、ある種格調高く、作文らしく感じさせるメリットはありますが、一方で、マイナスに働く場合もあります。以下では、副詞、動詞、日中同形語の使用から母語の影響を考えます。

①副詞に見られる母語の影響

　学習者は中国語の語彙をそのまま日本語に訳して使ったり、日本語では使わなくてもよいところにも副詞を入れたりする傾向があります。次の誤用例を見てください。

　　例2　＊<u>ずっと現在まで</u>あの先生の笑顔が忘れられません。
　　　　→<u>いまでも</u>あの先生の笑顔が忘れられません。

　例2の誤用を中国語で考えると「<u>一直到現在</u>我都忘不了那个老師的笑容。」です。「一直」は「ずっと」で、「現在」は「今・現在」と訳されます。中国語では「一直到現在」を使うのに対して、日本語では、「いまだに」「いまでも」だけで、「ずっと」を付ける必要がないのです。

　また、中国語を母語とする学習者は作文でよく漢語副詞を使いますが、それがマイナスに働き、話しことばでよく用いられる漢語副詞を使ってしまい、文体的な違和感を与えることが多いといわれています。

　　例3　＊しかし、憲法は一国の根本なので、<u>多分</u>修正する制限が相当に厳しい。
　　　　→しかし、憲法は一国の根本なので、<u>おそらく</u>修正する制限が相当に厳しい<u>だろう</u>。

実は中国語の漢字には「多分」という副詞は存在しません。よって、これは同形語による誤用ではありません。例3で硬い文面で話しことばの色合いを持つ「多分」が使われたのは、中国の学習者は漢語を書きことば的に感じているためでしょう。漢字をたくさん使えばなんとなくちゃんとした文章に見えるといった、漢字が得意な中国の学習者のある種の作文執筆のストラテジーかもしれません。

「多分」「絶対」「全然」のような漢語副詞はくだけた話しことばに適した文体的性格を持っているため、レポートや論文で用いると厳密さに欠けるような印象を与えることを意識させるとよいでしょう。

②動詞に見られる母語の影響

中国語を母語とする学習者にとって漢字語彙は日本語の習得上たいへん習得しやすいものであるといえるでしょう。しかし、その一方、誤用を誘発する原因にもなりうるのです。中には、日中語の品詞のズレによって生じる誤用もあります。たとえば、

例4 ＊景気を<u>回復になる</u>。→回復する。
例5 ＊内面が<u>成熟になる</u>。→成熟する。
例6 ＊最後に<u>成功になる</u>。→成功する。

などがあります。これらは、本来は「回復する」「成熟する」「成功する」とすべきところです。このような誤用の原因は中国語と日本語の品詞のズレと中国語を母語とする学習者の発想によります。変化を表す場合、日本語は「回復」「成熟」「成功」をサ変動詞にしなければなりませんが、学習者はこれらを名詞またはナ形容詞としてとらえ、変化を表すのだから後ろに「になる」を使うのが正解だろうと思い込んでしまうのです。さらに、日本語では「する」という漢語動詞は他動性を表すもので、自然に起きる変化にも対応できますが、中国語的な発想では、自然に起きた人為的ではない変化には「になる」を使うのが自然です。

③日中同形語に見られる母語の影響

中国語を母語とする学習者は日本語と同じく漢字を持っているため、漢字の読み書きに困らないとよく思われます。しかし、日本語と中国語は意味が同じ語も多いですが、中には、意味のずれているものやまったく異なる意味のものも存在します。また、中国語に存在しないものもあります。ただ、中国語にないものなら、学習者は「これは中国語と違う」という意識があるので、かえってそういうタイプの語を意識的に使います。問題になるのは、意味のずれているものと、意味のまったく異なるも

のです。このような語を「同形語」といいます。中国語を母語とする学習者の作文にもよく同形語による誤用が見られます。

例7　*日本の地理的位置や文化的な<u>特点</u>から、中国と昔から歴史的に<u>連係</u>があったことが<u>了解</u>できます。
　　　→日本の地理的位置や文化的な<u>特徴</u>から、中国と昔から歴史的に<u>つながり</u>があることがわかります。

例7には、三つの誤用があります。
・「特点」は中国語にあって、日本語にない語彙です。中国語の「特点」は日本語の「特徴」と同じ意味なので間違って中国語のまま使ったのでしょう。
・「連係」は中国語では「連絡する」という意味です。日本語の「連係プレイ」の「連係」と意味のズレがあるのですが、学習者はまったく同じ意味として使用したのでしょう。
・「了解」は中国語で「理解する、わかる」という意味で使われます。「よく知っている」という意味です。また「調べる」という意味で使う場合もあります。一方で、日本語の「了解」は「道理をよくわかって理解する」という意味なので、両者には意味のズレがあります。よって、「わかる」を使うのが自然です。

(2) 文法項目に見られる母語の影響

中国語を母語とする学習者の作文には次の誤用がよく見られます。

例8　*私<u>に対して</u>彼女は女神です。→私<u>にとって</u>彼女は女神です。
例9　*私は中国にいる彼女に日本の有名な化粧品を郵送<u>していきました</u>。
　　　→私は中国にいる彼女に日本の有名な化粧品を郵送<u>しました</u>。
例10　*彼女にお金をだましとられたことをお母さんに<u>気づかせ</u>たら大変です。
　　　→彼女にお金をだましとられたことをお母さんに<u>気づかれ</u>たら大変です。

①助詞に見られる母語の影響

例8の正用は「私<u>にとって</u>彼女は女神です。」です。このような誤用が起きる理由は、日本語の「に対して」と「にとって」は両方とも中国語の「対(dui)」に対応するからです。日本語では「に対して」と「にとって」の意味がまったく違いますが、中国語では同じ表現で表すため、学習者にとっては、漢字表記のある「に対して」を使ってしまうのでしょう。

② 「てくる」「ていく」に見られる母語の影響

　例9は正しくは、「私は中国にいる彼女に日本の有名な化粧品を郵送しました。」です。このような誤用が起きる理由は、中国語には「てくる」「ていく」に対応する「動詞＋来(lai)」「動詞＋去(qu)」が存在するからです。しかし、完全に対応するわけではなく、中国語の「〜来」「〜去」が使われて、日本語の「てくる」「ていく」が使われない場合もあります。日本語の「てくる」「ていく」は動作の主体「私」が動くかどうかに重きをおきますが、中国語の「〜来」「〜去」は動作の主体「私」と対象物「化粧品」のいずれにも関わります。つまりどちらかが移動していれば「〜去」が使えます。そのため、例9では、学習者は「〜去」に対応する「ていきました」が使えると判断したのです。

③受動文に見られる母語の影響

　例10の正用は「彼女にお金をだましとられたことをお母さんに気づかれたら大変です。」です。このような誤用が起きる理由は、中国語を母語とする学習者は受動文の代わりに使役文を使う傾向があるからです。

　中国語では、例10のような「私」の意思である「気づかせたくない」を優先させたい場合、それを受身の「被(bei)」ではなく、使役と受身両用の「让(rang)」（日本語の「譲歩」の「譲」の簡体字）しか使えないのです。つまり、例10を中国語にする場合、「せる・させる」と「れる・られる」の両方の意味を持つ「让(rang)」を使います。学習者にとって、受身と使役の「让(rang)」は受身のみの「被(bei)」の意味合いも含むので、例10の誤用が起きたのです。

(3) 談話のスタイルに見られる母語の影響

　母語、母文化、母国の教育制度など、さまざまな影響で言語表現の方法に文化的差異が生じることもよくあります。烏(2010)では、日本語母語話者と中国語を母語とする日本語学習者に字のない絵本を見せて語ってもらったところ、談話のスタイルに大きな違いが見られたと報告しています。日本語母語話者は絵本の絵を忠実に反映し、登場人物の内面には深く踏み込まず、登場人物の心理を外面から描くのに対して、日本語学習者は絵本に描かれていない表現を多用し、登場人物の内面の心理描写を軸に談話を展開する傾向があると結論づけています。

　つまり、同じ作文の題材を与えたとしても学習者はそれぞれの受けた母文化、母国の教育制度の影響によってそれぞれの母文化を反映した作文に仕上げるのです。

学習者が作文において母語の知識を活かすこと自体がいけないのではありません。母語の知識が誤りを引き起こすときに使うのが問題なのです。その意味では、学習者にとっても、日本語教師にとっても、必要なのは、学習者の母語の知識がどこまで利用できて、どこから利用できないのかを知ることだと思います。最近日本国内において、日本語学校や大学の日本語教育機関で働く非母語話者教師が増えつつあります。彼らは日本語以外に、自分の母語の知識も把握しているため、学習者の母語の何をどう引き出したら学習効果が上がるのかといった問題については現場で本領を発揮できるに違いありません。教育現場ではこうした非母語話者教師の活躍も期待されます。

　以上、中国語を母語とする学習者の母語の影響を語彙表現、文法項目、談話のスタイルの三点から見てきましたが、作文の作成過程における母語の影響について研究した調査結果も報告されています（石橋2002）。韓国語を母語とする学習者に、韓国語で下書きを書いた日本語の作文と、韓国語で下書きをせずに書いた日本語の作文の成績を比較したところ、母語を使用しないときより母語を使用したときのほうが作文の論理のつながりがよかったと報告されています。学習者の母語は実にさまざまな形で作文に影響を与えているのです。

Q4：日本語しか話せませんが、学習者の母語の特徴や知識を把握するには、どうすればいいですか。

A4：日本語しかできなくても、学習者の母語が日本語の作文にどのように影響しているのかを調べる方法があります。

　日本語教育に関連する誤用分析、第2言語習得や中間言語などに関する先行研究を調べればわかります。その他、さまざまな学習者コーパスを利用するのもいいでしょう。コーパスとは、コンピュータによる検索可能な大量の言語資料です。学習者の生のデータには、教師が教えたのとは違った彼らの独自の文法が反映されています。大量の言語データから学習者がよく起こす誤用をピックアップし、学習者の語彙や表現の偏りを明らかにすることができます。そのほかには、同形語を扱った辞書や学習者の誤用例文集などを利用するのもよいでしょう。

　最後に、日本語教師にとって非常に心強いある研究結果を紹介してこの章を終えたいと思います。母語の作文の学習意識が日本語の作文の学習意識に影響するかどうかについて調査したものです。吉田（2006）では、中国語を母語とする学習者の作文に対する意識を調査したところ、「母語の作文が好き」という質問項目と「日本語の作文が好き」という質問項目には相関がなく、同様に「母語の作文が得意である」とい

う質問項目と「日本語の作文が得意である」という質問項目の間にも相関がなかったという結果が得られました。つまり、少なくとも、中国語を母語とする学習者にとっては、母語の作文が苦手で、不得意であっても、日本語の作文に興味を持たせることが十分にできるということです。

参考文献

石黒圭(2004)「中国語母語話者の作文に見られる漢語副詞の使い方の特徴」『一橋大学留学生センター紀要』7, pp.3-13, 一橋大学留学生センター.

石橋玲子(2002)『第2言語習得における第1言語の関与―日本語学習者の作文産出から―』風間書房.

烏日哲(2010)「中国人日本語学習者と日本語母語話者の語りにおける説明と描写について―『絵本との一致度』の観点から―」『日本語教育』145, pp.1-12, 日本語教育学会.

大塚薫(1997)「韓国人日本語学習者の語彙認識力に関する考察」『日語教育』第16輯, pp.281-300, 韓国語日本語教育学会.

奥野由紀子・金玄珠(2011)「漢字圏学習者の「の」の脱落における言語転移の様相―「の」「의」「的」の対応関係に着目して―」『国立国語研究所論集』2, pp.77-89, 国立国語研究所.

木村英樹(1984)「時点表現の副詞の用法について―中国人学習者にとっての難問から―」『日本語教育』52, pp.65-78, 日本語教育学会.

金若静(1987)『同じ漢字でも―これだけ違う日本語と中国語―』学生社.

五味政信ほか(2007)『中国語母語話者に対する社会科学系専門日本語教育のための教材開発』科学研究費補助金　基盤研究(C)研究成果報告書平成15年度～平成18年度　一橋大学留学生センター.

張麟声(2003)『日本語教育のための誤用分析―中国語話者の母語干渉20例―』スリーエーネットワーク.

松田真希子・森篤嗣・金村久美・後藤寛樹(2006)「日本語学習者の名詞句の誤用と言語転移―アジア7カ国による日本語作文データに基づく分析―」『留学生教育』11, pp.45-53, 留学生教育学会.

八木公子(1996)「初級学習者の作文に見られる日本語の助詞の正用順序―助詞別、助詞の機能別、機能グループ別に―」『世界の日本語教育』6, pp.65-81, 国際交流基金日本語国際センター.

吉田美登利(2006)「学習者の書くことに対する動機付けが作文成績に及ぼす影響―中国人学習者の場合―」『2006年度日本語教育学会秋季大会予稿集』pp.63-68, 日本語教育学会.

第 2 部

作文教育の実践

授業準備
- 第 11 章 作文のテーマ選びの実際：常識を証明する活動を例に
- 第 12 章 ツール別作文の実際：手書きと Facebook を使った活動を例に
- 第 13 章 教師の役割の実際：リライト—ディスカッション式活動を例に

教室活動
- 第 14 章 コミュニケーションを重視した活動の実際
  ：KJ 法や「へえ！」を使った活動を例に
- 第 15 章 「総合活動型」の作文授業の実際：書評を書く活動を例に
- 第 16 章 四技能連携の実際：映像を使った活動を例に
- 第 17 章 書けない学習者のトレーニングの実際：意見文を書く活動を例に

フィードバック
- 第 18 章 モチベーションを高めるフィードバックの実際：3 色添削を例に
- 第 19 章 誤用の修正の実際：修正フィードバック授業を例に
- 第 20 章 母語の影響の実際
  ：中国語を母語とする学習者のフィードバック授業を例に

【実践】授業準備

第11章 作文のテーマ選びの実際
:常識を証明する活動を例に

安部達雄

>>>>>

　学習者に活き活きと作文を書いてもらうためには、日本語で表現することへの抵抗感を薄め、日本語に慣れ親しんでもらう必要があります。まずは表現することを楽しむ。それから社会的な問題に取り組む、そして学術的な文体でも自由に表現できるようにと、段階的にテーマを設定していく。そんな活動が理想です。その理想を実現するには、教師の周到な準備と授業運営が鍵になります。この章では、そうした、周到な準備と授業運営に裏打ちされた実践例を紹介します。

1. 常識を証明する活動の概要

◉目　　標	目的を達成できる文章を書けるようになる。
◉レベル	中級後半〜
◉時　　間	導入40分／検討50分
◉人　　数	不問(時間は10人程度のクラスで想定)
◉資　　料	作文を書くにあたってのポイントと注意点をまとめたものと参考回答(基本的には優秀回答、場合によってはテーマに合っていない回答)をまとめたものを資料にして配布。
◉授業の流れ	1. テーマにそった文章を書く。 2. 教師による添削(主に文法や表記などの確認)。 3. テーマでなにを聞かれているのか整理する。 4. どういう人が読むのか、どのような種類の文章なのか整理する。 5. どう書いたら効果的に伝わるか、資料を配布し検討する(学習者同士の相互評価)。

☞ 1.は書く、3.、4.は話す・聞く、5.は読むが中心になります。1.、2.は事前準備です。

2. 常識を証明する活動の手順

　まず、テーマにそった文章を宿題として事前に書いてきてもらい、授業の1週間前に提出してもらいます。そして、その文章を教師が添削しておき、授業に臨みます。

① 導入〈40分〉

ここでは「親の子であることの証明」というテーマを扱った例をあげます。

> 「自分が、親の子供であることを証明せよ。ただし、戸籍上の親子関係は、証拠として認めない。」

という出し方をします。

このテーマは、「レポートを書けるようになる」という大きな目的を設定しているクラスで、その1回の授業目的を「状況証拠の積み重ねで証明する技術を身につける」と想定したものです。

テーマ「親の子であることの証明」を例に

学習者の活動	教師の指示と留意点
1. このテーマでなにを聞かれているのか、自分の考えを発言する。 例1) 類似点がひとつだけだと、似た人が親の可能性もあると反論されます。 例2) 性格が似ているだけでは、環境の影響だといわれるかも。	・テーマに関し、しっかり読むことがいかに大切かを認識させたい。 ・あまりに座学に徹してしまうと興味を失いかねないので、発問して口頭での回答をうながす。そのうえで、どういった対応策が望ましいか、さらに思考を深める。 ・このテーマは「証明問題」という普遍的なものを扱っていることを意識させる。 ※なんのためにこのテーマに取り組んでいるのか、全体のなかでどの部分をやっているのかを認識させる。
2. どんな人が読むのかを考える。 ※読む人と書く人でどんな情報の違いがあるのか。	・読む人のことを想像できない人が多い場合は、教師みずからが率先して、親の子であることについて「安易な主張」をし、反論させる。 ※「母は腕が2本あり、私も腕が2本あります。よって私は母の子です。」など。 ・読む人は、書いている人についてあまり詳しくないことはもちろんのこと、その両親に関してはほとんどなにも知らないことを前提とする。
3. 資料を読み、ほかの人がどのようなアプローチをしたのかを知る。ポイントを把握する。	・ほかの人のアプローチを紹介するなかで、どういうものがあまりよくない例なのかに触れる。 ・一般化したポイントを資料で配布し、使用文型や構成なども意識させる。

このテーマでなにを聞かれていたのか、授業の最初でしっかりとテーマを吟味させましょう。このテーマで書くにあたって、なにを聞かれていると思ったか、どういうことに気をつけたか、学習者に聞いたりして一緒に考えるようにしてください。

また、学習者たちが上記のポイントが理解できないおそれがある場合、宿題として課題を出すとき、テーマを示すだけでなく、どんなことを書いたらよいのか、短い時間で話し合わせるのもよいでしょう。話し合うことで、課題のポイントが絞れるだけでなく、作文に対する学習者たちのモチベーションも上がります。

A.「戸籍上の親子関係を認めない」となぜ書いてあるのか

　このテーマは「証明せよ」という証明問題なのですが、「ただし、戸籍上の親子関係は、証拠として認めない。」とあるように、決定的で確実な証拠を証拠としては認めないと書いてあります。DNA鑑定などをしたことがある人はほとんどいないと思われますし、ABO型の血液型は四類型しかありません。つまり、このテーマでは状況証拠しか扱えないことを読み取らせるわけです。

B. 状況証拠とはなにか

「似ている」ところを探すと証拠になる可能性があります。
　→自分と母親、あるいは自分と父親の共通点を探したとき、どんなものがあるか、考えさせます。

> ・母と同じように、顔にホクロがある
> ・背が低い
> ・笑うとえくぼができる

学習者から、いくつか自分と親の共通点を挙げてもらいます。

　　母と同じように、顔にホクロがある
　　　しかし、顔にホクロがある人は、母親に限らずたくさんいます。したがって、それは偶然かもしれず、ほかの、顔にホクロのある女性の子であるかもしれません。あるいは、そもそも親子は同じところにホクロはないので、ホクロは証拠になりません。

　　背が低い
　　　背が低い人はたくさんいます。また、親子で身長が違う人はたくさんいます。よって身長が似通っていることが親子の証拠であるとは限りません。

　　笑うとえくぼができる
　　　これもホクロと同様、えくぼができる人は無数にいますし、親子で必ず似る類のものでもありません。

このように、ひとつひとつの要素に対して反論をすることで、それらが有力な証拠にはならないことを示していきます。そのうえで、「同じところにホクロがある」かつ「背が低い」かつ「笑うとえくぼができる」という三つの条件を兼ね備えていたとしたら、それは果たして単なる偶然だろうか、と考えさせます。つまり、ひとつのことを証明するために、いくつもの状況証拠を集めることで、偶然に一致するはずがない、という確率まで押し上げていくわけです。この場合の証明とは、状況証拠の積み重ねでしかあり得ない、ということを自覚してもらいましょう。
　まず、テーマをちゃんと読み込むと、「状況証拠の積み重ねでひとつのことを証明してほしい」というメッセージがあることを、書く前に理解することが大事だということを示します。
　次に、どういう人が読むのか、を考えます。この作業は、書く人と読む人でどういう情報の違いがあるのかを認識させることが目的です。
　このテーマの場合だと、読む人はあなたやあなたの両親のことを詳しく知りません。また性格のことや、兄弟がいるのか、あなた以外の人は親子のことをどう思っているのか、なども知りません。となると、そもそも親がどのような特徴を持っているのか、外見的特徴、あるいは内面的特徴を書く必要があります。
　第1部第1章でも見た表を再掲します。

		読む人	
		1人／少数	多数
書く人	1人	手紙　日記　メール　メモ　辞令　etc.	小説　一斉メール　記事　ブログ　作文　etc.
	多数	レポート　小論文　履歴書　エントリーシート　etc.	新聞　雑誌　ネット掲示板　SNS　etc.

　この文章は、上の表でいう、「書く人1人　読む人多数」の種類の文章であるから、読む人が共有している情報がバラバラであること、あるいはあなたのことについてなにも知らない人がほとんどだということを認識してもらいましょう。テーマを読み込む作業は「どういう人が読むのか」ということと直結しているので、書く前に必ずやるように伝えます。
　以上のような作業を、書く前に各自ができるように、毎回の授業で同じ作業を繰り返します。「なにを聞かれているのか、どんな情報を求められているのか考える」「どういう人が読むのかを考える」、これは文章を書く前の準備として必須です。

②検討〈50分〉

　続いて、「どう書いたら効果的に伝わるか、検討する（学習者同士の相互評価）」という作業に入りますが、これは実際の学習者が書いた文章で、よいと思ったものやよくなりそうなヒントのあったものを抜粋し、資料として配布しましょう。そして、いろいろなアプローチが存在し、どこを工夫すればもっとうまく伝わったのかを考えるキッカケとしてもらいます。

　ここでは、実際に私が授業に使用したものを一部ご紹介します。（原文のまま掲載）

配布資料例 ＜学習者の書いたもの＞

　①状況証拠の積み重ね　具体的な類似性
　……細長い目、白肌、凸凹な門歯といったところは母と似ており、ほろほろになった近視眼、丸々している頬、低い身長といったところは父のおかげだといわれる。
　頼まれたことや任された仕事などを一刻も無駄にせずに、速やかに終わらせるのはもう習慣として身に染み込んだ。デートで約束時間より30分以上前に目的地につくのは日常茶飯事だ。かえって相手にプレッシャーがかかった。いわゆる気が早い性格だ。これは、母とそっくりだといわれる。
　テストや業績等点数化できるものは、90点や95点でも満足せず、100点を目指す。撮影作品や音楽などの芸術を、ほどほどの程度で世に送り出すということをせず、あくまで自分が納得する状態まで仕上げることにこだわる。周りの人に対しても、前もって設定した基準に達せなかったとき、妥協せずにしつこく、嫌われるくらいまでやり続けさせる傾向がある。いわゆる頑固で完璧主義の性格だ。これは、まさに、父からの親譲りだ。……

　②親なのかどうか決め付けない
　私は日本に留学に来る前に、ずっと、ある二人の、私より29歳年上の人と一緒に住んでいた。この二人の人の関係は、夫婦である。私はその女の方を「ハハ」と呼び、男の方を「チチ」と呼んでいた。まだ、この二人の人は私の親であることを証明していないが、今までずっとこの様に呼んでいたから、一応ただの名称として扱い、以下でも使用する。……

　③定義を明確にしておき、反論を回避する　推論の妥当性
　まず、「親」とは、子を持つ者であり、父と母の汎称である。

また、産みの親と育ての親両方がこれに当てはまる。「子」とは、親から生まれたもの、またはそれに準ずる資格の者である。つまり、親から子が生まれ、子は必ず親を持つ。親が存在しなければ子は存在しないということは生物的にも明らかにされている事実である。

　この絶対的な真実に対する証言として私の両親の発言を振り返ってみる。母は私とのティータイムには必ずこのような言葉から会話を始める傾向があった。「あなたが小さかった頃はね、パパといつも……」。<u>私の幼少時代を知っている、覚えているということから、今の両親が私の育ての親であるといえる。</u>……

④似ることの原因を挙げておく（後天的環境の存在）　引用・権威付け
　<u>百科事典「Doosan」</u>では「遺伝」を「親が持っている特性が子に伝わる現象」だと定義している。全ての生物は生殖を通して子孫を残し、この子孫は親が持っている特性、例えば髪の毛の色や肌色、顔の形などが子供に伝えられる。
　グレゴール・ヨハン・メンデルの遺伝法則によって、親の遺伝子上、子は親の優越な所を遺伝する。その上に大体の子どもは<u>後天的な環境などの影響を受け、親と性格の面や物に対する好き嫌いの傾向などが似通ってくる</u>。……

⑤反論を想定した文章
　……しかしこれだけだと、「自分は親の子だ」という説得力はまったくない。性格が似ているのは教育の影響かもしれない。別に実の親でなくても、子供を育てるだけで、子供は教育者に似ることだって可能だ。……
　<u>もちろん</u>これは皆まぐれで、「親の子である証拠にはならない」という意見もあると思う<u>が</u>、その確率はかなり小さい。……

⑥理の組み立て　「兄弟」という類似人物の使用　確証性を高める
　その後、<u>私も兄と父親の手相をちゃんと見て確認しました</u>。その結果、やはり三人の手相は非常に似ています。もし、私と兄の手相が似ている場合に、父親の手相と似ているかどうかは別として私たち兄弟は血縁関係があるかもしれないことしか裏付けられません。もし、兄と父親あるいは私と父親の手相が似ている場合に、偶然の可能性もありますので、私と父親の血縁関係を裏付けることもできません。なぜならば、私と兄は7歳も違うからです。しかし、<u>私と兄、父親の手相が同じ特徴を持っていれば、その偶然性が低くて遺伝だとしか考えられません</u>。したがって、私は父親の子供であることを確信することができます。……

それぞれ注目すべきポイントに下線を引くなどして、そこにどのような工夫があったかを検討します。
　たとえば、①の例であれば、手際よく類似点を挙げたあと、母親、父親、双方との共通点を挙げた点を評価します。どちらか一方に偏ってしまうことがあるからです。②の例では、表現姿勢の面で親と思われる人を他人というスタートから背理法的に証明していく方法を採用したことに工夫が見られます。演繹的あるいは帰納的に証明していく方法とは別にこのようなアプローチも有効なのです。③の例では、生みの親と育ての親があることを定義のなかで述べ、論点を整理しています。④では客観性を保つために引用や、権威をひいて自説だけで論じているわけではないというのがポイントです。⑤は反論を想定した文型を使用し、説得的に書けている点が優れています。⑥は兄弟というサンプルを持ち出してきて、推論の妥当性を高めるというアプローチを評価します。
　このように、学習者が書いてくる文章では、評価できるポイントがそれぞれ別の方向性のものもあるので、これらを総括して、ほかのテーマにも応用できるアプローチとしてまとめたものを資料にしましょう。
　たとえばこのような感じです。

配布資料例　＜アプローチのポイント＞

①反論を想定した文章

・譲歩の文型

「確かに（相手の主張）、しかし（自分の主張）」「もちろん……、しかし……」

「……という人は多い。だが、……」

「一般的には……だが、……という考え方もある」

→反論　一方的な主張を避ける。

・譲歩の構成

現状把握（親と思われる人間がいる）

→反対派の主張（似ているだけで、親ではないのではないか？）→自分の主張

②具体性

　数字、統計、またはほかの人の意見（「似ている」という人の主張）などの引用、権威付け。

あるいは、非常に具体的な類似点、あるいはあえて相違点を挙げることで似ているポイントを相対化させる。

「やさしい」ところが似ている、では伝わらないし、反論を受ける。

③多様な観点からの検証

状況証拠の積み重ねでしかないので、多面的な検証が必要。

「身体的特徴」「血液型」「遺伝的性質」「性格」「言動」「趣味・趣向」「兄弟・姉妹という類似人物」「記憶」「写真」「愛情の深さ」「第三者の証言」「父の要素と母の要素、という双方からの検証」等。

「それは偶然の一致なのではないか」「そういう人ならたくさんいる」と思われてはならない。

④論証形式

演繹法　帰納法　背理法

どのような文型を使用し、どういう構成で、なにを書けば人に伝わるのか、このような形で一般化していくと、他のテーマにも自在に対応できるようになります。

配布する資料に使用する、学習者の書いた文章は、すでに文法的な手直しを施した修正版でも構いません。《➡添削やその方法については、第1部第8章、第2部第18章を参照》

3. 常識を証明する活動の背景

この活動は、第1部第1章が基になっています。

覚えてもらいたい技術が明確であり、それが体得できるテーマであるならば、難しいテーマではないほうが学習者は書きやすいものです。使用する語彙や、専門的な知識がなくても書けるようなテーマ設定が、文章を書く楽しみに繋がりますし、ひとりひとりの学習者の学力判断の目安にもなります。

一方、難度の高い語彙の使用や、専門的な知識を要する社会的で複雑な課題は、書いたものの問題点をぼやかしてしまう場合があります。

また、第1部第1章で私が取り組んだテーマ一覧を記しましたが、各テーマはクラスの大きな目的に向かって有機的に関連させるべきです。

たとえば、「タバコを否定せよ」というテーマで反論や譲歩の文型の使い方を学習したならば、その技術は「親の子であることの証明」で使用できるものであったほうがよいということです。

否定には当然、根拠を示し理由を説明することが必要ですから、それ以前のテー

マでは「根拠を示し理由を説明する」という技術を身に付けるテーマがあるといいでしょう。

そして、ひとしきりひとつのテーマでひとつの目的を学習したら、クラスの最後のほうに総合的なテーマを設けて、それまで学習した技術を総動員して文章を書いてもらうと効果的です。

私の場合は「最強の動物」というテーマで、

- すべての動物（昆虫なども含む）の体長を1mに統一する
- 自分が選んだ動物がいかに強いかというデータを示し主張する
- ほかの動物と戦った場合はこうなるだろうという予想をし、反論に耐えるものを書く
- 攻撃、守備、両方の面から検討し多角的にその強さを証明していく

といった、技術を複合的に使用することを目的としたテーマを与えます。これはおもしろいです。クラスが盛り上がります。

4.「常識を証明する活動」をやってみて

① 文章を書く前の準備に慣れていないクラスでは……

まだ文章表現に慣れていないクラスでは、「テーマでなにを聞かれているのか、整理する」と「どういう人が読む、どのような種類の文章なのか、整理する」を、文章を書く前に授業で触れてしまう方法があります。

ほぼ答えを言ってしまうようなもので、授業での種明かしの楽しみは半減しますが、すでに述べたように、学習者の作文を書くモチベーションは上がりますし、十分な準備を経ることで質の高い授業運営が可能になります。とくに、中級などのクラスを担当しているのであれば、日本語の表現上の問題や、文章の構成上の問題も多いので、事前にこの準備作業を作業シートなどに書いてもらい、それを参考に文章を書いてもらう、という段階を踏んでもいいと思います。

② 状況証拠をたくさん挙げてこない場合は……

テーマを示す前に、クラスでなにかひとつのことを証明するような別の話題を振ってみるのもよいでしょう。「人間はなぜ猿が進化したものだと思われているのか」など、さまざまな状況証拠と推論で成り立っているものならなんでもよく、学習者もそこからヒントを得ることができます。

③ 反論を想定した文章を書けないときは……

　「もちろん……しかし〜〜」などの文型を事前に使用するように伝達するとか、あるいはこのテーマの前に、反論の技術だけを目的としたテーマを設定するのも有力です。

　私の場合は、「タバコを容認する主張をしなさい」などのテーマを設定し、それに反対する人の意見や根拠が十分わかっている段階から反論させる、という方法を採っています。読む人が、自分とは逆の立場の考え方であるということを念頭に入れ、説明文はとくに相手を説得させるために、譲歩や反論をしっかりしなくてはいけない、ということを学習者に把握してもらいます。

　無根拠にでも主張できてしまう多数派の主張である「タバコを否定せよ」とか「浮気を否定せよ」などのテーマ設定だと、反論するまでもないテーマになるので、反論の技術を身につけるのには向いていません。

④ 書きたがらない学習者がいるときは……

　どんなテーマでもそうですが、クラスを構成している学習者の人種や支持する宗教、文化などに配慮すること。ここでとりあげた家族に関する話題なども場合によってはナーバスな話題になり得るので、「両親」の存在を前提とせずに、「どちらかの親に似ている」ということを証明してもらうなどの対処法を採るなどの配慮も必要です。

　食べ物や歴史認識などに関しても、国籍や宗教が関わってくる問題ですので、テーマには配慮することと、もしわかって出す場合はあくまで文章表現の技術を身につけるための問題であり、本音で書かなくてもよいと申し添えたほうがいいでしょう。

　学習者は不慣れな課題に取り組むため、一度ではうまくできないかもしれません。実際にテーマを出して、書いてきたものを読んでから、まとめていくうちにそれぞれの学習者の課題が見えてくる場合もあります。しかし、そうしたことを2回、3回と繰り返すうちに洗練されたテーマを自分で作ることも可能になってきます。

　それがなによりの楽しみになることは間違いありません。学習者の発想は自由ですので、教えるほうも書くほうも楽しい授業を目指してください。

【実践】授業準備

第12章 ツール別作文の実際
：手書きとFacebookを使った活動を例に

有田佳代子

>>>>>

　この章では、作文のツールとして「手書き」とSNSのFacebookを取り上げ、それぞれの活動例について紹介します。

【「手書き作文」の活動例】
　学習者が「伝えたいこと」を話し、それを聞きながら支援者(教師)は少しスピーチレベルの高い書き言葉に直して活字にする。その活字を学習者は音読したあと、原稿用紙に書き写す。

【「Facebook作文」の活動例】
　①入門・初級クラスからできるタイムラインへの楽しい投稿。
　②非公開グループでのピア活動による意見文の執筆。

1.「手書き作文」の概要

●目　標	自分にとって身近な漢字や書き言葉を覚え、書けるようになる。
●レベル	初級～
●時　間	45分
●人　数	できるだけ支援者(教師)と学習者1対1がよい。
●準　備	支援者(教師)は、ノートパソコンやタブレット端末、またはスマートフォンでもよいので、テキスト入力ができる機器を用意する。
●授業の流れ	1. 学習者が「伝えたいこと」を話す。 2. 支援者(教師)は、学習者の話を聞きながらパソコンに向かい、少しスピーチレベルの高い書き言葉に直して入力していく。 3. 入力したものを印刷するか、画面を見ながら、学習者は音読する。 4. 学習者は、その活字を原稿用紙に書き写す。

2.「手書き作文」の活動の手順

進め方	教師の指示と留意点
1.「報告しなければならないこと、連絡しなければならないこと、印象に残ったこと」について話してもらう。学習者はあらかじめ自分で作ったメモを見ながら話す。	・学習者があらかじめ話したい内容のメモを作っておくと効率的だが、なくても進められる。 ・学習者の話を傾聴する。自分の表現・視線・しぐさなどにも注意する。
2. それを聞きながら、支援者(教師)が少しスピーチレベルが高い漢語を含めた書き言葉に直して、パソコンやタブレット画面に打ち出していく。(15分)	・必要な情報を得るために、学習者に質問したり確認したりする。 ・文書には必ずルビをつける。
3. それを音読したあと原稿用紙に横書きで書き写す。(25分)	・時間がなければ宿題にしてもよい。
4. 次の授業時に、できあがった原稿を支援者(教師)とともに添削する。もういちど音読する。(5～15分)	・「きれいな原稿」というよりもわかりやすく書けていればよく、本人が書く練習ができたかどうかが重要。 ・音読はゆっくりでいいので、はっきりと大きな声で読むことを促す。

話すために学習者が作ったメモ

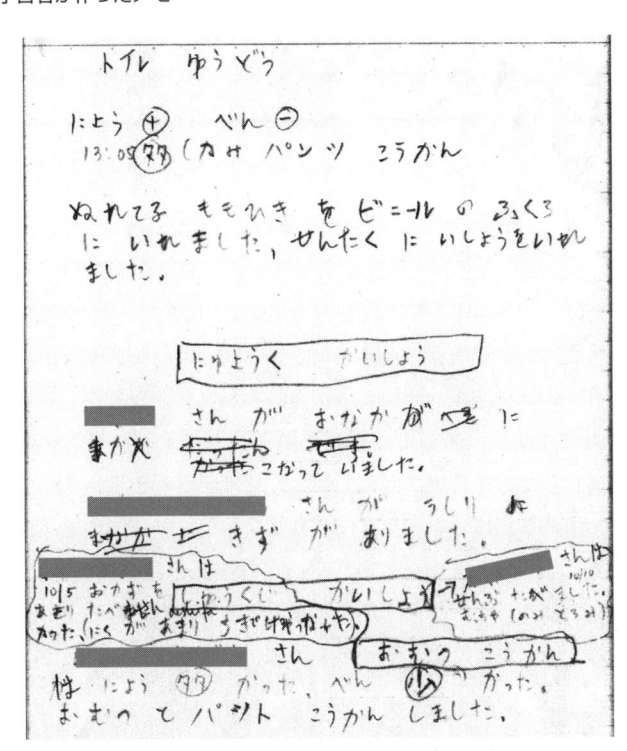

対話のあと、音読と手書きを課した文書

- トイレ誘導
    ○○さん：13時5分、尿はたくさん出ましたが、便は出ませんでした。紙パンツを交換しました。
    ぬれた下着を、ビニールのふくろに入れました。それを他のよごれものといっしょに、洗たくしました。
- 入浴介助
    ○○さん：おなか（おへそのまわり）が赤くなっていました。
    ○○さん：おしりの中央にきずがありました。
- 食事介助
    ○○さん：おかずを残しました。肉がきらいですから、食べませんでした。
    ○○さん：ご飯もおかずも全部食べました。むぎ茶はとろみをつけました。
- おむつ
    ○○さん：19時。尿は多く、便は少ない。おむつとパットの交換をしました。
- その他　ノロウイルスに感染した利用者さんが、3人いました。

3.「手書き作文」の活動の背景

　みなみななみさんによる『まんが　クラスメートは外国人　入門編』（明石書店 2011）には、外国ルーツの中学生の男の子が原稿用紙に向かって日本語を書きながら、「オレは変わった」と感じるという場面が出てきます。日常会話は日本人の子どもと同じくらい上手だけれど、漢字や学習に使うための日本語がわからず勉強に対して投げやりになりがちなアンドレ君は、補習教室で大学院生の晴美さんと出会います。晴美さんはノートパソコンを開き、サッカーが大好きなアンドレ君からサッカーについていろいろ聞きだします。晴美さんはそれを聞きながらキーボードを打ち、少しスピーチレベルを高くした書き言葉に直してルビも付け印刷します。そのプリントを一緒に読んだあと、晴美さんはアンドレ君に「今度は原稿用紙にこれを写すの。もっと身につくから」と言います。アンドレ君が懸命に日本語を書く場面には、「あの日からオレは変わった。っていうか、世界が変わった」とト書きがあります。上に示した活動は、このエピソードが基になっています。

4.「手書き作文」をやってみて

　私の場合は、日本国内で介護ヘルパーとして働きながら日本語を学んでいるJさんと、晴美さんとアンドレ君の方法をヒントにSkypeを使って勉強しました。Skypeとは、ソーシャルメディアの一つでパソコン用のテレビ電話ソフトウェアです。個人のパソコンとマイクとパソコン用カメラがあり、ダウンロードしさえすれば、Skype同士でだれでも無料で簡単に交信することができます。遠く離れていてもリアルタイムで互いの顔を見ながら意思伝達ができるので、仕事で忙しいJさんとの勉強にはぴったりでした。Jさんは「介護ヘルパーの仕事で報告書を書くために、漢字や書き言葉がどうしても学びたい。仕事での連絡は決められた用紙にその場で書かなければならないことが多く、手書きの練習が必要」という強い学習動機を持っていました。

5.「Facebook作文：タイムラインへの投稿」の概要

　Facebookを使った活動例の一つ目は、今日から日本語を勉強し始めた学習者でも「日本語の海」にひとりで泳ぎ出していけるような、楽しくて比較的手軽な活動を紹介します。

●目　標	Facebookでの日本語を使った交流を楽しむ。
●レベル	入門〜。日本語・日本文化体験など短期留学プログラムでも。
●時　間	授業なら45分程度。宿題でもよい。
●人　数	何人でも
●準　備	授業で行う場合は、PC室を使うか、あるいはノートパソコン・タブレット端末・スマホなどの入力機器を各学習者に持たせる。

6.「Facebook作文：タイムラインへの投稿」の活動の手順

進め方	留意点
1. Facebookで日本語話者の「友だち」を見つける。(宿題で、○○人以上の「友だち」を見つけるという課題を出してもいい)(15分)	・Facebookの検索窓に「Japanese」「Japan」「language exchange」などの検索語を入れるとさまざまなグループがある。
2. 日本語での自己紹介、おすすめの場所や料理の紹介などのモデルを見る。(10分)	・初級後半程度なら、ネット上の慣用句や引用の方法などを確認して使えるようにする。

3. 自分のタイムラインに日本語での自己紹介やおすすめ料理などを投稿する。写真付きが楽しい。(10分)	・初級後半くらいからなら、不適切な投稿例や温かみの感じられないネット上の言葉遣いの例などを見せて、注意喚起する。(7.参照)
4. ほかの人のタイムラインに日本語でコメントする。(10分)	・初級前半なら日本語投稿に必ずしもこだわらず、テキスト上での交流を「楽しむ」ことが大事。中級以上なら同意や感謝の表しかたや賛否の表明のしかたを確認して使えるようにする。

※ タイムラインへの投稿のそのほかの例
- 授業中に「〜ています」の文型を勉強したあと、宿題として「今、〜ています」を数回投稿することを宿題にします。写真付きが楽しいです。
- 形容詞を学習した授業のあとで、「2つの形容詞を使って表現できるものを見つけて、写真付きで投稿する」を宿題にします。たとえば、「これは、からくて赤い唐辛子です」、「この店は安くておいしいです」、「私のカノジョは、明るくてきれいなひとです」、「美しくてかなしい歌が好きです」などです。写真や動画付きが楽しいでしょう。ただ、人物や店などの写真を載せる場合、許可を得ることも忘れてはいけません。
- 「私が見つけたおもしろいもの」を紹介します。国内なら「日本で見つけたおもしろいもの」、「東京で見つけた〜」、「研修旅行で見つけた〜」など。写真も付けましょう。
- クリスマスや正月、誕生日などの投稿の慣用句、また、クラスでの親睦会、飲み会、餃子を作って食べよう会、国際交流パーティーなど「イベント」の招待状の書き方も伝えて使えるようにしましょう。

7.「Facebook作文：タイムラインへの投稿」の活動の背景

　この活動では、入門段階の学習者でも日本語を使って実際に他者と交流して楽しむこと、そして、そのためのツールとしてソーシャルメディアの使用に慣れることをめざします。「楽しむ」ことが大切なので、場合によってはこうした活動を全員への「課題」とする必要もありません。Facebookを使っている学習者、教師自身と「友だち」関係を持っている学習者だけでも、「今日勉強したこの言葉を使って、こんなふうな投稿ができるよ」という感じで、気楽に構えずにテキスト上のコミュニケーションを学習者が楽しめるようにしましょう。

　ソーシャルメディアを使う以上(たとえ授業で使わなくても)、ネット上の倫理やマ

ナーについて、私たちの日本語教室でも折に触れて授業の中に取り込んでいく必要があります。そのためには、私たち教師自身が日々新しくなっていくメディアの状況やそこにある可能性と問題点について、できるだけ把握しようとする努力が必要でしょう。第1部第2章でも示した亜細亜大学、東洋大学などのガイドラインが参考になります。《➡第1部第2章を参照》 法令の遵守、アルバイト先や就職活動中の守秘義務、著作権・肖像権などへの配慮、差別的な言葉・誹謗中傷・過度の勧誘などの禁止を徹底することは大切です。また、テキスト上の外国語でのやりとりでは、母語でのやりとりに比べて「言葉の威力」に対する感覚が鈍ってしまうこともあり、たとえば命令形を多用したコメント、「イライラする」「バカみたい」「最悪」などのネガティブなコメントが誤解やトラブルを生みやすいことを伝えましょう。次のような例を示してもいいでしょう。

良くない投稿の例

・ほかの人のプライベートな情報や、アルバイト先などの機密情報
　「〇〇さんは今日△△でバイトです」「〇〇くんの彼女の△△さんです」
　「バイト先の〇〇店、来月新製品△△の発売です！」
・人の悪口や乱暴なことば、命令形の多用など過度に感情的な発言
　「〇〇会社の面接官、マジうざい！」「〇〇って、ばかじゃね」
　「(バイト先の)店長イライラまっくす！」「最低最悪！」「はやく食え！」
☆差別的なことば、うその情報、法律に違反することは、もちろんダメです。
☆もし自分が言われたらいやだなと思うことばは、使うのをやめましょう。

8.「Facebook作文：タイムラインへの投稿」をやってみて

　学習者の多くはすでにFacebookを利用していましたが、この機会にあらためてソーシャルメディア使用上のマナーや注意点を確認し安心したという学習者もいました。また、「Facebookにアカウントを持ちたくない。以前持っていたが、タイムラインに投稿があるたびにスマートフォンに知らせが入るのがわずらわしいから」という学習者がいました。この活動の場合、無理強いする必要はありませんが、アプリではなくブラウザで閲覧するなど設定のしかた次第でわずらわしさは少なくなります。

9.「Facebook 作文:ピア活動による意見文の執筆」の概要

次に、Facebook を使ったピア活動で意見文を執筆する活動を紹介します。留学生4人の小クラスで行いましたが、20人程度までは対応できます。この授業を行う前には、事前学習が必要です。なお、文章構成、接続詞、文末表現などの言葉遣い、論理的一貫性の重要性など意見文の書き方については、既習という前提です。《➡第1部第8章・第2部第16章を参照》

●目　標	ある論争上にある問題について理解し、仲間と交渉の中で自己の意見を形成し、意見文を書けるようになる。
●レベル	中級後半〜上級
●時　間	90分(読解や初稿執筆などの時間を含めない)
●人　数	2〜20人
●教室環境	PC室を使うか、あるいはノートパソコン・タブレット端末・スマホなど入力機器を各学習者に持たせる。

■事前準備:

① Facebook にグループを作成します。Facebook アカウントを持っていない学習者には、授業履修の条件としてアカウントを作ってもらいます。クラス全員の学習者と、教師は「友だち」になります。Facebook のホームに「グループを作成」ボタンがあるので、教師が「管理人」となってクラス全員をメンバーにします。Facebook に慣れていない学習者もいたので、今回は「非公開」のグループにしました。(グループのプライバシーに関しては Facebook のページ上にオプションの説明がありますので参照してください)

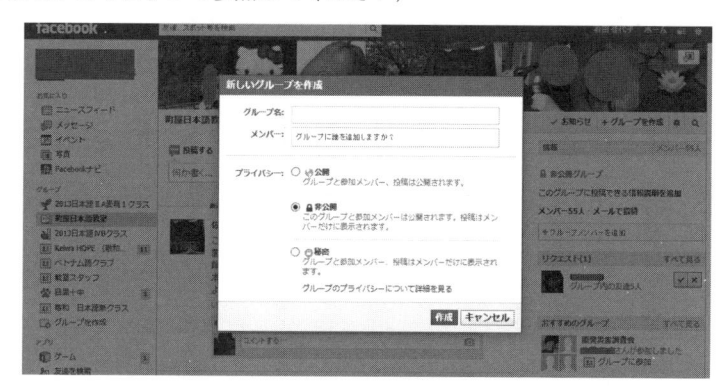

②グループのページに、比較的身近で学習者たちにとって心情的に意見を形成しやすいと思われる「論争上にある問題」についての、専門家による論評や記事、あるいは先輩学習者のレポート(授業での使用を確認済)などのリンクやファイルを事前に投稿しておきます。今回私は、「日本の大学での留学生に対する学位取り消し(剽窃の疑い)についての議論」を取り上げました。そのほかの例については、後述します。この記事を次の授業までに読んでおくように指示します。
③授業で記事を丁寧に読み、内容について質問したり、要約を口頭で言わせたりして、理解が十分かどうかを確認します。
④宿題を出します。次回の授業(本授業)までに、グループの「ドキュメントを作成」を使って、そこに600字程度の意見文を書きます。

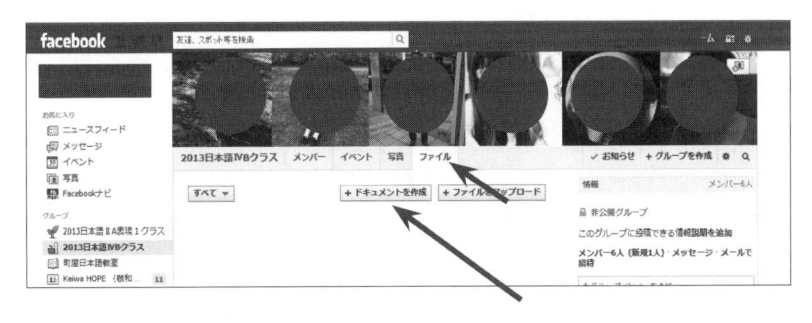

意見文を書くときは、「ファイル」ボタンを開いて、「ドキュメントを作成」します。

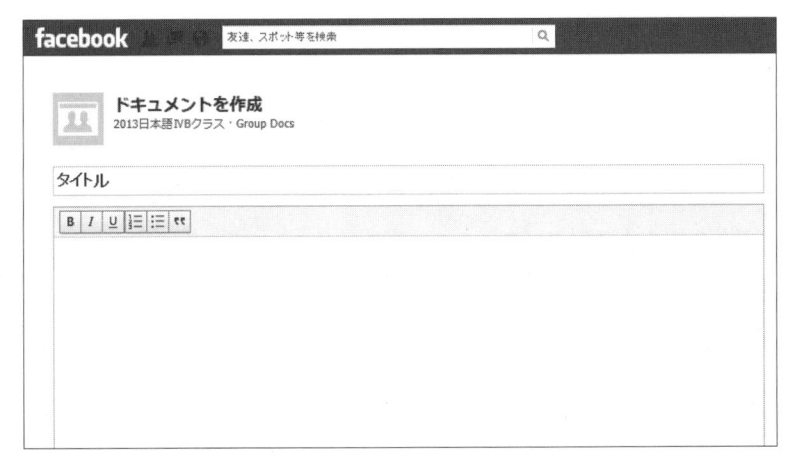

10.「Facebook 作文：ピア活動による意見文の執筆」の活動の手順

進め方	教師の指示と留意点
1. 仲間の意見文にコメントするためのポイントを確認する。(5分)	・下に示すようなコメントのポイント例を示し、書きながら見られるようにしておく。
2. ルールとして、「書いた人の心を傷つけるようなコメント、あたたかみのない言葉使いはしない」、「できるだけ200字以上書く」を確認する。(5分)	・悪いコメントの例を見せておくのも効果的。
3. クラスの人数が多い場合は、それぞれに数名ずつ割り振り「担当者」を決める。(人数が少なければ、全員分にコメントすることを指示する)(5分)	・「自分はこの人とこの人のレポートだけにコメントする」とわかっていれば、全員分を読むことはできないが、少数を集中して読み、丁寧にコメントできる。
4. グループページの、それぞれのドキュメントを開き、読み、コメントする。(30分)	・教師は机間巡視をして、わからない言葉などがあれば解説する。
5. 自分の意見文に対する仲間からのコメントを読み、それに対してさらにコメントを返す。また、仲間の意見文への自分のコメントに対する返信を確認し、それにも返信する。(25分)	・教室は静まり返っているが、学習者たちは活発に活動している。教師も、学習者たちのやりとりを邪魔しない程度にコメントしたり、テキスト上でファシリテートしたりする。
6. コメントを参考に自分の意見文をリライトし、再投稿する。(20分)	・時間がなければ宿題にする。

【コメントのポイント例】

次の点を考えながらコメントしてください。

1. 意見・主張が明確か
2. はじまりから結論までの一貫性があるか
3. 具体的な事例や体験は、意見・主張に合っているか
4. 具体的な事例や体験がいきいきと、興味深く語られているか
5. 読後の納得度
6. 言葉の使い方、文法、文字に間違いがなくわかりやすいか

【意見を形成しやすい「論争上にある問題」そのほかの例】

・動物の「権利」について

　　和歌山県太一町の「イルカ漁」についての対立意見(映画「ザ・コーヴ」、NHKスペシャル「くじらを生きる」町民の意見、駐日アメリカ大使の意見など)
　　フォアグラのために人工飼育されるアヒル、胆のうをとるために一生カテーテ

ルに繋がれる熊、殺される増えすぎた鹿と溺愛される猫の対比なども。
・表現の自由について
　　児童養護施設をあつかったテレビドラマの放映をめぐる対立意見
　　コンビニでの成人雑誌販売
　　子ども向けテレビ番組やゲームなどに見られる暴力
・携帯電話やスマホを授業中に使ってもいいのか
・Twitterでの発言についての「炎上」事件
・在日外国人への「ヘイトスピーチ」問題
・「主婦志向」の女子学生と「キャリア志向」の女子学生
・東京オリンピックについての対立意見
・沖縄・竹富町の公民教科書採択問題
・田舎か都会か、消費税、移民受け入れ、死刑制度、原発、日中・日韓関係、憲法第９条など、論争の定番問題

　こうした論争上にあるテーマ選択のポイントは、やはり学習者たちにとってある程度身近な問題であること、マスコミやネット上で取り上げられて授業実施時のタイムリーな話題であること、また、最も重要なことは、学習者たちにとって「考える価値があるかどうか」を基準とするということです。

11.「Facebook 作文：ピア活動による意見文の執筆」の活動の背景

　Facebook のグループ機能は、だれがコメントしてもメンバー全員に通知されるようになっていてディスカッションに向いていること、ファイルの共有ができてメンバー全員がそれを編集できることなど、「ピア活動」を通して「意見文」を執筆するこの活動にはとても便利です。

　また、この活動では「論争上にある問題」を取り上げました。こうした問題をテーマとし議論することによって、仮説構築や状況分析などの学習スキル、他者とのコミュニケーションや協働するための社会的スキルの開発が期待できます。そして、個別の問題を、そのほかのさまざまな「対立」のモデルとして、その理論や解決への方法論を学ぶための糸口ともなりえるでしょう。しかし、そこで私たち教師が注意しなければならないのは、教師自身の価値観を学習者に押し付ける「教化」に陥ってはならず、論理的な根拠を持つ両者の意見をできるだけ公平に学習者に提示するということでしょう。一方で、さらに注意が必要なのは、論理的で確実な根拠を持たない主張も、ネット上はもとよりマスメディアにも存在するということです。そうした主張を

安易に無批判に受け入れてしまうナイーブさも、「論争上にある問題」を授業で取り扱う際には避ける必要があります。

12.「Facebook 作文：ピア活動による意見文の執筆」をやってみて

　Facebook を使った上のような授業について 30 人ほどの学習者（留学生および日本人学生）にアンケートをとりましたが、彼らからの評価は概ね良好（9 割以上が「役に立った」「おもしろい」と回答）です。その理由は、次のような点です。

- WEB 上だと機械翻訳などツールがあるから、読みやすいし書きやすい。
- じっくり考えてコメントすることができる。
- 授業中にあまり日本語を話そうとしない留学生でも、文章ならけっこう書いてくれて知り合うことができた。
- 紙ではなく WEB 上にログが残っているので、終わってからもなくすことがなくずっと参照できる。
- Facebook を使ったことがなく授業で無理やりアカウントを作らされたのだが、かなり楽しく怖がらずに使えるようになった。
- 日本人とはじめて友だちになれた。話すのは苦手だが、テキストだと安心できる。
- 「新しい IT ツールを使っている」という満足感があって、新鮮だった。

一方で、次のような指摘もありました。

- 授業中ずっとパソコンに向かっているので、バーチャルな交流という感じ。毎回これだと嫌だ。実際に話し合う授業があって、たまに PC 室というのがいい。

　この点も、たしかにうなずけます。IT ツールの教室での活用は、実際に生身の学習者たちが集まる授業ではその「生身さ」を大事にすることとのバランスを考えるべきでしょう。本書の各章（特に第 2 部）で示されているような、学習者たちの視線と声と表情が行き交う教室は、ソーシャルメディアを使った教室と対立するものではもちろんありません。むしろ両者を併用することによって、参加者間でさらに活発な交渉と相互理解が進む契機になるのではないでしょうか。

※学習者 J さんには快くご協力いただきました。また、本章を書くにあたり、一戸信哉さん（敬和学園大学　情報法・情報メディア論）より、Facebook を用いた活動では、渋谷実希さん（本書執筆者）、大岩綾子さん（敬和学園大学）より貴重なアドバイスをいただきました。感謝申し上げます。

【実践】授業準備

第13章 教師の役割の実際
：リライト－ディスカッション式活動を例に

金井勇人

>>>>>

この章では、教師の二つの役割、すなわち「添削・リライトのファシリテーター」と「授業進行のファシリテーター」を組み合わせた活動であるリライト－ディスカッション式作文授業の内容をご紹介します。

1. リライト－ディスカッション式活動の概要

●目　標	読み手にきちんと伝わる作文が書けるようになる。
●レベル	上級
●時　間	90分
●人　数	10～20人
●資　料	学習者の書いた400字程度（授業の回数が進むと長くなる）の作文。
●授業の流れ	1. 自宅で作文を書く。 2. 教師による作文の添削。 3. 教師による作文のリライト。 4. クラスで内容面のディスカッションをする。 5. クラスで形式面のディスカッションをする。 6. 次回作文のための文型を学習する。 7. 次回作文のテーマを話し合う。

☞ 1.～3. は事前の準備です。

2. リライト－ディスカッション式活動の手順

2.1 事前の準備の手順

進め方	教師の指示と留意点
1. 作文を宿題とし、学習者は授業前日までにEメールで提出する。	・教師の側で編集しやすいように、学習者にファイルの形式をあらかじめ指示する。
2. 教師は、提出された作文を添削する。	・全体をざっと眺め、頻出する誤りを中心に、授業で指摘したいポイントを添削する。
3. 教師は、「添削済み作文」をもとに学習者の作文をリライトする。	・丁寧な添削は5人分ぐらいずつ、リライトは全員分行うのが適当。

☞ 人数が20人を超えるような場合には、すべての作文を丁寧に添削することは難しいかもしれませんので、適宜、添削記号などを利用し効率化を図ります。《➡添削記号については第2部第18章を参照》

☞ リライトしやすくするために、作文をEメールで提出させます。

2.2 内容面のディスカッションの手順〈30～40分〉

ディスカッションは2段階で、まず内容面のディスカッションを行い、次に形式面のディスカッションを行います。

進め方	教師の指示と留意点
1. 教師は、各学習者にクラス全員の「添削済み作文」と、「リライト済み作文」のコピーを配布する。	・クラスの人数が15人と仮定すると、授業では5人ずつの作文についてディスカッションする。 ・クラスをABCの3つのグループに分け、1回目はAグループ、2回目はBグループ、3回目はCグループというように順番に取り上げる。
2. 当該の学習者は「リライト済み作文」を音読する。他の学習者は目で追いながら音読を聞く。	・音読の時間は数分。
3. 教師はクラス全体にコメントを求め、ディスカッションを行う。	・コメントは教師に向かって述べるだけでなく、書き手に向かっても尋ねるように促す。

教師はクラス全体にコメントを求めますが、それに対して、例えば「○○のところは、どういう意味ですか？」というようなコメントが出てきます。

このようなコメントは、最初は教師に向かって述べられたりするものですが、そのとき私は「私ではなくて、書き手に向かって尋ねてください」と指示します。その理由は、3つあります。

①学習者同士のインターアクションを促すこと
　　クラス全体を巻き込んだディスカッションに持っていくことが重要です。
②本当の意図を伝えるべき相手は、教師ではなく、クラスメートであること
　　教師は前もって作文を読んでいます。その作文に、その場で伝える表現力が備わっているかどうかを知るためには、初めて見聞きするクラスメートの反応を意識する必要があります。
③教師は、補って読んでしまうこと
　　日本語教師は、数多くの学習者の作文に接していますので、論理的に飛躍して

いる作文や、言わんとすることが不明瞭な作文に接しても、適切に処理して解釈することができます（そのような技術に長けていると言ってもよいでしょう）。しかしそれでは、学習者にとっては、不正確な文を書いても理解してもらえるという意味において、ハードルが低くなってしまいます。

書き手にとって、読み手から疑問に思われたことについて説明することは、本当に表現したかったことを表現するための、実践的な練習になっていきます。作文の練習だからといって、必ずしも机上で、またはパソコン上で文章を書くことだけが重要なわけではありません。自分の書いたものをもとにして、読み手に向かって口頭で真意を説明するということも、非常に有効な作文の練習なのです。

以上のような理由から、ある作文に対してコメントが出てきても、教師は直接的には答えずに、まずはクラス全員の様子を見ることにします。

「Aさんの作文に対して、このようにBさんはコメントしましたが、皆さんはどう思いますか？」と投げてみるのです。そして新たにCさんのコメントが出てきたら、改めて「どうですか？」と問いかけ、Dさんのコメントを引き出す…、というふうにディスカッションを続けていきます。

2.3 形式面のディスカッションの手順〈20～30分〉

続いて形式面のディスカッションです。

進め方	教師の指示と留意点
1. 学習者に、添削済み作文に目を通してもらい、どのような誤りが多いか、指摘してもらう。	・下線が引かれているところに目を向けるよう注意を喚起し、目を通してもらう時間を節約する。
2. 学習者から出された指摘を踏まえ、教師がその授業で扱う形式を決める（文法項目など）。	・慣れない教師の場合、授業で話題になりそうな形式については事前に調べ、予想質問や説明のための例文なども準備しておく。
3. 作文に現れる学習者の誤用について、どう直したらよいか、修正案を提案してもらう。	・学生の人数が多い場合、いくつかのグループに分けて話し合わせ、その結果を代表に発表してもらうとよい。

第1部第3章でLittlewood(1981:88-89)のfocus on formとfocus on meaningについて述べましたが、両者は地続きであるだろう、と考えています。このことを具体的に見ていきましょう。第3章で挙げたのとは別の「は」と「が」の違いを例にして、考えてみましょう。よく文法の学習としては、

(1) 昔々、あるところにおじいさんとおばあさんがいました。おじいさんは山へ柴刈りに、おばあさんは川へ洗濯に行きました。

のような連文が題材とされます。しかし例えば、この連文について学習者が

(2) 昔々、あるところにおじいさんとおばあさんがいました。おじいさんが山へ柴刈りに、おばあさんが川へ洗濯に行きました。

のように第2文で「が」を用いたとしても、もちろん「正しい」文ではあります。

とは言っても、(1)と(2)では意味が異なってしまいます。(2)では「おばあさんではなく、おじいさんが…」「おじいさんではなく、おばあさんが…」といった「他のものではなく」というニュアンスが出てくるからです。

このことは、形式を間違えた場合、書き手が自分の意見(内容)を正確に伝えられない、という事態が起こり得ることを意味します。このように文法的誤りが「正確に書けない」という文法レベルを越えて、コミュニケーションのレベルにまで影響する恐れもあるのです。

このような事例を考えると、focus on form と focus on meaning は地続きであるだろう、と私には感じられます。

本授業では、内容面のディスカッションのとき、すでに当該の作文を読み合わせています。したがってある情報(名詞句など)を取り上げ、このような場合は「は」で表す、このような場合は「が」で表すといったことを、まさに全クラスメートの共有情報を利用しながら、考えることができるのです。

それを踏まえて形式面のディスカッションに入るわけですので、この段階において「は」と「が」の誤用が話題になったら、こういう情報は「は」で表すのか(または「が」で表すのか)ということについて、2文から成る連文ではなく、400字の作文という大きなテキストをもとに、実践的に学習することができます。

本節では「は」と「が」の違いを例に述べましたが、作文の授業で、すべての文法項目が、このように文脈とともに提示されることが重要だと考えられます。学習者の"生の"作文が大量に集まるわけですから、これらをテキストとして利用しない手はありません。このことは、作文の授業の特権であると思います。

2.4 次回の準備の手順〈30分〉

①次回作文の文型の説明と例文の添削〈20分〉

進め方	教師の指示と留意点
1. 次回作文の準備のために、4つの文型を学習する。	・文型の選定には※松岡・他(2002)を参考。 ・1つの文型につき5分程度×4文型で20分。
2. 教師が1つの文型について説明したあとで、2人の学習者が1つずつ例文を作る。	・学習者の作った例文を教師が板書する。必要に応じて、黒板上で添削する。

※『日本留学試験対策　記述問題テーマ100』（松岡・他(2002)凡人社）

次回作文のための文型練習

【作文を書くときには、以下の重要文型のうち、最低1つ以上を使用すること】

1. もし、ちゃんと勉強し<u>ていたら</u>、試験に合格でき<u>ただろう</u>。
   もし、パーティーにAさんが来<u>ていたら</u>、Bさんと喧嘩し<u>ただろう</u>。
   _____ていたら_____ただろう。

2. 子供は、<u>あくまでも</u>子供である。
   子供は、<u>あくまでも</u>遊ぶことが仕事である。
   _____は、あくまでも_____である。

3. <u>たとえ</u>世界中の人が反対し<u>ても</u>、私は彼と結婚したい。
   <u>たとえ</u>誰も行かなく<u>ても</u>、私は行くつもりだ。
   たとえ_____ても_____。

4. 友人<u>だけでなく</u>両親<u>までも</u>、私を疑っている。
   彼は、サッカー<u>だけでなく</u>野球<u>までも</u>上手だ。
   _____だけでなく_____までも_____。

　次回作文のために4つの文型の説明をした後で、2人の学習者を指名して、1つずつ例文を作ってもらいます。そして、その添削も同時にします。修正については、教師からだけでなく、どこが不自然であるのか等を全員で考え、なるべくクラスメートからのコメントを募ります。また、このような文は、一体どのような文脈で使われるのかということを共有情報とすることも重要です。適切な文脈の想定をせず、文型を理解したとは言えないからです。

　このときに学習した4つの文型は、次回の作文を書くときに使用することを条件と

します。私は少なくとも1つを使用すればよい、という緩い条件としていますが、意欲的な学習者の中には、4つの文型すべてを使用して作文を書いてくる人もいます。

このように文型の学習をする理由は、"その文型のために作文を書く"ということではありません。文型の学習も、やはり作文の発想に繋げていきたいものだからです。

例えば先に紹介した「～ならではの」ですが、この文型を見ているうちに、自分の国にしかなくて、クラスメートに伝えたい素晴らしい特徴を、あれこれ考えてみたくならないでしょうか。つまり、自分の国の素晴らしい特徴を伝えるために"この文型を使いたい"と思わせるような提示の仕方が重要だと思われます。あくまでも発想が先で、文型の使用は後です。やはりここでも、作文を書く目的は自分の意見を伝えることにある、という大原則を忘れないようにしたいところです。

②次回作文のテーマについて話し合う〈10分〉

学習者の活動	教師の指示と留意点
3.「次回の作文のテーマ」について話し合う。	・作文のテーマの出し方として、それを「是か非かの二択の課題」として提示しないということに留意する。

最後に「次回の作文のテーマ」について話し合います。作文のテーマの出し方として、私が気を付けていることは、それを「是か非かの二択の課題」として提示しない、ということです。

例えば、「結婚という制度に賛成か反対か」といったようなテーマの与え方をすると、それぞれ賛成／反対の立場からの意見文を書くことになりますが、それ(二択の課題にすること)は本授業の目指すところではありません。ところが、これをただ単に「結婚」として放り出したとたん、自身の結婚観から、両親の結婚にまつわるエピソードや、結婚をモチーフにした物語まで、様々な作文が書かれ得るのです。

〈次回の作文のテーマ例〉…『日本留学試験対策　記述問題テーマ100』(松岡・他(2002)
　　　　　　　　　凡人社)を参考にしています。ただし同書では、二択の課題
　　　　　　　　　として提示されています。

【家族・結婚】
1）仕事、勉強、友だち、家族。
2）大都市と田舎。
3）子供に影響を与える人(もの)。
4）子供の責任、親の責任。
5）結婚。

もちろん、賛否を主張する文章の重要性を軽んじるわけではありません。ある問題に対する賛否を、目標言語を用いて理路整然と書けることは、大切なことです。また実用的な観点からも、日本留学試験などでは賛成／反対を表明せよという形式で出題が行われていますので、それに対応したスキルを身に付けることは重要です。

　しかし本授業は、大学で学習する中級レベルの留学生を対象としたものです。その場合、発想力を養うことに重点を置いた授業があってもよいですし、発展途上の中級レベルの学習者が作文能力を伸ばすには、「何でもあり」の伸び伸びとした方法が最適であるというのが、私の経験上の意見です。そのためには、繰り返しになりますが、「テーマは短く放り出す」というのが重要です。

　テーマは全部で5つ提示します。この1つ1つについて軽く話し合います。決して深く論じる必要はなく、このテーマにはこのような切り口もあるのか、といったことが全員の共有情報になれば、十分だと思います。

　そして、5つのテーマのうち自分が書きたいテーマを1つ選び、先に学習した文型を使用して宿題として作文を書く、ということになります。これを後日メールで送ってもらって、冒頭の「添削・リライト」に戻ります。基本的には、学期を通してこのサイクルを繰り返すことになります。

3. リライト－ディスカッション式活動の背景

　ここでは、リライト－ディスカッション式活動の準備の詳細についてご紹介します。この授業は授業の準備、すなわち「仕込み」が授業の成否の鍵を握ります。

　リライト－ディスカッション式活動で、時間をかけて作文を事前に書いてきてもらう理由は、十分なイメージトレーニングをしてほしいからです。本授業は、週1回です。したがって1週間かけて作文を書くことになります。つまり、実際に机の上（パソコン）で書くという作業自体は短時間であっても、その準備段階で1週間のいわばイメージトレーニングをするわけです。

　作文を書くのに、そんな強い動機を持てないだろう、と思うかもしれません。そこで私が取り入れている方法は、「作文の共有」です。つまり自分が書いた作文は教師だけが読むのではなく、クラスメート全員が読むようにしています。そしてこのことが適度な緊張感を生み、よりよい作文を書こうという動機に繋がるのです。

　自身が書いた作文がクラスメート全員に読まれるという方法には、当初は慣れない学習者もいます。しかし経験上、たとえ初回の授業では「えーっ」という反応を示したとしても、授業の回を重ねるごとにクラスメートに読まれる嬉しさの方が強くなり、少しでも心を動かすものを書きたい、と心変わりしていくように感じています。

さて、学習者からEメールで作文が届いたら、書式だけ整えてそのまま印刷します。そして、その作文を私が添削し、コメントを書き込みます。以後、この添削された作文を「添削済み作文」と呼ぶことにします。

　この「添削済み作文」は、クラスの人数分をコピーして、授業の際、クラス全員に配布します。したがって学習者は、クラスメートがどのような作文を書いたのかと、その作文がどのように添削・リライトされたのかを見ることになります。

　第1部第3章で添削の重要性を述べましたが、書かれた作文を教師が添削して返すという行為の繰り返しだけでは、あまりに一方向的です。このような一方向的な方法では、学習者同士のやり取りが生まれません。学習者Aさんは学習者Bさんの書いた作文を読まない、CさんはDさんのものを読まない…。

　この方法の何がよくないのかというと、このままでは、「学習者は教師に添削してもらうために書くことになってしまう」からです。

　作文とは、コミュニケーションのツールであり、添削してもらうために書くものではありません。したがって「添削と返却」を主たる作業にしてしまってはいけないのです。授業全体に占める「添削」の割合を相対的に減らすことが重要です。そうするためには、添削という作業を教室活動に繋げていく必要があります。

　すでに述べたように、本授業では各作文を全員で読み合う時間を設けています。クラスメートがどのような作文を書いたのか、そしてそれがどのように添削されたのか、クラスの全員でディスカッションします。

　このように添削を授業に繋げていくことで、それはコミュニケーションのツールとなり、授業は「添削と返却」が主たる目的ではなくなっていきます。

　例えば授業で、ある添削された箇所についてディスカッションが起きたとします。次頁の「添削済み作文」では、「この所」を「ここ」と修正してあります。この箇所を読んだ他の学習者(読み手)が「このところ、景気がよくなってきましたね」などと例を挙げて反応すれば、それはもうコミュニケーションの始まりです。

　また、今回はこのような表現を用いる機会がなかったけれども、もし自分が用いていたとしたら、やはり同じように間違えていただろう、という学習者もいるかもしれません。そのような学習者にとっては、他の学習者の誤用と添削の過程を共有できることは、多くの実例に触れられるという意味で、とても効率的なことです。

添削済み作文の例

貧富格差の拡大

ジニ係数という指標は、貧富格差を測る指標である。ジニ係数により〔〜により = by〜／〜によると = according to〜／によると〕、香港は経済が高〔急〕速に発展している国際都市なのに、所得配分が世界で一番不平等だとみられる〔である〕。〔ジニ係数という明確な数字に基づいているので、推測的な「〜とみられる」は合いません。〕

この問題に関し、無関心な人間はこういう議論を持っている〔「議論を持つ」という言い方はしません。／主張を持つ。〕。貧乏の原因は、努力が足りないからだ。もっと長時間働けば〔ば→〕、もっと積極的に株式投資をすれば、きっとお金を稼げる。または頑張って大学に入って、商学や法律を専攻したら、きっと社会のはしごを登れる〔られ〕る。

しかし、現在の香港は不平等な社会である。政府は不動産会社の味方なので、貧困緩和の政策を実施して〔おらず←文章で否定の中止形を使う場合、「〜ず」の方が適切です。〕いなく、物価と住宅の値段が不合理に高くなっていく。それに、大学の学位を持っていなくても、お金や要人との関係があれば大丈夫だ。その結果、豊かな人が〔さらに〕裕福になる一方、貧しい人はさらに貧しくなっていく。

上流階級の人々〔が／は＝従属節の「が」〕ビクトリアピークで赤ワインを飲みながら、華麗な暮らしを楽しんでいるとき、草の根の民衆はウサギ小屋のような住居に住んでいて、小さな光の下で〔に→で〕苦闘をしている。そう思ったら、私はまだこの所〔ここ／この場所〕を愛せるだろう。

〔「この所」という言い方はしません。→ ここ／この場所〕
〔「この所」というと、「最近」という意味になります。〕
〔「苦闘をしている」は動的動詞なので、格助詞は「で」です。〕

リライト―ディスカッション式活動の準備において、添削とともに重要なのはリライトです。リライトの際に重要なのは、以下の3点です。

①教師によるリライトでは、文章の意図を変更しない。あくまで語彙や文型の誤用のみを修正する。また、前後する２文程度の間の論理関係を意味の通るものにする、といった程度にとどめる。
②学習者には「これが正解」というわけではなく、あくまで日本語母語話者の１人としての教師が書くのであれば「このように書く」という性質のものである、ということを説明しておく。
③教師の方が学習者と同じレベルに立ってリライトする。つまり語彙・文法・文体などは、当該の学習者のレベルに合わせてリライトする。

①について言えば、作文の内容については、学習者のディスカッションに委ねるからです。そのためには、教師は前もって内容を変更するべきではありません。

②の原則は、作文のリライトが「上から下へ」という一方向性を帯びないようにするためです。あえて言うならば、学習者が下書きを、教師が清書を請け負うわけであり、それを一種の「協働作業」と捉える感じです。このことによって、授業内では教師自身も対等な立場で「内容面のディスカッション」に参加できます。

③は、過度の修正を防ぐためです。過度の修正は学習意欲を削いでしまう恐れがあります（池田・舘岡 2007：79-80）。１クラス内にも、様々なレベル、性格の学習者がいますから、一人一人に最適な程度で、リライトをする必要があります。

リライト済み作文の例

> 　ジニ係数という指標は、貧富格差を測る指標である。ジニ係数によると、香港は経済が急速に発展している国際都市なのに、所得分配が世界で一番不平等である。
> 　この問題に関して無関心な人間は、こういう議論をする。貧乏の原因は努力が足りないからだ。もっと長時間働けば、もっと積極的に株式投資をすれば、きっとお金を稼げる。または頑張って大学に入って、商学や法律を専攻したら、きっと社会のはしごを登れる。
> 　しかし、現在の香港は不公平な社会である。政府は不動産会社の味方なので、貧困緩和の政策を実施しておらず、物価と住宅の値段が不合理に高くなっていく。それに大学の学位を持っていなくても、お金や要人との関係があれば大丈夫だ。その結果、豊かな人がさらに裕福になる一方、貧しい人はさらに貧しくなっていく。
> 　上流階級の人々がビクトリアピークで赤ワインを飲みながら、華麗な夜景を楽しんでいるとき、草の根の民衆はウサギ小屋のような住居に住んでいて、小さな光の下で苦闘をしている。そう思ったら、私は<u>まだ</u>ここを愛せるだろう。
>
> 　　　　　　　　　　　　　　　　　　　　　　　（下線は引用者）

この「リライト済み作文」も全員に配布します。この「リライト済み作文」の目的

の1つは、後述する「内容面のディスカッション」のテキストとすることです。

さて、この授業では「添削済み作文」と「リライト済み作文」を用意するわけですが、それは以下のような理由によります。すなわち、その語彙や文型は、もし当該の学習者が知らなければ、いくら自分だけで考えても出てこないという事態があり得るということです。第3章で「一杯ノブドー酒ガアナタヲ元気ニスルデショウ」という表現の例を挙げました (寺村 1993：196-198)。ここでは、文型の例を挙げます。

(3) 笑顔で旅行者を迎えるのは、タイだけの習慣である。
(4) 笑顔で旅行者を迎えるのは、タイならではの習慣である。

(3)(4)は、客観的な事実としては同じことを表しています。しかし、細かく見ると「笑顔で旅行者を迎えること」が、(3)では「タイ以外の国の習慣ではない」ことを客観的に述べるニュアンスを、(4)では「それがタイという国の特徴である」というニュアンスを出せます。もちろん表現意図によりますが、タイを好意的に表現したいのであれば、母語話者は(4)の方を選ぶでしょう。

ここで重要なのは、「だけの」という文型しか知らない学習者は、いくら考えても「ならではの」という表現は出てこない、ということです。

このような理由によって、私は作文の添削・リライトを実施しています。私は"日本語母語話者は、このような文脈で、このような語彙や文型を使うのか"ということを、添削・リライトを通して学習者に発見してほしい、と思っています。

4. リライト-ディスカッション式活動をやってみて

リライト-ディスカッション式活動は、一つの作文をめぐってみんなで議論し、推敲する授業です。一人で考えていても浮かばないような考えが議論の中から生まれてきます。「内容面のディスカッション」を例に、どんな議論が起き得るのか、再現してみましょう。

学習者A：「そう思ったら、私はまだここを愛せるだろう」という文、どうして「まだ」なんですか？
学習者B：「まだ」というのは、昔は愛していた、今も愛している、そしてこれからもまだ愛する、ということですね。
教師：　　それなら「ずっと愛している」でもいいのに、なぜ、わざわざ「まだ」って言うのかな？

学習者C：そうですね、香港が大好きだったけど、所得分配の不公平の話や、格差の拡大、ビクトリアピークの話をしているうちに、だんだん香港が嫌いになってきたと…。
学習者D：でも民衆が苦闘している姿を思い浮かべたら、やっぱり嫌いになることはできなくて、ぎりぎり「まだ」好きでいられる…、ということですね。ここには香港の民衆への愛がありますね！

　どうでしょうか。実際の授業では、これほど予定調和的にいかないかと思いますが、「まだ」という1つの副詞を中心にして、深い読みに到達することができました。
　このとき、教師は何をすればよいのかというと、ときどきディスカッションに参加しつつ、それが脱線したり、混線したりしないようにすること。そして停滞したときに助け船を出したりすることです。少し乱暴な言い方をすれば、ディスカッションは学習者たちに「勝手に」進めていってもらえればよいのです。
　このように進めていくことで、作文の正確かつ深い読みができます。そして、このような経験を積んでいくことは、次に書く作文の正確さや深みを増していくという好循環をもたらします。
　一方、リライト作業において作文の意図が汲めなかった場合には、教師が修正する必要があります。そのような場合というのも少なくはないのですが、もし教師が文意を修正したなら、その理由を書き手に説明する責任があります。
　ときどき、そのように修正すると自分の意図とは異なってしまう、と授業の中で主張する学習者がいます。実は、これはチャンスです。そのような場合は、学習者と教師の間で意見を交換し合います。自分の本当に書きたかったことを、学習者が教師を相手に説明します。その説明を聞いて教師が納得したなら、「そのようなことを表現したいのなら、このように書けば伝わりますね」と返します。これは学習者にとっての「発見」となります。
　このように「リライト済み作文」も、絶対的なものとしてではなく、あくまで相対的なものとして位置づけることが重要です。それは、教師と学習者の間でも、上記のようなディスカッションを引き起こすことができるからです。
　もし学習者の書きたかったこと自体が曖昧なものであったならば、議論をしているうちに、本当に書きたかったことが次第に固まってきます。または書きたかったことは明瞭であっても、日本語ではどのように表現するか分からなかった、といった場合には、議論を通してヒントが得られるようになるのです。

【実践】教室活動

第14章 コミュニケーションを重視した活動の実際
：KJ法や「へえ！」を使った活動を例に

渋谷実希

>>>>>

　この章では、コミュニケーションを目的に、学習者同士が協働しながら行う書く活動を紹介します。
【KJ法を使った活動】：KJ法を用い、クラスメートとの協働学習の中で、文章を書くための発想をみがく。
【「へえ！」で評価する活動】：クラスメートを評価者として書く内容を考え、反応を想像することで書くためのモチベーションを高める。

1.「KJ法を使った活動」の概要

　KJ法とは、文化人類学者の川喜田二郎の提唱した発想法、問題解決法です。
（参考：川喜田二郎(1967)『発想法－創造性開発のために－』中央公論社）

●目　標	テーマについて自由に意見を出し、それを整理する。プレゼンテーションを行った後、レポートとして書いてまとめる。
●レベル	中級前半〜
●時　間	90分
●人　数	4人以上（時間は10〜12人のクラスで想定）
●準備物	小さい紙や付箋 人数×20枚ほど、模造紙、ペン（発表用）
●授業の流れ	1. 学習者一人一人に、小さい紙や付箋を20枚ほど配る。 2. あるテーマについて考えられるアイディアや意見を、思いつくままどんどん紙に書かせる。（1.で配った紙で足りなくなった場合は、新たに渡す） 3. 学習者を3〜5人のグループに分ける。その際に、自分が書いた紙を全て持ち寄って集まる。 4. グループのメンバーの書いた紙を全て広げ、全員が全て読む。<u>自分以外のアイディアで、これは素晴らしいと思ったものに花マルなどをつける。</u> 5. 同じ答えや似ているアイディアごとに分類し、それぞれにタイトルをつけていく。タイトルのついたものもつかなかったものも、再び俯瞰し、上位のタイトルをつける。

6. それぞれのストーリー性を考えながら、タイトルをつけたものを配置し、相互の関係線を引き、島どり線をつける。
7. <u>6.で分類したアイディアを分かりやすく模造紙(パソコンを使ってもよい)にまとめ、グループで発表する。</u>
8. <u>グループで発表したことをまとめ、レポートにして提出する。</u>

※ このアイディアのまとめ方は、KJ法を参考にしていますが、上記のうち、アンダーラインをつけたものは、KJ法に含まれる作業ではなく、私が取り入れた作業です。また、この活動では、KJ法を習得することをメインとするのではなく、協働作業や口頭発表、レポートのための手段として利用します。エッセンスをおさえていれば、厳密な分類作業ができなくてもよいと考えます。

2.「KJ法を使った活動」の手順

①導入〈10分程度〉

例：私たちの大学をもっとよい大学にするためのアイディア

学習者の活動	教師の指示と留意点
1. 教師から出されたテーマに対し、自分の意見を言う。 例1) うちの大学は、留学生と日本人学生の交流が少ないです。 例2) 食堂が一つしかないので、昼休みにとても込むのが困ります。	・テーマに関し、少し話題を出し、興味を引き付ける。 ・テーマを告げ、学習者にそれぞれ自分のアイディアをできるだけ出すように指示する。 ※「大学の運営側に対して言いたいこと」のように、伝える相手を意識させる。 ※学習者がアイディアを書く際、共通語があればそれでもよいが、なるべく日本語を使うように指示する。 ・学習者それぞれに紙を10〜20枚程度配る。
2. 配られた紙にアイディアを次々書いていく。	※良い悪いの判断は抜きに、思いついたことを何でも自由な発想で書いていくように促す。

☞ グループ全員のアイディアを全てメンバーで共有することで、新たな発想に出会ったり、思いもしない解決策が見つかったりします。

②アイディアの共有とKJ法での分類活動〈15分程度〉

学習者の活動	教師の指示と留意点
3. 自分が書いた紙を全て持ち寄って集まる。	・学習者を3～5人のグループに分ける。
4. グループのメンバーの書いた紙を全て広げ、全員が全て読む。	・自分以外のアイディアで、これは素晴らしいと思ったものに花マルなどをつけるよう指示する。
5. 同じ考えや似ているアイディアごとに分類し、それぞれにタイトルをつけていく。	・厳密にタイトルをつけることを目標にするのではなく、後で発表するためのまとめと捉えるように適宜促す。
6. それぞれの関係性を考えながら配置し、島どり線をつける。再び俯瞰し、タイトルのついたものにもつかなかったものにも、できれば上位のタイトルをつける。	・イメージの図を参考に。これも、配置や関係図を作るのが目的ではなく、あくまでも発表のための準備段階である。 イメージ図

☞ 4.の教師の指示と留意点は、協働のよさを発揮するための作業です。自分が思いつかなかったアイディアを知ったり、自分のアイディアが評価される喜びが感じられたりするように工夫しました。

③発表準備〈25分程度〉

学習者の活動	教師の指示と留意点
7. ②で分類したアイディアを分かりやすく模造紙（パソコンを使ってもよい）にまとめる。	・②のメモを共通語や母語で書いた場合は、日本語で何と言うかが問題になる。なるべく自分たちの知っている言葉で表現させるが、難しい場合は辞書を使ったり、教師に聞いたりするように促す。 ・発表の際には、グループのメンバー全員が同じ程度バランスよく話すように伝えておく。

④発表〈40分程度：1グループ5分＋質疑応答5分程度〉

学習者の活動	教師の指示と留意点
8. ③でまとめたものを、グループで発表する。	・教師は、発表中に表現や文法などの誤用をメモしておき、発表後にフィードバックする。

☞ 最後の書く作業で、フィードバックを活かして修正しているかどうかも評価の項目に入れるとよいでしょう。

⑤書く作業〈宿題〉

学習者の活動	教師の指示と留意点
9. グループで発表したことをまとめ、一人一人がレポートにして提出する。	・大学を運営するポジションの人に向け、改善点などが伝わるように書くことを指示する。 ※発表のスクリプトではなく、内容をまとめて書くように指示をする。 　例：×「皆さん、こちらをご覧ください」 ※レポートの評価の基準を提示する。

3.「KJ法を使った活動」の背景

ここではポイントだけ確認しておきます。《➡この活動の背景的な考え方は、第1部第4章を参照》

①**コミュニケーションを目的にした書く活動**

発表する際にも書く際にも、誰に何を伝えるのか、自分が伝えたいことは何かを明確にします。発表の相手はほとんどがクラスメートですから、分かりやすい日本語を使ったり、難しい語彙には説明を補ったりするなどの配慮が必要です。書く作業では、「大学の運営側に対して伝えるように」と設定します。そうすることで、伝える相手がはっきりし、どのような文体で書くか、どのような構成にすれば伝わりやすいかなどを学習者が自分で考えるようになります。このように小さいしかけでも、学習者がそれを意識することで、学習のための日本語ではなく、日本語を使ってコミュニケーションをするための活動になります。

②**協働学習**

他者の優れている点や間違いから学ぶことは大きいです。しかし作文では、漢字圏と非漢字圏との間で語彙力にかなりの差があり、お互いの文を理解するにも一苦労ということがよくあります。そこで、主に話し合う部分と発表をグループ活動にし、書いてまとめる作文の部分のみ個人活動にすることを提案します。

協働は、学習者の性格や、クラスの雰囲気によっては難しい場合もありますが、共通のテーマを与えることで、同じ方向への意識づけができるでしょう。

③**自己表現**

自分の考えを誰かに伝えたいという気持ちは、人が自然に持っているものです。それは外国語を使う場合でも同様です。しかし、もともとの性格もあり、話して表現す

ることが苦手な学習者もいます。その点、初めにアイディアを書く時間を持つと、自分の頭の中にあることがしっかり表現でき、自分の考えを余す所なく伝えることができます。そうすると、グループで様々な考え方を共有することができます。「大学についての意見」というテーマは一見、自分を表現することと関係がないように感じるかもしれませんが、意外と多様な視点が出てくるものです。その人が大学という場に何を求めているのか、大学で何を学ぼうとしているのかという価値観が表れてきます。

　私は、さらにグループワークの中で他者を認め、いいアイディアを素直に褒める場も持ちたいと考え、友だちのアイディアに花マルをつける作業も入れてみました。自分を表現すると同時に、友だちの考えも受け入れるという姿勢を養いたいと考えたわけです。

　学習者は、しばらく日本で生活していると見えてくることがあり、日本人や学校に対して思うところがたまってきます。いい面も不満な面も、頭の中にあることを吐き出させる機会も大切です。自分を表現できる場があることは、特に海外で生活をおくる学習者にとって大切なことです。また、学習者から出された提案や気づきは、教師にとっても貴重な発見であり、クラスや学校を改善していく手助けにもなります。

　第1部第6章で紹介されている「四技能の連携」も、この活動にとって大切な考えです。つまり、書くために話す行為を活用し、話すために書く行為を活用しているということです。第6章にあるように、他の人と話し、意見交換するなどの作業を加えると「自分の意見の根拠を明確にしたり、他の意見と比較したりすることが可能になる。つまり、自分の考えを深めることができる」ようになります。一方的にアウトプットをして終了なのではなく、一度他者と共有し、意見をもらうという行為を経ることで、自分の考えを見つめ直すきっかけになるのです。また、我々は普段の生活でスキルを意識して区別することはなく、色々なスキルを連動させて言葉を使っています。そうやって様々な技能を駆使することで、相乗効果が生まれます。

4.「KJ法を使った活動」をやってみて

　私が実際のクラスで扱ったテーマは、「一橋大学をもっとよい大学にするためのアイディア」でした。中級前半レベルの学習者で、クラスは7～10人程度です。

①発表の様子

　次の資料のように、学習者はグループごとに工夫して発表を行いました。「掲示を多言語化する」「授業中の学習者の態度についてルールを設ける」「もっと海外向けのPRをする」「夏はキャンパスをビアガーデンにする」など、留学生ならではの意見

や自由な発想が出されました。

学習者の発表作品

② **書くスキル**

　この活動では、プレゼンテーション用に作った資料と、翌週に提出したレポートの2つの段階で書くスキルを使いました。

　プレゼンテーション用の資料に「文を書く」という指定は与えず、絵でも文字でもどちらでもよいことにしましたが、自分たちで考え、効果的に文字、文を入れていたと思います。また、見出しのような短い文、箇条書きの文を練習するにも、プレゼンテーションは向いていました。

　翌週に提出したレポートは、やはり一度発表しているため書きやすかったようです。口頭で発表したことを文字化すると、正しい日本語を意識することにもなりますし、目に見えた形で残るのでよいと思います。ただ、プレゼンテーションで話したことに引きずられ、口語体の表現を使ってレポートを書いてしまう学習者もいるので、話し言葉と書き言葉の区別について一度確認しておいたほうがよいでしょう。また、提出後に互いのレポートを読ませると、最後まで協働の意味を持たせることができます。この活動では、グループで同じテーマについて書いているため、漢字圏・非漢字圏に関わらず、作文が読みやすいはずです。自分と同じグループのメンバーが発表をどのようにまとめたかまで確認できると、さらにいい勉強になるでしょう。

③ **KJ法のよい点**

　カードを分類していく作業の中で頭の中も整理されます。この作業を通し、自分たちの考えを表すキーワードを発見したり、レポートを書く際の説明の順番や内容のまとまりに気づいたりすることができます。また、少数の意見も取り上げられ、お互い

の啓発にもなり、参加の満足感が持てます。

④ 他のテーマ

例に挙げた以外にも、次のようなテーマが考えられます。レベルや興味に合わせて、他にも考えてみてください。
- 私たちの大学の学生と地域との連携のアイディア
- 世界に伝える東京の魅力
- 本当のエリートとは？　など。

5.「『へえ！』で評価する活動」の概要

2002年10月7日から放送されていた、フジテレビの番組「トリビアの泉」を参考にした活動です。雑学を紹介するバラエティ番組で、審査員はその雑学の隠された事実や意外性の度合いによって、「へえ！」の数で表して採点していました。

（参考：フジテレビ番組情報サイト http://www.fujitv.co.jp/b_hp/trivia/index.html）

●目 標	あるテーマについて情報を集め、その後プレゼンテーションを行う。プレゼンテーションを聞きながら、学習者同士でピア評価を行う。
●レベル	初級前半〜
●時 間	45分＋90分（2週にわたって行います。初回の導入は90分も必要ないため、他の活動などと組み合わせて行うとよいでしょう。）
●人 数	4人以上（時間は10人のクラスで想定）
●準備物	教師が作成したプレゼンテーションの例
●授業の流れ	〈1週目〉 1. 教師からプレゼンテーションの例を提示する。 2. 表現や文法項目の確認および短作文の練習などを行う。 3. プレゼンテーションの指示と評価項目の確認。 宿題：プレゼンテーション準備 〈2週目〉 1. プレゼンテーション 2. 評価と優勝者発表 宿題：フィードバックや質疑応答を取り入れた内容をまとめて書く。 〈3週目〉 教師は作文を回収し、添削する（このトピックでの授業は2週目までで終了）。

6.「『へえ！』で評価する活動」の手順

1週目

①導入〈30分程度〉

学習者の活動	教師の指示と留意点
1. 教師の発表を聞き、問いかけに答えるなど。	・教師のほうから、ある有名人の知られざる過去をまとめた映像資料やパワーポイントを見せる。 ※同じクラスを担当している先生に協力を依頼し、写真を見せながら略歴をまとめて紹介すると分かりやすい。 （→参考資料a (p.149)）
2. 例文を参考に、自分について表現できるよう、短作文などを行う。	・この発表に使われる文法や語彙の導入、あるいは復習。 ※誕生日の月日の言い方、「～（場所）で生まれました」「～歳のとき、…ました」「初めて、きっかけ、初恋」などの意味や使い方を確認する。

②プレゼンテーションについての指示〈15分程度〉

学習者の活動	教師の指示と留意点
1. 分からないことがあれば質問する。	・宿題とプレゼンテーションの進め方などについて指示。 ※宿題は、発表のポイントをまとめてくること。 ・評価の項目について確認を行う。特に、クラスメートからの「へえ！」が得点になること。 ※持ち時間の指示、クラスメートの理解を助けるための言葉の説明や映像資料の必要性など注意を行う。

☞ 初めてのプレゼンテーションの場合はスクリプトを書き、あらかじめ教師が正しくチェックするという方法もあります。しかしスクリプトを用意すると、それを読むことに気をとられ、聞き手とのコミュニケーションがおろそかになりがちです。慣れてきたら、大切なポイントや大まかなあらすじだけをまとめてくるように指導します。

1週目と2週目の間の宿題

　発表に向け、情報を集め、スクリプトをまとめる。パワーポイントや資料などを準備する。

2週目

③プレゼンテーション〈80分：1人3分＋質疑応答3分程度＋フィードバック〉

学習者の活動	教師の指示と留意点
1. 学習者は一人ずつ発表を行う。他の学習者と教師は発表を聞きながら評価を行う。（→配布シート a (p.148)）	・教師は、発表中に表現や文法などの誤用をメモしておく。 ※学習者には、しっかりコメントまで書くように促す。
2. 発表後、質疑応答を行う。	・学習者のつけた評価シートを回収する。 ・メモをもとに、誤用や適切な表現などについてフィードバックする。

☞ 誤用は発表後にクラス全体で取り上げ、なるべく学習者に気づかせるようにします。出てこない場合はヒントなどを出しながら訂正し、もっと適当な表現などがある場合は提示します。

④優勝者の発表と宿題の指示〈10分〉

学習者の活動	教師の指示と留意点
1. 相互評価シートのコメントなどを確認する。	・「へえ！」の得点を計算し、優勝者を発表する。 ・相互評価シートをまとめて各学習者に渡す。 ※時間が足りない場合は、翌週に行ってもよい。
2. 宿題について確認する。	・宿題の書き方と作文の評価の項目について確認する。

☞ 優勝者の発表の際に、簡単な表彰状を作って渡すと学習者が喜びます。

☞ 相互評価シートは、教師も目を通します。コピーもするとよいでしょう。

☞ 学習者は、クラスメートからもらったコメントをかなり真剣に読みます。そうすると、次の回にコメントを書くときに、何か役立つようなことを書こうという姿勢が生まれます。

☞ 宿題には、自分がクラスで話したことに、質疑応答の内容やフィードバックなどを加え、まとめて書いてきます。

3週目

教師は作文を回収し、添削と評価を行います。（→配布シート b (p.149)）

☞ 私の担当クラスは共通語が英語なので、評価の項目や内容を全て英語で記してい

ます。学習者が多国籍の場合は、レベルに合わせた日本語などで対応してください。
☞ 宿題のレポートの評価では、発表後の質疑応答の内容や、誤用に対する教師からのフィードバックが活かされているかどうかを項目に入れるとよいでしょう。

7.「『へえ！』で評価する活動」の背景

ここではポイントだけ確認したいと思います。《➡この活動の背景的な考え方は、第1部第4章を参照》

①コミュニケーションを目的にした書く活動

この活動は、書く内容を考えることに重点を置いています。書くこともコミュニケーションの一つですから、内容の吟味も大切です。それから特徴的なのは、話すスキルと連動させて活動を進めていることです。例えば聴解の時間には聞いて書く、読解の時間には読んで話すなど、他のスキルと結びついた活動はよく行われますが、作文の時間は書くという一つのスキルに終始することが多いのではないでしょうか。しかし書く作業も、書いて話す、読んで書くなど、他のスキルと連動させることで、コミュニケーションに幅や奥行きが出てくるのではないかと考えます。《➡第1部第10章、第2部第20章を参照》

②協働学習

この活動は、クラスメートを評価者として参加させます。伝える相手・反応をくれる相手を具体的に設定することで、書くことのモチベーションを上げることができます。読み手を設定したら、さらにその相手がどんな顔で読んでくれるかを想像します。驚いた顔なのか、うれしそうな顔なのか、その話題に魅力を感じてくれたのか。そうすることで、同じトピックでも何をネタにするか、どのような構成になるかなど、考えることが広がります。読み手を設定するだけでなく、反応までを想像すると書く意欲も増します。

「へえ！」が評価のポイントになっているため、誰もが知っているような情報では、ポイントが得られません。そこで、様々なリソースを使って新しい情報を調べる必要が出てきます。学習者は、聞き手の反応を思い浮かべながら、情報を吟味し、比較検討して選んでいきます。また、相互評価やフィードバックを取り入れることで、実際にどのような反応だったかも分かり、書き手と読み手、双方向の交流が生まれます。

③自己表現

　この活動は、自分の経験や考えを表現するタイプではなく、自分ならではの目のつけ所や、人とは違うオリジナリティを出すための活動であり、興味や着眼点の幅を広げていく練習です。自分がこれまで知らなかったことについて知る経験は、学習者にとって貴重な学びであり、大きな動機づけになります。特に自ら研究テーマを掘り起こしていく大学生には、トピックを自ら見つけ、情報を得ることに主体的に取り組んでほしいものです。そのためには、意欲をかきたてるタスクやトピックの設定を我々教師が積極的にしかけていかなければいけません。遊び心を忘れず、楽しめる活動を考えていきたいものです。

8.「『へえ！』で評価する活動」をやってみて

　担当したのは、初級前半レベルで、クラスは6人でした。今回は「有名人のシークレット・ヒストリー」というテーマで活動を行いました。

①テーマ設定について

　「私の好きなスポーツ選手のシークレット・ヒストリー」や「日本の有名歌手のシークレット・ヒストリー」は、「へえ！」があまり得られませんでした。自分が好きだからクラスメートも知っていると思っても、男女で好みが違ったり、実は世界的には有名でなかったりするためです。それよりも、みんなが共通に取っているクラスの先生にインタビューしたり、歴史上の人物について調べたりするほうが、多く「へえ！」を獲得していました。人物の選び方にも一工夫が必要です。

　「私の国の世界一」というテーマでは、お互いの国についてだけでなく、自分の中でも新たな発見があり、学習者にとってはいい刺激になったようです。しかしやはり、同郷からのクラスメートがいると「へえ！」が獲得しにくいことが問題です。海外で行う場合や、同じ国の学習者が多いクラスでは、扱いにくいテーマだと思われます。その場合は、「みんなが知らない、日本の世界一」などにするとよいかもしれません。

②他のテーマの例

　学習者の興味や、レベルに合わせて、次のようなテーマが考えられます。
・外国人だけが受けられる日本のサービス
・知らなきゃ損！うちの大学のいいシステム
・大学から○分で、こんなにいい所が！

③**発表用原稿について**

　プレゼンテーションで使用するスクリプトを、箇条書きにして大筋のみにするか、あるいは話すことを全て書いたものにするかは、学習段階やプレゼンテーションの慣れなどで変えたほうがいいと思います。

配布シートａ：クラスメートへの評価シート

Peer Evaluation Sheet

プレゼンテーションのトピック：＿＿＿＿＿＿＿＿＿＿＿＿＿＿＿＿＿
発表した人：＿＿＿＿＿＿＿＿＿＿＿＿＿＿＿＿＿さん
☆特によかったこと Good points

Content	☐ The speaker's presentation captured my interest. ☐ There was a clear organization. ☐ The speaker supported his/her points.
Vocabulary & Grammar	☐ Words and phrases were clear and inteligible for the listeners to understand. Technical aspects or difficult words are adequately explained.
Presentation	☐ The speaker spoke with clearness and naturalness. 　(Pronunciation, voice, tone, pitch, and pace). ☐ Visual aids were used effectively and appropriately to support the presentation. ☐ Good eye contact enables her/him to connect with the audience.
Comment & Advice	

＿＿＿＿＿＿＿＿＿へえ！／5

配布シートb：先生からの作文評価シート

Evaluation for Writing　　　　　月　　　日

名前：＿＿＿＿＿＿＿＿＿＿＿＿＿＿＿さん

トピック：　Famous person's secret history

Evaluation Items	Grading
Your writing referred to the topic and included the main points.	
You could write and use Japanese Hiragana, Katakana and Kanji properly and diligently.	
You followed the rules of Japanese writing system.	
Accuracy and appropriateness. （vocabulary/grammar/sentence structure/conjunction）	
Comments and advices from classmates and teacher were reflected.	

1: Needs improvement　　2: Satisfactory　　3: Very Good　　4: Excellent

参考資料a：教師が提示するプレゼンテーションの例（パワーポイントを使った例）

① ○○先生

②

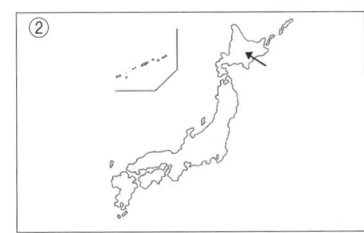

③ 6歳

④ 14歳

例 ① これはだれですか。○○先生です。今日、私は○○先生のシークレット・ヒストリーについて話します。

　② ○○先生は、〜で生まれました。〜は△が有名です。誕生日は…です。

　③ 6歳のとき、サッカーを始めました。ポジションは…。

　④ 初恋は14歳のときです。…

第2部 実践

教室活動

第14章 コミュニケーションを重視した活動の実際

【実践】教室活動

第15章 「総合活動型」の作文授業の実際
: 書評を書く活動を例に

武 一美

>>>>>

「総合活動型」の授業実践では、作文完成までのプロセスを重視します。そのため、この章では、「書評を書く」という授業の設計を「書く前」を含めた15週間にわたり紹介します。

1.「総合活動型」の作文授業の概要

●目　標	どんな本か、なぜその本を紹介したいのかについて、読み手に伝わる書評を書くことができる。完成した書評を読むことを通してお互いのことが分かる。
●レベル	初級前半〜中級前半（ここでは中級前半で想定）
●時　間	90分×15回
●人　数	10人以上（ここでは25人で想定）
●資　料	教師が用意した本や資料、学習者が持参した本など。
●授業の流れ	〈1-2週目〉 1. ガイダンス 2. 読書体験Ⅰ：日本語で読む体験をする。教師が用意した読み物資料を紹介し、その中から読みたい文章を選んで読む。 〈3-5週目〉 3. 読書体験Ⅱ：日本語で読むことを楽しむ。多読しながら、どんな本であれば読めるか、読みたいかを自分で測る。グループで、内容を確認したり、読書体験について話したりする。 〈6-8週目〉 4. 読書体験Ⅲ：読む対象を自由に選び、読むことを楽しむ。「私の1冊」を決めるために読み、グループで読書体験について話す。 〈9-10週目〉 5. 書評を書く準備：「読書ダイアリー」を読み「私の1冊」を決める。 〈11-13週目〉 6. 書評を書く：「書評の下書きシート」を書く。書評を書く。書評を読み合いコメントする。 〈14-15週目〉 7. 書評を読む：書評集を読んで「ベスト3」を選ぶ。全体の活動についてを振り返る。

提出物
- 読書ダイアリーシート（×8）
- 私の1冊シート
- 書評の下書きシート
- 書評
- コメントシート
- 投票用紙

☞ 1～10週目が「書く前」の段階です。
☞ 2～10週目は、授業の中で読む時間を設けます。時間配分は毎回変わりますが、目安としては次のようになります。〔5分：本日すること・返却物・提出物の確認、45分：読書、10分：読書ダイアリー記入、30分：6～7人のグループに分かれて読書体験の共有〕

2.「総合活動型」の作文授業の全体設計
①読書体験Ⅰ：日本語で読む体験をする〈1～2週目・90分×2〉

まず、授業ガイダンスをします。前の学期の学習者の書評集や実際に読んだ本を示すことも、授業のイメージ作りには効果的です。自分が読みたい本を読んでクラスメートに紹介すること、毎回の授業で「読書ダイアリー」を書くこと、11週から書評を書くことを伝えます。次に、教師が用意した読み物資料の中から、各自が好きなものを選んで読み始めます。日本語で読む体験が初めての学習者もいるので、教師は戸惑っている学習者がいないか注意深く観察します。

	学習者の活動	教師の指示と留意点
1週	1. 配布された授業ガイダンス資料を読み、教師の説明を聞いて、このクラスの目標・予定・評価について理解する。	・ガイダンス資料を配布し、15週の授業の流れ・提出物・評価について説明する。 ・本・読み物資料・ワークシート・前学期の学習者の書評などの具体物を示して、15週の流れが分かるようにする。
	2. 読み物資料(7本)の紹介を聞き、資料にざっと目を通して、次の週に何を読むかを考える。	・読み物資料(7本)について、オリジナル本を見せながら何がどのように面白いと教師が思うのかを話す。 ・今後、学習者が本の紹介をするときのモデルとなるよう、本の要約ではなく、なぜ面白いと教師が思うのかが聞き手に伝わることを心がける。
2週	1. 7本の読み物資料の中から興味のあるものを選んで読んでみる。1つを最後まで読むのではなく、2～3本をざっと読んでみる。 2.【宿題】読み物資料を1つ決めて家でもう一度読んでくる。	・読み始めても、途中でやめてもいいことを繰り返し伝える。 ・各学習者が、自分の読む力と興味に従って読み物の選択ができるよう、戸惑っている学習者がいないか目を配り、必要に応じてサポートする。

☞ 読み物資料：おべんとうの時間(阿部了・阿部直美)・家族新聞(共同通信社)・境目(川上弘美)・うらしまたろう(村上龍)・遠くまで旅する部屋(村上春樹)・温かみを醸し出す小説を(村上春樹)・おおきなかぶ、むずかしいアボカド(村上春樹)
☞ 初級を終えたばかりの学習者・非漢字圏の学習者が、安心して読み始められるように、読み物資料を横書きにし、ルビを付けておきます。
☞ 現在認定されているレベルにとらわれず、自分の関心に従って読み物の選択をす

ることを推奨します。しかし、このクラスには初級を終えたばかりの学習者もいますから、自分の日本語力と読みたい本の間に大きなギャップがあるケースが頻繁に見られます。そこで、学習者には、読み始めても、その本を読み続けなくていいことを繰り返し伝えます。試行錯誤を繰り返しながら、学習者はそれぞれの興味と現在の読む力に見合った本を選択するようになります。

②読者体験Ⅱ：日本語で読むことを楽しむ〈3～5週目・90分×3〉

この段階では、読み物資料の中から各自が選択したものをもう一度じっくり味わって読みます(宿題)。そして、グループで内容確認をした後、読書体験について語りあいます。3～5週目の授業の90分間は次の手順で行います。

学習者の活動	教師の指示と留意点
1.〔個人：10分〕 読んできた資料を参照しながら「読書ダイアリーシート」を書く。	・印象的な語句・文・段落を書き抜き、ページも必ず記入しておくよう指示する。
2.〔グループ：30分〕 同一の読み物資料を選択した学習者でグループを作り、内容の確認と読書体験について語り合う。	・大きく読み間違えていないかを確認するための「質問シート」を教師が用意しておき学習者同士で確認させる。 ・日本語で読んだ体験について自由に話すことから始め、読書体験を共有する際には、読み物資料の中の文や段落を示して、具体的な例を挙げながら話すよう、学習者に促す。
3.〔全体：20分〕 グループごとに代表者が読み物を紹介する。(各グループ2～3分)	・他グループの紹介を聞いて次に読むものを決めるよう伝える。
4.〔個人：10分〕 1. で書いた「読書ダイアリーシート」に加筆する。	・グループ活動を経て考えたことがあれば「読書ダイアリーシート」に書くよう伝える。
5.〔個人：20分〕 次に読む資料を選んで読み始める。	・用意した資料では、難しすぎる/簡単すぎる学習者がいたら他の読み物も提供できるように読み物を用意しておく。

☞ 読み物資料の選択によってグループの人数が多くなった場合は、4人グループを2つ作るなど、学習者が話しやすい人数設定を心がけます。

☞ 読み物の内容確認をするための「質問シート」は、大きく読み間違いをしていないかをチェックする目的と同時に、学習者間のやりとりを促す仕掛けの意味もあります。精読を求めるものではありません。内容に関する5つ程度の質問を作成しておくといいでしょう。

☞「読書ダイアリーシート」は、提出物として成績にカウントすることを学習者に伝えると共に、クラスの最後のレポート(書評)を書く時の資料となる大切なものであることを伝えます。

☞ 教師は、ポートフォリオとして必要なこと（引用やそのページ数・読後の印象など）が「読書ダイアリーシート」に書かれているかをチェックして、短いコメントを記入します。特に問題がなければ、励ましの言葉などを書きます。また、学習者からの質問への答えを書いたり、「読書ダイアリーシート」への学習者の記述を見て読書が停滞していると感じた場合などには、次の授業で、その学習者へのコンサルティングを行ったりします。

☞ 「読書ダイアリーシート」に引用した語句・文・段落のページ数を書いておくと、書評を書くときに、そのページをもう一度読んだりすることができます。

☞ 「読書ダイアリーシート」は、このクラスにおけるポートフォリオであり、彼らの読書体験の記録となります。教師は、学習者ごとに「読書ダイアリーシート」をファイルしておき、次の週の授業の始めに、このファイルを返却します。学習者は、返却されたファイルに、その日に書いた「読書ダイアリーシート」を追加して、授業時間の終わりに提出します。

☞ グループで読書体験を話すと言っても、学習者間のやりとりはすぐには始まらないでしょう。黒板に、「どうしてその読み物を選んだのか教えてください」「分からなかったことは何ですか」「読み物の中の好きな文章を教えてください」「読んでいるとき、面白いと思ったこと、どんな気持ちがしたか、を教えてください」など、話すときのヒントになることを書いておくといいでしょう。

読書ダイアリーシート

読書ダイアリーシート　　　　　　　　　　　年　　月　　日（　）

　　　　　　　　　　　　　　　　　　　　　名前〔　　　　　　　〕

本のタイトル（作者）

○

あなたの一文、あなたの一行、あなたの語句（本からの引用）、ページ

　　　　　　　　　　印象的な語句・文を書きます。　　　引用した文のページ数を書きます。

あなたのコメント

　　　　　　　　　　　　　　　　　　　　　学習者が感じたこと・考えたことを書きます。

○

質問：

　　　　　　　　　　　　　　　　　　　　　教師への質問や要望等を書きます。

③読書体験Ⅲ：読む対象を自由に選び読書を楽しむ〈6～8週目・90分×3〉

　この段階になると、教師が用意した資料では飽き足らなくなった学習者が、読みたい本を教室に持って来るようになります。教師は、自由に本を選択することを奨励し、学習者は読書を楽しみつつ、書評を書くための「私の1冊」を考えます。以下が6～8週の授業の手順です。

学習者の活動	教師の指示と留意点
1.〔全体：10分〕 ・教師が用意した本の紹介を聞き、何を読むか考える（6週目）。 ・書評について説明する（7, 8週目）。	・教師が用意した本を紹介する。リソースを紹介する（6週目）。 ・今後の予定や評価のポイントなどを書いた紙を配布し、書評を書くスケジュールを明示する。書評例を紹介する（7, 8週目）。
2.〔個人：10分〕 教室に置かれた本の中から読みたい本を選ぶ。	・各学習者が「私の1冊」に出会えるようサポートする。戸惑っている学習者には、読書時間中にコンサルティングを行う。
3.〔個人：50分〕 選んだ本を読む＋「読書ダイアリーシート」を書く。	・読書中の観察を通して、学習者の日本語レベル・読書力・読書傾向や関心を把握するよう努める。
4.〔グループ：20分〕 5～6人のグループに分かれて、読んだ本の紹介をする。	・本の内容の要約に終始するのではなく、印象的な部分について具体的に紹介するよう促す。
5.「読書ダイアリーシート」を完成させてファイルし提出する。	・「読書ダイアリーシート」のファイル回収後、コメントを記入し、次の授業で必要なサポートを考える。

☞「私の1冊」を10週目までには決めるように学習者には指示しておきます。「私の1冊」が決まる時期は人によって異なり、すでに6週目で決まっている学習者も多いです。

☞「私の1冊」を決めかねている学習者には、読書時間中に個別にコンサルティングをします。これまで読んだものは難しかったか、簡単すぎなかったか、教師が紹介した本の中に面白いと思う本がなかったかなどを聞いて、学習者の読む力と興味を推し測ります。そして、次回教師が他の本を持参すること、自分でも本屋に行くことなどを勧めて、あせらずに自分の読みたい本を探すことを伝えて安心させます。このような働きかけをすると、ほとんどの学習者は自分で本を探すようになります。

☞学内の図書室・BOOK OFF・WEBサイト（青空文庫）など、学習者が読みたい本を探すためのリソースを教師が紹介したり、情報を持っている学習者に知っていることを紹介してもらったりします。これは、この前の段階から徐々に行います。

☞ グループは毎回メンバーを変え、いろいろな人、そしてその人が読んでいる本を知ることができるようにします。
☞ グループ分けは、ジャンル別・混合など、学習者がそのときに読んでいる本を教師が把握して、読書体験を共有するために効果的なグループ構成を考えます。

④書評を書く準備をする〈9〜10週目・90分×2〉

「私の1冊」が決まる時期は、学習者によって異なります。すでに6週の段階で決めている学習者もいれば、10週にようやく決める学習者もいます。この段階では、学習者間で「私の1冊」についての情報交換をしながら、書評を書くための準備をします。

学習者の活動	教師の指示と留意点
1.〔全体:10分〕 書評についての説明を聞き、今後の活動のイメージを作る。	・クラスメートに紹介したい本はどれかを考えさせる。 ・書評を書くための指針となるよう、「評価ポイント」を明示する。 ・「私の1冊シート」を配布する。
2.〔個人:40分〕 本を読む。「読書ダイアリーシート」を書く。	・「私の1冊」に悩んでいる学習者がいないか聞き、相談が必要な学習者と話す。
3.〔個人:20分〕 これまで書いた「読書ダイアリーシート」(×7〜8枚)に目を通し、「私の1冊」(案)を考えて「私の1冊シート」に記入する。(各自の進捗状況に合わせて9週目か10週目に提出する。)	・「読書ダイアリーシート」のファイルに目を通すよう指示する。 ・「私の1冊シート」への記入を促すが、まだ決まっていない学習者は10週目の提出でいいことを伝える。
4.〔グループ:20分〕 「私の1冊」(書評を書く本)について話す。	・すでに「私の1冊」を決めた学習者は、「なぜそれを紹介したいか」を話すこと、まだ決めていない学習者は案を話すように指示する。
5.「読書ダイアリーシート」を完成させてファイルし提出する。 「私の1冊シート」を提出する(9週目か10週目)。	・「読書ダイアリーシート」のファイル、「私の1冊シート」を持ち帰りたい学習者がいたら、教師が目を通したあと、持ち帰らせる。
6.〔宿題〕(10週目) 「私の1冊」をもう一度読む。	

☞ ここまでの読書で少なくとも7〜8枚の「読書ダイアリーシート」ができています。これが学習者個々のポートフォリオになり、書評を書くときに役に立ちます。

読書ダイアリーシートのファイル(ポートフォリオ)

☞ 学習者は、前の学期の書評集を読んだり、日本人大学生が書いた書評(大学生協読書マラソン大賞優秀作「大学生が書いたブックレビュー」から)を読んだりします。教師はこのクラスで求める書評を学習者に伝え、書評を書くとき、グループでコメントするときのポイントを明確に示します。
☞ 書評の評価ポイントは次の3つです。1.どんな本か分かる。2.書評を読んだ人に「この本を読みたい」と思わせることができる。3.書評を書いた人の気持ちや変化が分かる(その人のことが分かる)。
☞ この段階で、今後の予定(下書き・書評の提出締切日など)・書評の字数(300～500字)・書評の評価ポイント・成績評価、についてプリントを用意して再度説明をします。
☞ 教師は、「私の1冊シート」で学習者が書評を書く本を10週までに把握しておき、学習者がその本を11週に教室に持参できるかどうかを確認します。複数の学習者が、教師が用意した本を「私の1冊」とした場合、コピーを用意するなどの準備が必要だからです。しかし、実際には、学習者は「私の1冊」を自分の本にしたいと思うようで、教室にある本であっても、自分で購入して教室に持ってくることがほとんどです。

私の1冊シート

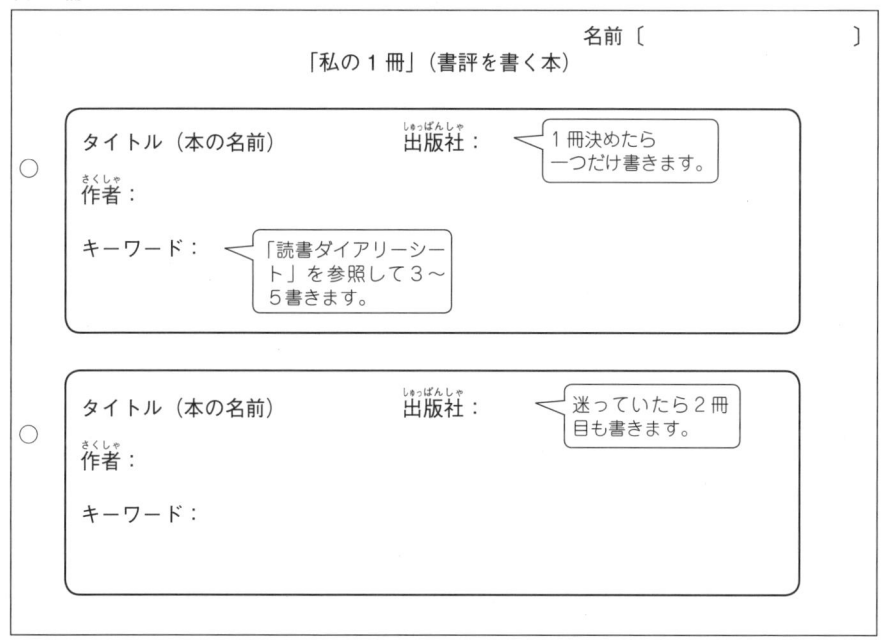

```
名前〔          〕
「私の1冊」（書評を書く本）

○  タイトル（本の名前）    出版社：    ← 1冊決めたら
   作者：                              一つだけ書きます。
   キーワード：  ← 「読書ダイアリーシー
                   ト」を参照して3〜
                   5書きます。

○  タイトル（本の名前）    出版社：    ← 迷っていたら2冊
   作者：                              目も書きます。
   キーワード：
```

⑤書評を書く〈11〜13週目・90分×3〉

　いよいよ書評を書く段階です。「私の1冊」をもう一度読んでおくことを10週の宿題にしておき、この段階では、教室で「書評の下書きシート」への記入からスタートします。教師は学習者の間を回って、学習者の進捗状況を見ながら、質問に答えたりアドバイスしたりします。

「書評の下書き」を書く〈11週目〉

学習者の活動	教師の指示と留意点
1.〔全体：10分〕 「書評の下書きシート」に書く内容を理解する。	・「書評の下書きシート」を配布し、書く内容を説明する。 ・書評の「評価ポイント」を確認する。
2.〔個人：80分〕 「読書ダイアリーシート」「私の1冊シート」を参照しながら、「書評の下書きシート」に記入する。	・「読書ダイアリーシート」「私の1冊シート」を返却する。 ・「書評」は、「キーワード」「引用」を意識して書くよう指示する。 ・学習者の間を回りながら、質問に答えたりする。
3.「書評の下書きシート」を提出する。	

- ☞ 学習者にとって、日本語で書評を書くことは初めての経験です。「書評の下書きシート」を作成して、何を書くのかを明確に指示します。
- ☞ 「書評の下書きシート」を書き終えた学習者には、その場でチェックして、内容の不足部分や分かりにくいところを指摘して、その場で書き直しをさせます。
- ☞ この段階では、学習者によって進度が様々です。早く終えた学習者には書評の完成度を高めるような指示をします。例えば、「キーワードと書評の内容の整合性」「読後の自分の気持ちの変化をもっと書くこと」などを求めます。

書評の下書きシート

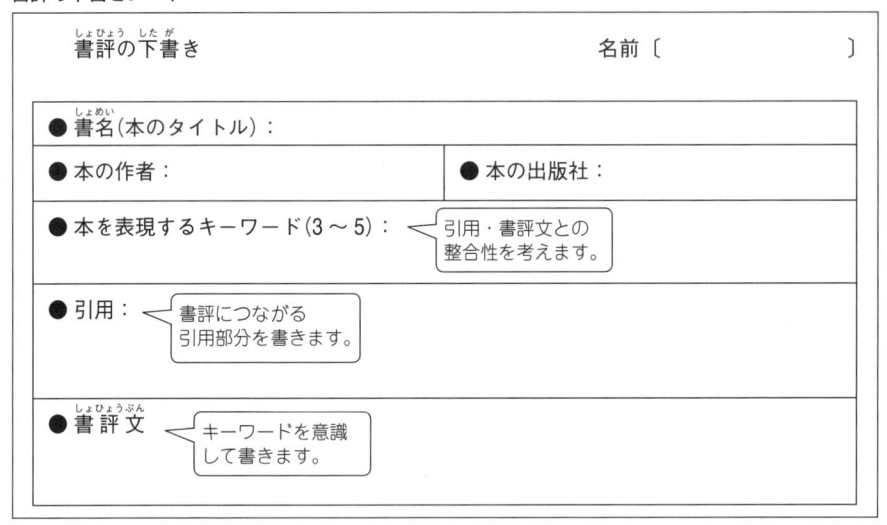

```
┌─────────────────────────────────────────────────────┐
│   書評の下書き                       名前〔      〕 │
│ ┌─────────────────────────────────────────────────┐ │
│ │ ● 書名(本のタイトル):                          │ │
│ │ ● 本の作者:              ● 本の出版社:         │ │
│ │ ● 本を表現するキーワード(3〜5): ←引用・書評文との│ │
│ │                                   整合性を考えます。│ │
│ │ ● 引用:  ←書評につながる                        │ │
│ │           引用部分を書きます。                   │ │
│ │ ● 書評文 ←キーワードを意識                      │ │
│ │           して書きます。                         │ │
│ └─────────────────────────────────────────────────┘ │
└─────────────────────────────────────────────────────┘
```

書評を書く〈12〜13週目〉

　教師がチェックした「書評の下書きシート」を返却して、授業中に書き直しを始めます。その後、ワードファイルで清書して書評1回目を提出します。書評の1回目は、グループに分かれて読み合い・コメントをし合い、それをもとに書き直して書評を完成させます。

	学習者の活動	教師の指示と留意点
12週	「書評の下書きシート」に教師がコメントしたものを返却し、罫線のある用紙を配布し、授業内で書評を書く。	・授業中に、教師からのコメントについてやりとりしながら書き直しをすることで、学習者の書評に対する疑問や不安を解消するよう努める。 ・下書きを早く終えた学習者への対応を考えておく。
	〔宿題〕書評1回目提出 ワードファイルで清書してメール添付で提出する。	・書評1回目の提出締切日を指示する。 ・ワードファイルで作成する「書式フォーマット」を配布して指示する。

13週	1.〔グループ：25分〕 ・3〜4人のグループに分かれる。 ・書評の書き手が音読する。 ・読み手が黙読する。 ・「コメントシート」に記入する。	・グループ別に書評1をコピーして用意しておき配布する。 ・漢字の読み方が分からない学習者に配慮して、まず、書評の書き手に音読させる。 ・読み手が黙読・コメント記入をしている間に、書評1への教師からのコメントを書評の書き手に渡し、やり取りする。
	2.〔グループ：25分〕 ・「コメントシート」をもとにコメントする。 ・「コメントシート」を書評の書き手に渡す。	・評価ポイントを意識してコメントするよう促す。
	3.〔個人：40分〕 書評を書き直す・加筆する。 ・もらった「コメントシート」を読んで、自分の書評を「コメントシート」に書く。 ・「コメントシート」をもとに修正する。 ・書評のタイトルを考える。 ・2〜3行のエッセイ「本と私」を書く。	・書評の内容を反映したタイトルを考えるよう指示する。 ・エッセイ「本と私」を書くことで、読書を振り返ることを伝える。
	〔宿題〕 書評を書き直し、タイトルを付け、「本と私」を加筆して完成させる。	・もらったコメントをもとに書き直すこと、加筆することを指示する。 ・難しい漢字にはルビを付けるよう指示する。

☞「書評の下書きシート」へのコメントは、評価ポイントに沿ったコメント、「キーワード」「引用文」「書評」の整合性、意味が伝わらない文の指摘、誤用や誤字の指摘、などです。（12週目）

☞ 書評を書き手が音読することによって、読み手は、新出漢字の読みが分かり黙読する段階で辞書が引けるようになります。また、書き手は、音読によって、ケアレスミスなどに自分で気づくことができます。

☞ 手書きで書き終えて時間が余った学習者には、学内のPCルームへ行って書き、教師のアドレスに添付ファイルで送るよう指示してもいいでしょう。（12週目）

☞ 書評のフォーマットを指示することで、お互いに読みやすい文面になります。（12週目）

☞ 書評を読み合ってコメントするときのグループは、ジャンル別や作者別で構成します。例えば、村上春樹の同じ作品を読んだ学習者は同じグループにして、それぞれのオリジナリティはどこにあるのかを比較し、よりオリジナリティが出る書評とするよう促します。（13週目）

☞ 教師は、「キーワード」と書評の内容との整合性についてコメントし、学習者それぞれの着眼点が浮かび上がる書評となるようサポートします。(13週目)
☞ 教師からのコメントは、ワードで書かれた書評に誤字・脱字・誤用も含めて書き込んでおき、学習者が書き直しを考えている授業内の時間を使って、できるだけ直接学習者とやりとりをして渡すようにします。(13週目)

書評のフォーマット

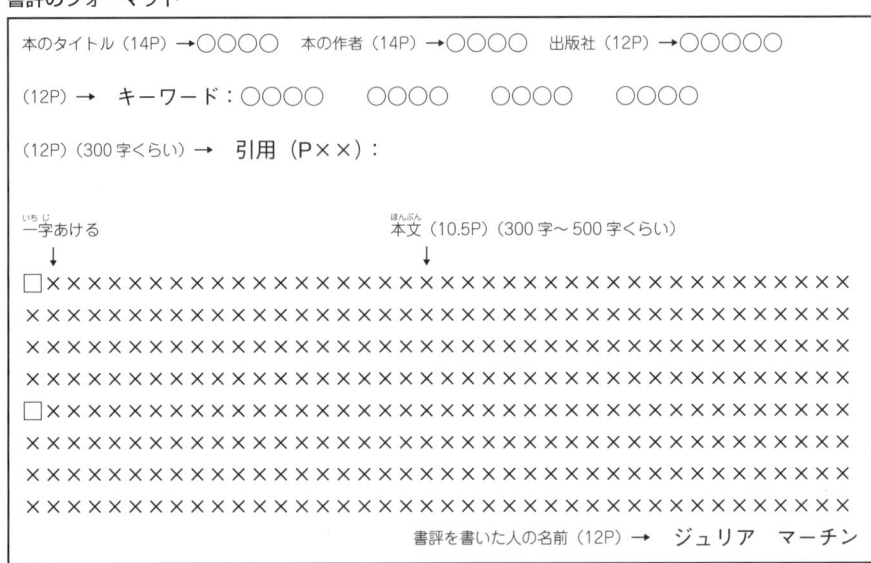

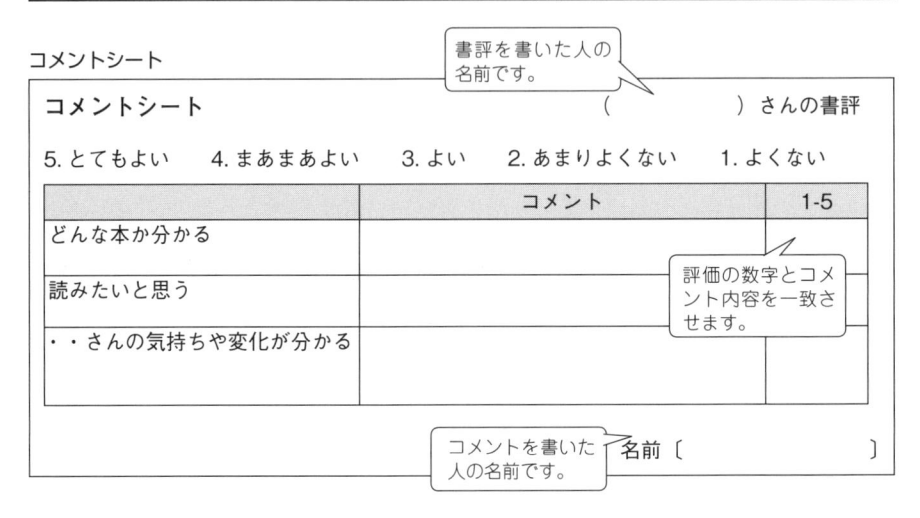

```
本のタイトル (14P) →○○○○    本の作者 (14P) →○○○○    出版社 (12P) →○○○○○

(12P) →  キーワード：○○○○    ○○○○    ○○○○    ○○○○

(12P) (300字くらい) →  引用 (P××)：


           一字あける                      本文 (10.5P) (300字～500字くらい)
              ↓                                    ↓
  □××××××××××××××××××××××××××××××××××
  ×××××××××××××××××××××××××××××××××××
  ×××××××××××××××××××××××××××××××××××
  ×××××××××××××××××××××××××××××××××××
  ×××××××××××××××××××××××××××××××××××
  □××××××××××××××××××××××××××××××××××
  ×××××××××××××××××××××××××××××××××××
  ×××××××××××××××××××××××××××××××××××
  ×××××××××××××××××××××××××××××××××××
                          書評を書いた人の名前 (12P) →  ジュリア　マーチン
```

コメントシート

コメントシート		（　書評を書いた人の名前です。　）さんの書評

5. とてもよい　　4. まあまあよい　　3. よい　　2. あまりよくない　　1. よくない

	コメント	1-5
どんな本か分かる		
読みたいと思う		評価の数字とコメント内容を一致させます。
・・さんの気持ちや変化が分かる		

名前〔　　　　　　　　　　〕（コメントを書いた人の名前です。）

⑥ 書評を読む：全体の活動について振り返る〈14～15週目〉。

　この段階では、完成した書評集をもとに、本を紹介する活動をします。まず5グループに分かれて本を紹介し、グループのベスト1を決定します。次に全体で、ベスト1になった学習者5人が本を紹介します。そして、クラスのベスト3を決めます。最後に、15週間の活動の振り返りをして授業を終えます。

	学習者の活動	教師の指示と留意点
14週	1.〔全体：10分〕 書評集の目次を見て、全体の書評を確認する。その日にすることを理解する。	・本を持参するように指示しておく。 ・書評集を作成し配布する。 ・異なる本・作者の書評でグループを構成する。
	2.〔個人：10分〕 書評をもとに発表するための準備をする。	・書評に書いてあることを読み上げるのではなく、自分の言葉で話すことを伝える。
	3.〔グループ：60分〕5人×5 ・本を見せながら、書評をもとに3分程度発表する。聞き手は質問する。（1人の持ち時間：10分以内） ・お互いの書評を読んで、評価ポイントをもとに、グループ内で一番いいと思う書評者の名前を投票用紙に書く。 ・教師が投票用紙を回収してカウントする。	・質問が出ないグループがあったら、教師がグループに入り、書評を読んで教師が聞きたいと思ったことなどを聞く。 ・評価ポイントを黒板に書いておき、意識させるようにする。
	4.〔全体：10分〕 ・各グループのベスト1書評を、書評集を見ながら確認する。 〔宿題〕5つの書評を読んで、聞きたいことを考えておくこと。	・書評のページを開いて、各グループのベスト1の書評について教師が本のタイトル・作者・書評のタイトルを紹介し、読んでおくよう宿題を指示する。
15週	1.〔全体：40分〕各グループの1番の書評者5人が、書評をもとに3分程度本の紹介をする（×5）。聞き手は質問する。（一人の持ち時間：7分）	・教師も積極的に質問し、紹介者の話を引き出すようにする。
	2.〔全体：20分〕 ・評価ポイントをもとに一番いいと思う書評者に投票する。 ・ベスト3を発表する。	
	3.〔全体：30分〕 書評集に書いた「本と私」の部分を話しつつ、この授業での読書を振り返って一人一言(1分以内)話す。	・時間が足りなくなったら、2グループに分けて行う。

☞ クラスの書評ベスト3を選ぶことを授業の最後に置いてあるのは、クラスメンバーの書評をみなで読むための仕組み作りです。

☞ 「本と私」について語ることを通して、このクラスでの15週間を振り返ります。

3. 「総合活動型」作文授業の背景－3つの対話から書評へ

　この活動の背景にある考え方については、第1部第5章を参照してください。ここでは、学習者がこういった活動をすることにどのような意味があるのかを考えます。好きな本を選んで書評を書くことは、初級後半〜中級前半の学習者にとっては、簡単なことではありません。まず、「私の1冊」を選ぶために、数週間の準備が必要です。初級を終えたばかりの学習者であれば、テキストではない、日本語で書かれた実際の本に触れるのが初めてという場合もあります。また、自分の日本語レベルでどんな本が読めるのかを注意深く自分自身で探っていく必要があります。教師が準備しておいた読み物資料はそのためにあります。また資料以外にも、毎回の授業にはいろいろな本を持参して紹介します。図書館にある本を借りてきて紹介し、大学の図書室に行くよう促すこともします。このように少しずつ環境を整えながら、日本語で本を読みたいという気持ちを実際の行動へと結びつけていきます。

　読むことは、本(作者)との対話であり、また、自分との対話である、ということはよく言われています。このクラスでは、この2つの対話に加えて、自分が読んだ本を紹介することを通して、クラスメートとの対話も行われます。クラスメートとの対話にもグループの構成員次第でいろいろなバリエーションがあります。同じものを読んだメンバー同士の対話、同じ作者だが異なる作品、同じジャンルだが異なる作者、全く異なるジャンル、など、このクラスではクラスの人数が多いほうが、多様なバリエーションで語る相手を得ることができます。そして、人に語りながら、本(作者)との対話について考えを深めたり、表現を拡げたりしていくのです。

　1冊の本を何週間も読み続ける人、次から次へと読む本を変える人、いろいろな読書パターンがあります。自分のやり方で、語る相手のいる環境で、「私の1冊」を探していきます。そのときに、書きためてきた「読書ダイアリーシート」がポートフォリオとして力を発揮します。「読書ダイアリーシート」で自分の読書を振り返りながら「私の1冊」を決めるのです。様々な形・対象の対話を重ねて、ようやく書く準備が整います。

4. 「総合活動型」作文授業をやってみて

　「教室でみんなが静かに読んでいて本当にびっくりした。だから私もがんばって読めた。」と一人の学習者が言いました。初級や初級を終えたばかりの学習者にとって、読みたい本は素敵な言葉の宝庫です。本を読んで、そこから言葉や文章を拾って、他の人に紹介すること、されることは、次の発信につながります。毎週の「読書ダイアリーシート」に書いた「気に入ったフレーズ」や「感じたこと」が、「私の1冊」を

選ぶときに威力を発揮しますし、書評には「読書ダイアリーシート」に書いておいた引用文が使われることが多いです。

　学習者のポートフォリオの管理は教師にとって大きな負担となります。学習者別の25冊（学習者が25人のクラス）のファイルを読むことは私にとって大きな楽しみではありますが、ポートフォリオを教師と学習者とで共有しようと思うと、すべてをコピーして保管しておく必要があります。しかし、成績処理などに追われ（成績を付けるときにポートフォリオを参照します）コピーの時間が取れず、学習者にポートフォリオを最終的に返却しそびれてしまうこともあります。

　書評を書くことは、本を通した自己表現です。本を読むことを通して学習者の中に、言葉や思いを蓄積していくこと、その環境を整えることで、素敵な書評が生まれます。最後に、こうして生み出された書評を一つ紹介します（「本と私」の部分は割愛しました）。

書名：「神様2011」　作者名：川上 弘美　出版社：講談社
キーワード：くま、散歩、神、優しさ、人間関係

本文からの引用 (pp.14-15)
　「いい散歩でした」くまは305号室の前で、袋から鍵を取り出しながら言った。「またこのような機会を待ちたいものですな」わたしも頷いた。それから、干し魚やそのほかの礼を言うと、くまは大きく手を振って、「とんでもない」と答えるのだった。「では」と立ち去ろうとすると、くまが、「あの」と言う。次の言葉を待ってくまを見上げるが、もじもじして黙っている。ほんとうに大きなくまである。その大きなくまが、喉の奥で「ウルル」というような音を立てながら恥ずかしそうにしている。言葉を喋る時には人間と同じ発声法なのであるが、こうして言葉にならない声を出すときや笑うときは、やはりくま本来の発声なのである。「抱擁を交わしていただけますか」くまは言った。「親しい人と別れるときの故郷の習慣なのです。もしお嫌ならもちろんいいのですが」わたしは承知した。

書評「くまにさそわれて散歩に出る。」
　まず、くまと一緒に旅をしたことがありますか。もしその機会はまだなかったら、くまとの旅、後は人間関係の旅へようこそ。その訳というのは、この小説を読んでいるうちに、くまの映像は段々消えていくからです。実は、このくまはくまではありません。このくまは人です。私達のような人なのです。しかし、私と違って、このくまには悪い点がありません。全然。という感じにつきまとわれて、この小説を読んでいます。
　さらに、そのくまはとても優しいくまです。丁寧なくまです。その上、心掛けのよいくまです。うるさい子供はくまを怒らせてみようと、くまにパンチをしますが、パンチを受けた後、くまは「そりゃいろいろな人間がいますから。でも、子供さんはみんな無邪気ですよ」そう言っただけで散歩を続けました。大きい心を持っているのです。その

くまは。その心は他の人や他のくまと異なるところです。誰かが危害を加えて、危害を受けた人またはくまから、なぐりかえすことがなかったら、世界では悪が少なくなると、私は思います。
　くまはその女性と二回だけしか会いませんでした。ところが、最初から大親友のような気持ちを持つようになりました。この小説を読みながら、いつも親しい友達の関係について考えています。こんな友人がいれば、世の中で一番幸せな人になるかもしれません。もちろん、生活では他の色々な大切なことやものがあります。けれども、多くの人は、こんなに熱い関係について夢見るに違いありません。ただ、人々に囲まれて、生活の中で独居をしている人も多いという感じがします。そのくまのような生き物を想像してみれば、気が楽になるでしょう。おそらく、今まで大親友を自分の中で持っていたかもしれません。
　そこから、この小さい小説は大きい問題、すなわち、人間関係の問題について書いているのです。

『神様2011』川上 弘美（講談社 2011）より

参考資料：授業で使用するシート類
読書ダイアリーシート

読書ダイアリー	年　月　日（　）
	名前〔　　　　　　〕

○　本のタイトル（作者）

○　あなたの一文、あなたの一行、あなたの語句（本からの引用）、ページ

　　あなたのコメント

　　質問：

私の1冊シート

```
           「私の1冊」（書評を書く本）    名前〔          〕
  ┌─────────────────────────────────────────────┐
  │  タイトル（本の名前）      出版社：          │
○ │  作者：                                      │
  │                                              │
  │  キーワード：                                │
  └─────────────────────────────────────────────┘

  ┌─────────────────────────────────────────────┐
  │  タイトル（本の名前）      出版社：          │
○ │  作者：                                      │
  │                                              │
  │  キーワード：                                │
  └─────────────────────────────────────────────┘
```

書評の下書き―シート

書評の下書き	名前〔　　　　　〕
● 書名(本のタイトル)：	
● 本の作者：	● 本の出版社：
● 本を表現するキーワード(3〜5)：	
● 引用：	
● 書評文	

コメントシート

コメントシート　　　　　　　　　　（　　　　）さんの書評
5. とてもよい　　4. まあまあよい　　3. よい　　2. あまりよくない　　1. よくない

	コメント	1－5
どんな本か分かる		
読みたいと思う		
・・さんの気持ちや変化が分かる		

名前〔　　　　　〕

【実践】教室活動

第16章 四技能連携の実際
：映像を使った活動を例に

志村ゆかり

>>>>>

この章では、「書く」「読む」「聞く」「話す」行為を総合的に活用して、自分の意見を深め、相手に伝える力を磨くための活動を紹介します。

1. 四技能連携の活動の概要

●目　　標	映像を視聴して自分の考えを深め、意見を整理してわかりやすく書くことができる。
●レベル	中級後半〜
●時　　間	聞く25分程度／話す20分程度／書く45分程度×2回／読む45分程度
●人　　数	4人以上（時間は10〜12人のクラスで想定）
●資　　料	映像を使う。そのときに応じた話題をニュース番組や特集番組から選ぶ。
●授業の流れ	1. 生映像を使うことによって、実際の接触場面からテーマに沿った語彙や表現を学ぶ。 2. テーマに関する意見を、3つの観点（根拠、反論、比較）を中心に述べあうことで、自分の意見を深める。 3. 作文を学習者同士で読みあいながら、構成、表現、主張が正確に伝わるかなどを確認する。 4. 教師による添削（主に文法や表記、原稿の形式的な確認）。 5. 学習者同士の相互評価。

☞ 1.は聞く、2.は話す、3.は書く、5.は読むが中心になります。また3.、5.は読み手を意識することで、伝える力を磨きます。

2. 四技能連携の活動の手順

①導入：聞く活動〈25分程度〉

例：なぜ人気？魚をおかない鮮魚店　—2013.2.19放送 テレビ東京「ガイヤの夜明け」より

☞ 使用教材のあらすじ：都会の商店街の路上で、タブレット端末を利用して商売をしている魚屋を紹介している。北海道の鮮魚店と商店街の買い物客を中継で結び、鮮魚の売買を行うビジネスモデルを取り上げた番組。

学習者の活動	教師の指示と留意点
1. テレビの録画を見る。（20分程度） 　ワークシートA(p.175)に適宜メモする。	・教師はテーマを告げ、テレビの録画を見せる。 →適当な箇所でビデオを一時停止し、内容、語、表現について確認する。
2. テーマに関する情報のまとめ 　（5分程度）	・教師は、テーマについての内容、語、表現を確認し、次の「話す」活動につなげる。

☞ テーマによっては、特集が組まれていたり特番があったりするので、それによって導入にかける時間が変わってきます。ここでは短いケースを想定しています。

☞ 映像資料を扱う理由は、生映像がひとつの接触場面と捉えることができ、学習者は映像と音声の両方からテーマに関する情報が得られるため、読む作業よりイメージがつかみやすいからです。また、意見文を書くという行為が専門性の高い場面で行われるため（つまり日常生活でよく触れる語彙、表現ではないため）、前もってテーマに関する語彙、表現の紹介をする必要があることと、学習者に活動の動機付けをするためでもあります。

☞ 学習者の語彙が少ない場合は、適宜プリントで語彙を紹介してから視聴します。

ワークシートAの記入例

テーマに関する初めての語、重要な語
タブレット携帯端末　通信料　売上　ツール　等々
テーマで使う表現
リスクを背負う　苦戦を強いられる　等々
内容
北海道の魚を東京で直接買える お店の人もお客さんも顔を見ながら魚を買える　等々

実際の学習者の記入例

テーマに関する初めての語、重要な語
例：端末 インターネット回線
テーマで使う表現
例：業績が回復する
内容
便利　　　　　交通費・配送費 信頼関係　　　新しいシステム 持ち帰る　必要×

②**話す活動〈20分程度〉**

学習者の活動	教師の指示と留意点
導入で扱ったニュースや記事を基に、学習者同士で意見を述べあう。 （20分程度）	・教師から問いかける。 ・教師は3つのポイントから議論を進める。 　1）自分の意見を理由とともに述べる。 　2）他者の意見に理由や仮説とともに反論する。 　3）情報や見解を比較し、自分の意見につなげる。

☞ 教師からの問いかけは、学習者が意見を述べやすい方法をとります。

●教師の問いかけ例とポイント

1. 意見が述べやすい問いかけ方
「なぜこの鮮魚店は人気なんだと思いますか。」
→ ここではタイトルに「なぜ」という疑問詞があるので利用。また、映像の中で顧客が人気の理由を述べているので答えやすい。
「Aさんはこんなスタイルの魚屋さんで魚が買いたいですか。」 「それはどうしてですか。」
→ 学習者個人の好み（好き／嫌い、したい／したくない等）から入ると答えやすい。
2. 根拠があいまいな場合の問いかけ方
学習者A：「人気の理由は便利だからだと思います。」
教師：「便利…そうですね、確かにいろいろ便利なことがありましたよね。Aさんは何が便利だと思いましたか。」
→学習者のあいまいなポイントを指摘し、「何が／誰が／どこが等」で具体化させる。
3. 反論を促す場合の問いかけ方
学習者A：「最近はITを利用したビジネスが人気ですから、こんなスタイルの魚屋は魚の新鮮さを大事にして、さらにお店の費用もかからないので、とてもいいと思います。」
教師：「そうですね。流行に合ったビジネスですよね。私もそう思いますが、このスタイルの魚屋さんはいいことだけでしょうか。どこか問題や難しいことがないでしょうか。」
→ まずAの意見を尊重してから反論を促す。 → 上記で問いかけた問題点が挙がらなければ「この魚屋さんがあまりいいと思わない人はいますか。」「どうしてですか。」というように個人の好みに落として問いかけると答えやすい。

4. 根拠の裏付けを促す場合の問いかけ方
上記の学習者Aに対して 「最近はITを利用したビジネスが人気と言いましたが、どんな例がありますか。」

→ 一般的に話題になっていることを取り上げたり、自分が耳や目にした情報を取り上げる場合には、その情報源や証拠となる事実（やデータ）を挙げてもらう。

5. 仮説を立てて自分の意見の補強を促す場合の問いかけ方
上記の学習者Aに対して 「理由もきちんとあるので、とてもいい意見ですが、みんなに『そうだなあ』と思ってもらうために、『もしAさんがあの北海道の魚屋さんだったらどうだろう』とか『もし魚屋さんだけじゃなくて野菜も米もいろいろなものをこのスタイルで商売したらどうだろう』とか想像して、みんなにいいところを話してみるのもいいですよ。ちょっと考えてみて」

→ 仮説を立てるのは難しいので、教師からヒントを出して考えてもらうきっかけとするといい。いつも仮説が必要なわけではないので、仮説が立てやすい、「もし〜」があったほうが実感しやすいなどの場合に促す。

☞ 学習者が意見を述べたとき、何を言いたいのかよくわからないという状況は、中級以降になると増えてきます。理由は、説明する際に途中経過が省略されたり、複文の構成がねじれたり（主述の不一致）といったことによります。中級以降、文章や談話の構成力を伸ばす必要があるので、そうした伝わりにくい原因を見逃さず、学習者に意識してもらいたいところです。ポイントを板書して、ワークシートにメモしてもらうといいでしょう。《➡第1部第9章を参照》

6. 情報や説明が足りずに内容が理解しにくくなっている場合の問いかけ方
学習者A：「北海道の魚屋が映像でお客さんに魚を見せながら売って成功したんですから、野菜もそうして売れば、みんなも安心して野菜を買うと思います。」
教師：「う〜ん、急に野菜の話が出てきましたが、『みんなも安心して野菜を買う』というのはどういうことですか。野菜はふつう、安心して買えないんですか。」
学習者A：「あ、違います。ふつう野菜は安心して買えるんですが、薬をたくさん使ったりする場合もあるので、映像で野菜を作っているところを見たり、売っている人を見たりして、安心できるかなと思います。」
教師：「ああ、わかりました。そういうことですね。はじめの説明は情報が足りなかったので、ちょっとわかりにくかったですね。今のように詳しく説明すると、よくわかりますね。」

→ はじめの文を板書し、情報が足りなくてわかりにくかった箇所を指摘し、そこの説明をはじめの文に足して示す。

☞ 話す活動はクラスのダイナミクスによって、費やす時間が大きく変わります。予めクラスの学習者の様子やレベルから予想を立てても、実際の授業で予想外の展開になることもありますので、臨機応変に対応できるように書く活動の準備もしておくと安心です。

③ **書く活動〈45 分 × 2 回〉**

話す活動を基に、自分の思ったことを作文に書きます。

学習者の活動	教師の指示と留意点
1. ワークシート B (p.175) を使って、タイトルと構成を考える。(20 分程度)	・教師はワークシート B の書き込みが終わった学習者に対してコメントし、作文作業に当たらせる。またワークシート B を保管用にコピーして、原本を学習者に戻す。
2. ワークシート A、B を参考に作文を書く。(25 分程度)	・作文が途中の場合は自宅作業とする。
3. 書いた作文を学習者同士修正しあう。 →ペアを組んで、お互いの作文について、わかりにくい点や改善策を提案しあう。ワークシート C (p.176) を活用する。 (15 分程度 ×2)	・教師は活動中、学習者の様子を見て回り、学習者の相談にのる。
4. ペアの相手からの指摘を反映して修正する。(15 分程度)	・教師は作業中、学習者に文法や表記、形式などについて適宜アドバイスをする。 ・アドバイスが途中の学習者には、提出させて添削する。 ・修正・添削された作文は保管用にコピーして、原本を学習者に戻す。

☞ 1、2. の活動と 3、4. の活動は日を変えてもかまいません。

☞ ワークシート B と修正・添削された作文を一旦回収してコピーし、学習者の評価の資料とします。

☞ ワークシート B は学習者の作文の基になるものなので、教師がしっかりコメントしてから作文を書き始めるようにします。

☞ 学習者同士で修正しあうと、迷ったりどうしていいかわからなかったりする箇所について相談してきますが、教師が即答するのではなく、できるだけ学習者から引き出すように心がけてください。

《➡教室運営に関しては第 1 部第 4 章、添削・評価に関しては第 1 部第 8 章を参照》

④読む活動〈45分程度〉

学習者の活動	教師の指示と留意点
1. 添削された作文を清書して持参し、4、5名のグループに分かれて、お互いの作文を読みあい、コメントシートに感想を書く。(5分×4名＝20分程度)	・教師はコメントシート(p.176)を回収し、保管用にコピーして、コメントの対象者にシートを渡す。
2. 各学習者はもらったコメントを参考に今回の活動の振り返りシートを作成する。(10分程度)	・教師は振り返りシート(p.176)を保管用にコピーして、原本を学習者に戻す。
3. 今回の活動を振り返り、もらったコメントや意見の中から得た新しい気づきをみんなに報告する。(15分程度)	

☞ もし厳しい意見ばかり並んだ学習者がいた場合には、その学習者にコメントシートを渡す際、教師がいい点を挙げて肯定感を持つよう配慮します。

☞ コメントシート、振り返りシートは学習者自身の気づきとして評価の資料とします。（学習者の評価は、ワークシートB、修正・添削された作文、清書された作文、コメントシート、振り返りシートの5つで総合的に評価します。）

☞ 学習者が「コメントシート」と「振り返りシート」にどんなことを書いているかいくつか紹介します。（原文のまま記載）

「コメントシート」

・この文章は構成がはっきりしている。そして、自分の考えを正しい日本語で説明したので、とてもいい文章である。
・意見はみんなのものと殆ど違う。タブレットの良くない面が見られる。いい。新しい視点。
・店の状況をはっきり描いて、自分の意見も書いた。この点はいいと思う。最後に、客観的な意見も書く（書いた）ほうがいいと思う。

「振り返りシート」

・これを通じて、基礎的な論文の構成を学んだ。私のいいところは考え方がはっきり（はっきりしていて）で、文法も正しいである。正しいところである
・友だちの文章と意見を見てから（トル）、新しいものと（トル）特別な視点を学んだ。
・他人の文章をコメントすると、長所を取り入れられると感じた。自分はちゃんとテーマについて理由を書いてあるかな。

ワークシートBの記入例

タイトル：昔と今をつなぐITビジネスの可能性
構成（例） 導入：この魚屋の商売の説明、お客さんの様子。 ↓ 立場表明：このようなビジネスのスタイルは昔と今を合わせた感じでいい。 ↓ 反論紹介：実際にそこで買うわけではないので、本当にその映像で見た魚かわからないから不安。本当にそこは北海道なのか。 ↓ 対抗意見：顔が見えるビジネス。 ↓ 比較・仮説：スーパーやデパートの魚売り場と比べる、ほかに野菜や米などをこのスタイルで商売したときのメリットを考える。 ↓ 結論：このスタイルの商売の可能性と魅力を確認する。

実際の学習者のワークシートB・作文・ワークシートCの記入例

ワークシートB / 作文

ワークシートC
友だちの意見文にコメントしましょう

あなたがもらったコメントメモ（中国語でもOK）	
内容	伝えたいことと内容が合っているか けっこう合うよ
構成	伝えたいことをわかりやすい順番で書いているか はい、きちんと伝えています
記述	読み手がわかるように説明や意見を書いているか 第１段落で、「しかし」を消したほうがいいと思う。
語彙 文法 表現	適切な日本語で書いているか 文法や接続詞の使用は※です。

3. 四技能連携の活動の背景

この活動の背景となる考え方は、第1部第6章を参照してください。ここでは重要なポイントを確認します。

3.1 「話す」から「書く」へ

意見交換の観点として挙げた根拠、反論、比較（仮説）という観点は、OPI（Oral Proficiency Interview）のレベル判定の判断基準に挙げられるものです。OPI は口頭表現のプロフィシェンシーを判定するためのインタビューですが、インタビューの中で、何か（たいてい時事や社会に関する事柄）の話題に対する被験者の意見を上記の観点から探ります。

判定では、どのような内容の意見でもその根拠、反論、比較（仮説）ができるかどうかが問題とされるのですが、実際の接触場面では、その内容の深さが問題になります。説得力のある意見文というのは、確かに形式や論の組み立てに影響されますが、同時に意見の深さも重要です。ここで紹介した「書く」ために行う「話す」活動は、クラス内でのインターアクションを通して、自分の意見を外側から眺め、深めるために行います。この過程は、大学のゼミやビジネス場面での交渉などに実際見られるものですから、学習者にとっても実際の場面で活用できるものです。

3.2 コミュニケーションとしての「書く」活動

最後に「書く」活動を行うのがツボです。映像を視聴し、互いに意見交換し、自分の考えを深めた内容を整理してみんなに報告するという意味で最後に持ってきます。

「書く」活動も第1部第6章の冒頭で述べたように、相手を意識したコミュニケーションですから、教師主導ではなく、ピア活動を中心に行います。

ピア活動で「書く」作業を進めることは、自然と読み手を意識することにもなりますし、読み手の理解と書き手の理解が無意識のうちにすれ違ってしまうという問題を防ぐ効果もあります。また、ほかの人が書いた同じテーマの作文を読むことは、自分の作文との比較を通して学べることも多いものです。

4. 四技能連携の活動をやってみて

実際にやってみた経験から、留意点を3つ挙げます。

4.1 映像資料を選ぶ視点

教師側の負担としては、常にニュースの特集や特別番組等、そのときに話題になっている番組をチェックする習慣を持つことが求められます。そして、自分のポケットに豊富なネタを持つことがこの活動をうまく成功させる秘訣です。この活動のネタとして有効なのは、「身近」「イメージしやすい」「共感しやすい」「問題意識が持てる話題」です。学習者があまり実感を持てないような話題は避けることが賢明です。

4.2 話し合いの盛り上がりに不可欠な要素

話し合いを盛り上げるのは学習者同士ですが、まずその話題を提供する教師がその話題に強い興味を持ち、問題意識をはっきり持っていることが大切です。「これならみんな盛り上がってくれるかな。」という視点も必要ですが、何より教師の思いがクラスの雰囲気に影響することを念頭においたほうがいいでしょう。ただ、問題意識を持つあまり、学習者に教師の意見を押し付けるような流れを作ることには注意が必要です。

4.3 学習者同士のやりとり

学習者同士で作文を読みあい、コメントし合っていると、必ず「アドバイスしたが自信がない」「言いたいことがうまく伝えられない」といった発言があります。教師は小まめに学習者の間を巡って学習者の様子に気を配ることが大切です。例えば、しばらく会話が進んでいない学習者たちに、「何か問題があるかな？」と声をかけると「ここの部分がよくわからないんですが、どうしたらわかりやすくなるかわからないんです。」など反応が返ってきますので、様子を見て声をかけたり立ち止まったりして、質問しやすい雰囲気を作るよう心がけることが必要です。

4.4 最後に、学習者のコメントを読んで

この活動は、ひとつの話題をきっかけに「聞く」「話す」「書く」「読む」と活動のバリエーションを重ねていくので、長々とひとつの話題を引っ張り続けて飽きてしまうのではないかという懸念もありました。しかし、実際にやってみると、意外と飽きずに活気を保って進めていけるようです。

ワークシートA

テーマに関する初めての語、重要な語

テーマで使う表現

内容

ワークシートB

タイトル：
構成

ワークシートC（※JF日本語教育スタンダード2010準拠）

あなたがもらったコメントメモ	
内容	伝えたいことと内容が合っているか
構成	伝えたいことをわかりやすい順番で書いているか
配慮 （はいりょ）	読み手がわかるように説明や意見を書いているか
語彙 文法 表現	適切な日本語で書いているか

コメントシート

＿＿＿＿＿＿＿さんへのコメント
＿＿＿＿＿＿＿から
＿＿＿＿＿＿＿から
＿＿＿＿＿＿＿から

振り返りシート

名前：
テーマに関する活動を通して、新しく学んだこと、気づいたことは何ですか。 自分のいいところはどんなところだと思いますか。

【実践】教室活動

第17章 書けない学習者のトレーニングの実際
：意見文を書く活動を例に

志賀玲子

>>>>>

この章では、何を書けばよいかわからなくて意見文が書けない学習者を、書ける学習者に導くトレーニングについて、具体的な方法を紹介します。

1. 意見文を書く活動の概要

●目　標	書けない学習者が、論理的な意見文を書けるようになる。
●レベル	中級前半～
●時　間	【トレーニング①】：45分×3～5回 【トレーニング②】：45分×7～10回 【トレーニング③】：45分×1～3回 【仕上げ：箱を重ねる】：45分 ※参考：最短総時間 【トレーニング①】3回実施→【箱を重ねる】：180分 【トレーニング②】【トレーニング③】は省略可
●人　数	6人以上（時間は9～12人のクラスで想定）
●資　料	ワークシートや白紙、必要に応じてビジュアル的な資料を準備する。
●授業の流れ	【トレーニング①：理由を述べるトレーニング】 　　1. 教師はテーマを提示 　　2. 学習者は考えを述べる　　｝1セット（45分） 　　3. 理由を述べる 　　※上の流れを1セットとして、3～5セット行う。 【トレーニング②：発想力を鍛えるトレーニング】 **1回目** 　①アイスブレーキング　　　（45分） **2回目以降** 　②想像力のトレーニング 　　1. 教師は学習者に絵や写真等を見せる。 　　2. 学習者は絵や写真を見て想像する。　　｝1セット（45分） 　　3. なぜそのように想像したか理由とともに発表する。 　　※上の流れを1セットとして、2～3セット行う。

③思考力のトレーニング
 1. 教師はテーマを提示(写真や絵を使用してもよい)
 2. 学習者は「思う」を使って感想を述べる。 } 1セット(45分)
 3. 続けて「考える」を使って対策を述べる。
  ※ 上の流れを1セットとして、2〜3セット行う。

④他者を認めるトレーニング
 1. 教師は問題を設定、提示。
 2. 学習者は3つのグループに別れ、ディスカッション。 } 1セット(45分)
 3. 全体で発表及びディスカッション。
  ※ 上の流れを1セットとして、2〜3セット行う。

【トレーニング③:創造力を鍛えるトレーニング】
 1. 教師は創造に関わるような問題を設定、提示。
 2. 学習者は個人で考える。 } 1セット(45分)
 3. グループをつくり、発表及びディスカッション。
 4. グループで意見を共有する。
  ※ 上の流れを1セットとして、1〜3セット行う。

【仕上げ:箱を重ねる】

☞ この活動は一定期間継続して行うことにより効果が高まります。実際に作文に費やせる期間や1週間あたりの時間数は、各教育機関によって異なるでしょう。スタート時からデッドライン(日本留学試験など)までを計算し、学習期間、授業に使える時間数を割り出してください。そしてそれぞれの状況に合わせて、このトレーニングを授業に取り入れてください。

☞ トレーニングには四段階ありますが、各トレーニングにかかる時間数を参考にし、費やす回数も適宜決めてください。クラスの状況に応じて柔軟に対応できるのがこのトレーニングのよさです。

2. 意見文を書く活動の全体設計

2.1 トレーニング①:理由を述べるトレーニング 〈45分×3〜5回〉

学習者の活動	教師の指示と留意点
1. テーマについて考え、ワークシートに記入する。	・テーマの提示。 ・ワークシートの配布。(ワークシートは、理由の述べ方の段階によって定型が変わる。下記参照。)
2. 1の理由を考える。	・意見のみでなく、理由が大切だと伝える。
3. (できれば)具体例をあげる。	・学習者の様子を見て、具体例をあげるよう促す。
4. (できれば)理由を3つ述べる。	・慣れてきたら、理由を3つあげるように促す。

☞ はじめは、理由をひとつあげるところから始めてみましょう。次に、具体例をつけ、最終的には理由を3つあげることを目標にしてみてください。授業の終わりに、口頭発表して考えを共有するのもよいでしょう。

テーマ例：（はじめは身近なテーマから始めると取り組みやすい）
＊ 都会での生活と田舎での生活、どちらがしたいですか。
＊ 夏休み、海へ行きたいですか。山へ行きたいですか。
＊ 家で DVD を見るのと、映画館で映画を見るのと、どちらがいいですか。
＊ 休みの日、人が多い繁華街へ行くか、家でゆっくりするか、どちらがいいですか。

ワークシート①

私は_____と考えます。
なぜなら_____からです。
（はじめはここまででよい。できるようなら、下部も続けて書かせる。）
（具体例を書く）_____。
_____。

《例》 ここではテーマ例で最初にあげた「都会での生活と田舎での生活、どちらがしたいですか。」を例にします。

例：私は、<u>都会での生活</u>のほうがいいと考えます。
なぜなら、<u>都会には流行の品があふれている</u>からです。
<u>デパートの店頭、街中には、最先端の品が飾られています。世の中の動きがよくわかります。</u>

ワークシート②：理由を3つあげる場合

私は_____と考えます。
なぜなら **理由1** _____からです。
また **理由2** _____からです。
さらに **理由3** _____からです。

私は、<u>都会での生活</u>のほうがいいと考えます。
なぜなら、<u>都会には流行の品があふれている</u>からです。
また、<u>ほしい物があるとき、自分で調達することができる</u>からです。
さらに、<u>いつも刺激的で自分が励まされるような気持ちになる</u>からです。

学習者に余力がありそうなら、3つの理由それぞれに例をつける練習をします。

ワークシート③：理由を3つあげ、それぞれに具体例をつける場合

私は_____と考えます。
なぜなら **理由1**_____からです。   具体例①_____。
また **理由2**_____からです。   具体例②_____。
さらに **理由3**_____からです。   具体例③_____。

私は、都会での生活のほうがいいと考えます。
なぜなら、都会には流行の品があふれているからです。デパートの店頭、街中には、最先端の品が飾られています。世の中の動きがよくわかります。今私は生きている、と感じることができます。
また、ほしい物があるとき、自分で調達することができるからです。都会にはいろいろなお店があります。交通も便利ですから、ひとりでどんなものでも買いにいくことができます。他の人に迷惑をかけません。
さらに、常に刺激的で自分が励まされるような気持ちになるからです。人がたくさんいると、孤独を感じてとても悲しくなるときもあります。でも私は、すれちがう人の顔や様子を見ます。元気よく歩いている人を見ると、私も頑張ろうと思います。

　上で作ったものが、そのまま「箱(段落)」として使えます。

　「トレーニング①」で終了し「トレーニング②」や「トレーニング③」へ進まない場合は「トレーニング④」に進んでください。箱の重ね方を紹介しています。

≪学習者がひとりでうまく進められない場合、問答形式にしてみましょう。≫
教師　　：「都会での生活と田舎での生活、どちらがいいですか。」   学習者：「私は、都会での生活のほうがいいと考えます。」   教師　　：「そうですか。どうしてですか。」   学習者：「なぜなら、都会には流行の品があふれているからです。」   教師　　：「たしかにそうですね。ほかにも理由はありますか。」   学習者：「また、ほしい物があるとき、自分で調達することができるからです。」   教師　　：「なるほど。そのほかにもありますか。」   学習者：「さらに、いつも刺激的で自分が励まされる気持ちになるからです。」   教師　　：「そうですか。さすが、○○さんは努力家ですね。」

2.2　トレーニング②：発想力を鍛えるトレーニング

①アイスブレーキング〈45分〉

学習者の活動	教師の指示と留意点
1. 自己紹介をする。 （考える時間5分＋発表一人約2分）	・通常の自己紹介では新鮮味がない場合、設定を加える。（下記参照）
2. 白紙に書き込みながら人生の振り返りをする。（20分）	・A4程度の白紙を配布する。 ・キーワードを浴びせるように語りかけ、学習者を刺激する。 ・単語でいいので、思い浮かんだことを書くように伝える。

☞教師自身がはじめに具体例を示すと、学習者も取り組みやすくなります。

1) 通常の自己紹介では新鮮味がない場合の例：架空の人物になって自己紹介をする

　「わたしは大統領の子どもです。広い家に住んでいますが、2年後には今の家を出なければなりません。将来は自分の力で今の家に住めるように、頑張っていろいろなことを学びたいと思っています。私のうちに来たい人、次の休みに招待します。」　※歴史上の人物、最近の有名人、有名人の子ども、10年後の自分等。

2) 今まで生きてきた人生を振り返る

　この活動の目的は、各個人がそれぞれ違う環境や過去を持っているということを認識してもらうことです。そして、どんなことでも自分自身を形成している要素であり、作文のネタにできるということを伝えます。教師は下のようなキーワードを学習者に口頭で与えていき、学習者は単語でよいので思いついたことを書き出していきます。（他の人にはない）自分だけの経験・自分だけの環境について再確認できれば十分です。

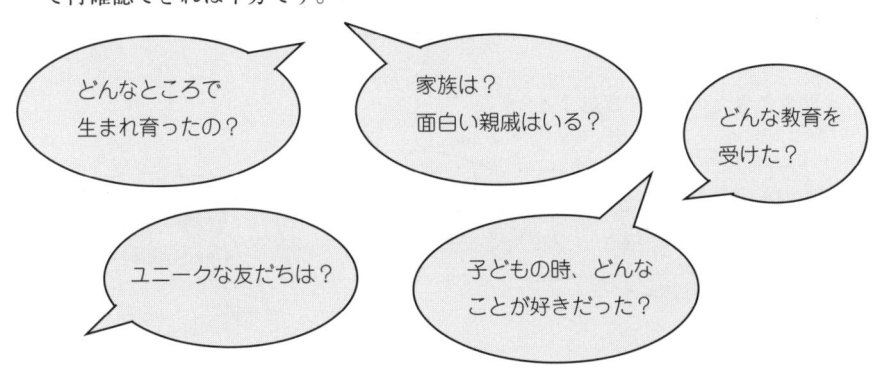

- どんなところで生まれ育ったの？
- 家族は？面白い親戚はいる？
- どんな教育を受けた？
- ユニークな友だちは？
- 子どもの時、どんなことが好きだった？

②**想像力のトレーニング**〈45分 × 2〜3回〉

　中には自由な発想をするということに慣れていない学習者もいます。そこで想像力を鍛えるトレーニングをします。これは習慣的なものなので、何度か繰り返すことによって身につけることができます。短期間でかなりの変化を見せる学習者もいます。

学習者の活動	教師の指示と留意点
1. 絵や写真を見て住んでいる人を想像する。	・家の絵や写真を学習者に見せる。
2. 想像した人物の性格、趣味、仕事、一日のスケジュールなどを空想し紙に書き込んでいく。	・学習者の想像力が働くように、質問をなげかけていく。（下記a)参照） ・大きめの紙(B4／A3)を配布する。 ・自由に想像することを促す。
3. 時間があればグループで、あるいはクラスで発表し共有する。	・学習者の考えを決して否定せず、受け入れる姿勢で反応し、それを伝えるように心がける。（下記b)参照）

☞ 2回目以降、物（かばん・腕時計・ペンなど何でもよい）を見せて、物や持ち主にまつわるエピソードを考えてもらう。

a) 質問をなげかける

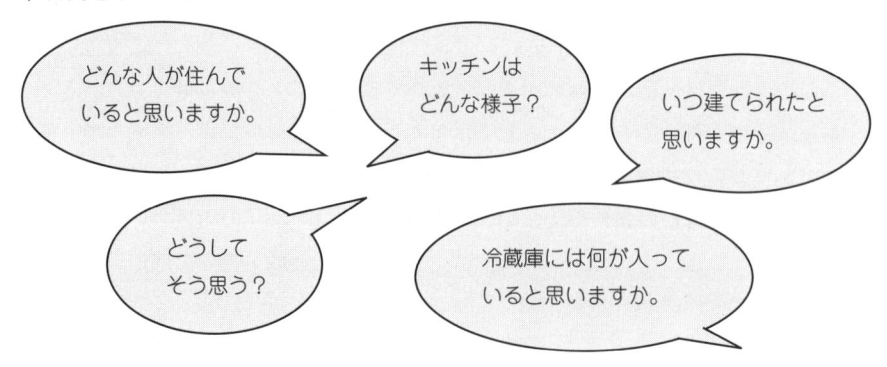

- どんな人が住んでいると思いますか。
- キッチンはどんな様子？
- いつ建てられたと思いますか。
- どうしてそう思う？
- 冷蔵庫には何が入っていると思いますか。

b) 学習者の考えに対して反応する

- へえ、ユニークなアイディアですね。
- そういう考えもあるんですね。
- なるほど。
- おもしろい！

③思考力のトレーニング〈45分 × 2〜3回〉

学習者の活動	教師の指示と留意点
1.「思う」と「考える」の違いについて話し合い、考える。	・「思う」と「考える」の違いについて考えるよう指示する。 ・「思う」と「考える」の違いについて説明する。（下記参照／ここまでが準備段階となる。）
2.「思う」を使って感想を述べる（素直な感想や直感）。	・情緒に訴えるような映像や写真を見せたり感動的な話をしたりして、感想を述べるよう促す。
3.「考える」を使って、善後策・処置等について述べる。	・解決するための方法について考えてもらう。

☞ クラス全体・グループ・ペアなどで、いくつかのテーマについて「思う」「考える」を使って話すよう促す。感想と意見の違いを体感し、区別できるようにする。

論理性のある理由を述べて意見文を書かなければならない学習者にとっては、「思う」と「考える」の違いを理解することは大きな収穫となります。

柴田武・他(2003)『ことばの意味2　辞書に書いてないこと』平凡社では、
「**オモウ**〈心の中で〉〈ある対象のイメージ(感覚・情緒)を意識する〉
　　〈直覚的・情緒的〉
カンガエル〈頭の中で〉〈ある対象について知力を働かせる〉〈過程的・論理的〉」
とまとめられています。

感覚として「思う」こと、そして積極的行為として「考える」ことの具体例をあげ、使い方の違いを意識してもらうとよいでしょう。

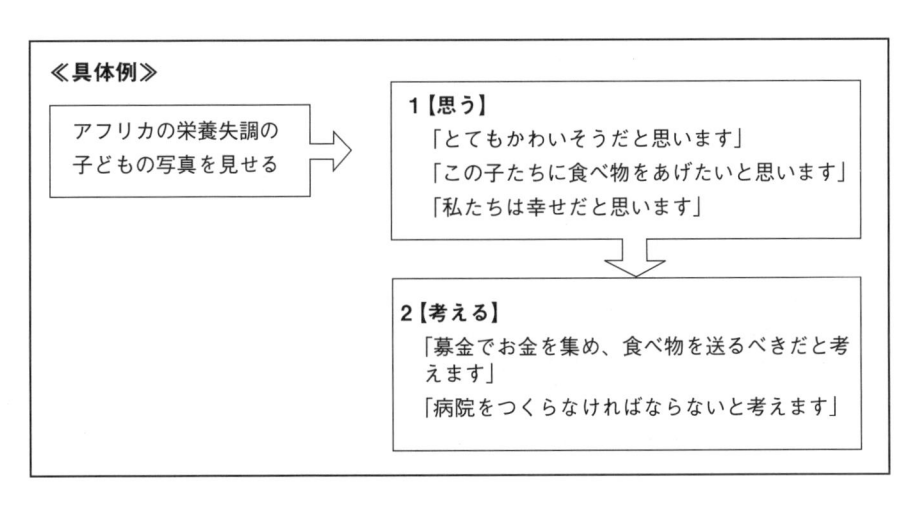

≪具体例≫

アフリカの栄養失調の子どもの写真を見せる ⇒

1【思う】
「とてもかわいそうだと思います」
「この子たちに食べ物をあげたいと思います」
「私たちは幸せだと思います」

↓

2【考える】
「募金でお金を集め、食べ物を送るべきだと考えます」
「病院をつくらなければならないと考えます」

☞実際には、意見を述べるときにも「思う」を使っている場合が多いので、「考える」という言葉の使用に固執しすぎると不自然な日本語になってしまう懸念があります。しかし、感想と意見の違いが実感できるまでは、あえて「思う」「考える」を使うよう促してください。意見文を書く下準備が整ってきます。

④他者を認めるトレーニング〈45分×2〜3回〉

学習者の活動	教師の指示と留意点
1. グループごとに話し合い、グループとしての意見を決定する。	・立場を異にする人たちが3つのグループになるような問題を設定する。 ・学習者を3つのグループにわける。 ・それぞれの人の立場に立って、考えていることを想像してもらう。
2. 全体で発表及びディスカッションする。	・立場によってそれぞれの主張があるということが理解されるようにする。 ・外からは見えない事情があるという可能性も伝える。 （例：元気そうな人でも、実は大病を抱えているかもしれない。）

≪問題例1≫
小さな村にある山の開発が計画されています。そこには遊園地と動物園が作られるということです。村の住民の中には、賛成派、反対派がいて、対立しています。

　　　　　①賛成派住民　　②反対派住民　　③開発業者

≪問題例2≫
電車で大学生らしき若者が座っています。その前には背筋の伸びた白髪のおばあさんが立っています。おばあさんの横には、お腹の大きい女性が立っています。さて、それぞれの人が考えていることを想像してください。

　　　　　①若者　　②おばあさん　　③お腹の大きい女性

2.3　トレーニング③：創造力を鍛えるトレーニング〈45分×1〜3回〉

学習者の活動	教師の指示と留意点
1. テーマについて個人で考える。（10分）	・創造・建設等に関わるテーマを提示。
2. 小グループを作りその中でディスカッションし、それぞれの意見を共有する。（35分）	・理由も必ず考えるよう指示。 ・お互いに質問をしあうように促す。

☞静かなグループがあったら、教師が輪の中に入り質問をしてみましょう。

テーマ例：「この教室の中に、ひとつ何かを設置するとしたら、何を作りますか。」
　　　　　「この学校にもうひとつ部屋を作るとしたら、どんな部屋を作りますか。」
　　　　　「飛行機にあると便利な設備をひとつ考えてみましょう。」

≪トレーニング終了≫

「トレーニング①」終了時の作文に、「トレーニング②」や「トレーニング③」で養った要素をつけ加えます。つまり、別の視点から意見を述べる箱を足すのです。

「トレーニング①」終了時の作文例に戻ります。次に学習者がするべきことは、自分とは反対の意見である「田舎での生活のよさ」について考えることです。いい点をいくつかあげてもらい、それを、「もっとも～」でつながる文章にします。そして「しかし～」という表現を使い、自分の本来主張したい意見へつながるようにします。

> 例：もっとも、田舎での生活にもいい点があります。空気も良く自然に触れ合うことができ、豊かな気持ちになれます。時間に追われることなく過ごせるということもあります。しかし、若いときには刺激を受け、その中で自分を高めていくことが重要だと私は考えています。

2.4　仕上げ：箱を重ねる 〈45分〉

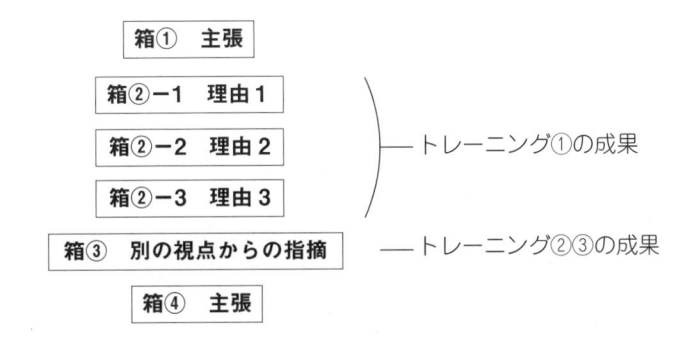

```
        箱①  主張

      箱②-1  理由1
      箱②-2  理由2    ── トレーニング①の成果
      箱②-3  理由3

    箱③  別の視点からの指摘    ── トレーニング②③の成果
        箱④  主張
```

箱②については求められている長さによって調整することができます。指定されている字数が少なければ箱②-1だけでもいいのです。
　それでは意見文を組み立てましょう。ここでは文体も意見文らしく示しておきます。

> 私は、都会での生活のほうがいいと考える。

> なぜなら、都会には流行の品があふれているからだ。デパートの店頭、街中には、最先端の品が飾られている。世の中の動きがよくわかる。今私は生きている、と感じることができる。

> もっとも、田舎での生活にもいい点がある。空気も良く自然に触れ合うことができ、豊かな気持ちになれる。時間に追われることなく過ごせるということもある。しかし、若いときには刺激を受け、その中で自分を高めていくことが重要だと私は考える。

> 以上のことから、私は都会での生活のほうを選びたいと考える。

3. 意見文を書く活動の背景

　このトレーニングの背景的な考え方は第1部第7章をご覧ください。ここではポイントだけを確認したいと思います。
　トレーニングをすることによって論理的な作文は書けるようになります。学習者は書けないのではなく書くためのトレーニングを受けていないだけだと考えてください。発想力や創造力を鍛えることで学習者は多角的な視野を持つようになり、柔軟な発想ができるようになります。その結果、アカデミックな場で求められる論理的な作文が書けるようになるのです。

4. 意見文を書く活動をやってみて

　トレーニングを一通り終了した学習者からは、

　「いろいろな考え方があるんだと気づいた」
　「今までより自分が大人になった気がする」
　「決めつけることをやめようと思った」

という感想が聞かれました。
　慣れないうちは戸惑う学習者もいるでしょうが、その際、無理強いはしないほうがよいでしょう。
　学習者の発想力が鍛えられることは、意見文を書くことにおいてのみではなく、入学試験時の面接においても役立つようです。さらに、自分の意見を主張するだけでなく他者を認める姿勢は、異文化交流を進める上でも必要な要素です。学習者が周りの人と潤滑なコミュニケーションがとれるようになるためにも、このトレーニングは効果的だと考えられます。

【実践】フィードバック

第18章 モチベーションを高めるフィードバックの実際：3色添削を例に

二宮理佳

>>>>>

　この章では、フィードバックの観点から意欲アップのツールとしての添削の方法、またモチベーションを保つための作文授業での工夫について紹介します。

1. はじめに

●目　標	①学んだ表現を使って書き言葉で作文を書くことができる。 ②教師にもらったヒントから、間違いを自分で直せる。 ③作文に書いたことを口頭でわかりやすくクラスメートに紹介できる。
●レベル	初級〜上級
●時　間	90分×15回
●人　数	4人以上
●準備物	赤・青・緑のペン
●授業の流れ	〈1コマ目（後半35分）〉 1. ①教師が次の作文のトピックを紹介する。 　②トピックについて自由に話し合う（経験・意見の共有を通して書きたいことを見つけるのが目的。次のクラスまでに各自書く内容を見つけてくる）。 〈2コマ目〉 2. 1つ前のテーマの作文（第2稿）の添削を返却。学習者はその作文の内容をクラスメートに口頭で紹介。 3. 次の作文（第1稿）を書く。授業内に終わらなければ宿題。 〈教師の作業〉 4. 教師による1回目の添削（間違いに記号でヒントを与える形式）。 〈3コマ目〉 5. 添削した作文を返却。学習者は授業中に書き直す（終わらなければ宿題）。わからない部分があれば教師に質問する。教師は個別に口頭でもフィードバックを与える。 〈教師の作業〉 6. 教師による2回目の添削。 〈1コマ目（前半55分）〉 7. 添削した作文（第2稿）を返却。学習者はクラスメートに口頭で作文を紹介。

2. 授業の具体的な流れ

　時間的な長さとしては１つのトピックに約２コマ（約180分）使います。ですが、クラスメートへの口頭紹介まで含めると１つのトピックが３コマに渡ります。以下に具体的な流れを紹介します。トピック①の第１稿（①-1）の添削を返却する日からの３コマです。

１コマ目〈90分〉

形態/時間配分		授業展開・留意点
全体（10分） ↓ 個人作業（40分） ↓ 全体（5分） 【計55分】	作文①-1 第１稿返却 ＋ 作文①-2 書き直し	1. 緑の部分があるか問いながら①-1（第１稿）を返却（必要なら３色の意味、「話しましょう」の意味を再確認）。添削された部分を確認しながら書き直し（①-2）を進める。質問がある時は、教師と個別に話す。 2. 授業中に終わったら書き直し（①-2）を提出（①-1：第１稿も提出）。終わらなかったら授業後２日以内に提出。
全体（10分） ↓ ペア・グループ （15分） ↓ 全体（10分） 【計35分】	作文②-1 トピック紹介 ・ アイディア 共有	1. 作文②-1（第１稿）のトピックの導入 　1）例（内容）を教師が提供したり学習者に挙げさせる。 　2）（必要なら）以前の学習者の作文例を紹介する。 　3）量（本文：400字前後）と形態（最低３つの段落を使う、である体で書く）を伝える。 2. ペア・グループで、書く内容についてのアイディア交換。 3. クラスで、ペア・グループで出たアイディアを共有。 4. 考える時間は１週間あること、困ったら課外でも教師が相談にのること、来週の授業から書き始めることを伝える。

２コマ目〈90分〉

形態/時間配分		授業展開・留意点
全体（5分） ↓ 個人作業（10分） ↓ ペア・グループ （20分） ↓ 全体（10分） 【計45分】	作文①-2 第２稿 返却 ＋ 共有	1. 緑の部分が増えたか問いながら①-2（第２稿）を返却。 2. 添削された部分を自分で確認する。質問がある人は教師と個別に話す。質問がない人はクラスメートに口頭で紹介できるように頭の中でリハーサル。 3. 指定されたペア・グループに書いたことを紹介する。読み上げるのではなく「お互いに会話をしながら紹介し合う」こと（友達言葉でも良い）。 4. 全体で各々の作文の内容についてコメントを共有。
全体（5分） ↓ 個人作業（30分） ↓ 全体（10分） 【計45分】	作文②-1 第１稿を書く	1. 作文②-1（第１稿）を書き始める。質問がある場合は教師に聞いて良いと伝える。 2. 授業時間内に終わったら提出する。終わらなかったら授業後２日以内に提出する。

3コマ目〈90分〉

形態/時間配分	授業展開・留意点	
全体(5分) ↓ 個人作業(75分) ↓ 全体(10分) 【計90分】	作文②-1 第1稿返却 ＋ 作文②-2 書き直し	1. 作文②-1(第1稿)の添削を返却する。 2. 添削記号をヒントに、作文②-2(第2稿)を書き直す。授業時間内に終わったら提出する。終わらなかったら授業後2日以内に提出する。

3. 添削の方法

3.1　3色添削による色分け

　私は3色で添削をします。色分けは以下のようにしています。

表1　3色の定義(基本)

　赤：直すところ、つまり間違い
　青：間違いではないが、こちらの方が良い、自然だという提案
　緑：上手・きれいな部分、学習した新しい表現にチャレンジしているところ

　3色添削は、赤の部分を減らすための工夫です。通常、添削後の作文は真っ赤になってしまいます。上述の赤(間違い)と青(提案)の部分が全て赤で直されるからです。コツは、間違いの度合いにより、緊急のもののみ赤にします。そして上手な部分にも目を向けさせるように、緑(褒め)の部分も作ります。

　添削を返却する初回に色の説明をします。説明後、「緑の部分がありますか？」と問いかけると、皆一斉に探し出し、あった学生は笑顔で頷き、あまりなかった学生は少々がっかりした表情を見せます。「第2稿では多くなっているはずですから、大丈夫。」と明るい見通しを伝えておきます。そして第2稿返却の際にも「どうですか？　緑の部分はありますか？　増えましたか？」と再度問いかけ、第1稿と第2稿を並べて比べさせます。緑が多くなった学生は、得意げにニコニコしているでしょう。さて、この3色添削の裏ワザ的な使い方を以下に紹介します。

　添削の量や内容は学習者の実力に合わせて一人一人微妙に変えます。特に苦しい学生には青や緑を多くつけられるようにがんばります。それは、苦しい学生ほど赤(絶対的な間違い、このレベルでしっかり直す必要のある部分)が多くなってしまうからです。でも前述の定義(基本)に合わせると青や緑になる部分がほとんどなかったりします。そんな場合は表2のように定義を緩めます。

表2　3色の定義（苦しい学生用）

> 赤：直すところ、つまり間違い　←　基本のまま
>
> 青：間違いではないが、こちらの方が良い、自然だという提案
>
> > 実は間違いだが、この学生の他の間違いと比べると**そこまで危機的ではない部分**　（⇒よって、こちらへの書き換えをさせる）
>
> 緑：上手・きれいなところ
>
> > 上手・きれい、とまでは言えないが、
> > ・**文脈に合った文型・表現を使おうとしている**（が、活用などが間違っている）ところ
> > ・教師が記号で指摘した間違いが**自力で直せている部分**
> > ・書き直し後もまだ間違っているが、**頑張りが見える部分**
> > ・このレベルのクラスの作文としては本来取り立てて褒めるほどではないが、その学生の第1稿と比べると**何かしら上達した部分**

反対に、実力があり余裕がある学習者には

　青：間違いではないが、あなたくらいの力があったら、これくらいレベルの高い
　　　表現を使ったらどうでしょう。

という定義になり、実力より少し上のレベルの表現・語彙の提示やヒントを与えます。また、実力が低い学習者には青（提案レベル）になる指摘も、実力が上の学習者には赤（間違い）で示すこともあります。

3.2　視覚情報による達成度伝達

　この3色添削は、スモールステップの役割も兼ねています。この3色添削を用いると、達成度が視覚的に一発でわかります。どこに問題があり、どこが上手に書けているか、という情報が、色によって一瞬で目に入ってきます。

　また第1稿より第2稿、1回目の作文より4回目の作文の方が緑の部分が増えていたら、「あなたはより高いレベルでタスクを達成しています」と、言葉にしなくとも学習者に伝わります。タスクの達成度が可視化された状態と言えるでしょう。

　教師にとってもこの3色添削はバランスを考える上で便利です。瞬時に情報を整理し提示してくれるからです。例えば第2稿では、第1稿との変化が見えやすいように

色と量を調整します。必要であれば、前述の苦しい学生用の「和らげられた定義」を使って、第2稿の方が'緑っぽく・青っぽく'なるよう調整します。

また色という視覚情報のわかりやすさを利用し、さらにこんな変化もつけます。

表3　3色戦略的使い分けテクニック

・力はあるのに(今回は)手を抜いて書いたと思われる学生には、遠慮なく赤を多く
・'進化'を感じさせた方が伸びると思われる学生には、より変化が見えるように
・考えることでさらにレベルアップが予想される段階に来ている学生には、青を多く
・今、がんばりを認めてやらないと元気がなくなっていきそうな学生には、意識して緑を多く

このように、学習者の力・状態に合わせて柔軟に定義を変化させ、3色を使い分けます。自信の少ない学習者が少しでも自信を生み、(他のクラスが忙しかったり上達が見えなくて)意欲が薄れてきている学習者が少しでもやる気が取り戻せるように…というモチベーションアップの観点からの観察結果が3色の割合を決めていきます。

3.3　添削記号とコメント

間違った部分には、教師が直してしまう部分と自力で直す部分とを作ります。全部直してしまうと記憶に残りません。ですので自力で直せる部分は直してもらうためです。添削記号(例　G：文法の間違い、V：語彙の間違い、T：時制の間違い、など)をつけて返却します。ただ学習者の力によっては、また文法項目によっては、自己修正ができないという研究報告もありますし、実際にそうです。ですので「G」だけでは直せそうもない場合は、「G(conjugation)」と、もっとヒントを加えておきます。また、記号でのヒントだけでは直せなさそうなレベルの学生にだったら、例えば「G(structure)」と記し、その横に「Use either てください or ていただけませんか」と書いておきます(初級から中級前半の学習者には適宜英語も使用)。

また、記号と一緒に「一言コメント」も利用します。緑で線を引き「流れがうまい！」、青の線の横に「'〜ように思います'の方が自然。どうしてかわかりますか」などのコメントを加えます。

また「話しましょう」という一言もよく使います。この学生には記号でのヒントだけでは直せないだろうという予測の時、またぜひ直接、理解を確かめたいような時に、該当部分に下線(赤か青)を引き、同じ色で「話しましょう」と書いておきます。

学習者には、「『話しましょう』がたくさんあっても心配しないように。『直接話しながら一緒に考えましょう』のサインです。」と繰り返し伝えます。

私はこの「話しましょう」を大切にしています。なぜなら、添削は添削だけでは完結しようがないからです。紙面にも限りがありますし、本当に何を表現したいのかわからない部分もあります。添削は「きっかけ作り」だと捉えます。「対話のきっかけ作り」です。以下のような場合、この「話しましょう」を発動させます。

① 文意が伝わらない場合(日本語教師は何とかわかっても「普通の日本人にはこの書き方ではわからない」というメッセージを伝えたい場合を含む)
② なぜこちらの表現・語彙の方が合っているかについて、答えを与える前に、教師とのやりとりを使って段階的に考えさせてみたい場合
③ 一段上の表現を紹介する(と同時に説明・文例も与えた方が良い)場合

紙面に書かれた教師のコメントを読むだけでなく、言葉で直接やりとりをしたことの方がより記憶に残るでしょう。対話をするのとしないのとでは違いが生まれているのではないかという期待を持っています。

またこのやりとりでは、書いたことが先生に伝わるように全力で「話す」必要が出てくるわけですから、「話す」と「書く」の2つの技能の活動が自然な形でつながっています。そして何より「学習者が書きたいこと」について知りたい教師と、伝えたい学習者の間には、わかり合いたいという気持ちがあります。純粋にコミュニケーションという観点から考えても、この機会を逃す手はありません。そして往々にしてこのやりとりは教師にとっても有用でおもしろいものです。

3.4 添削例

資料1:記号説明プリント例

K:漢字	P:助詞 particles	T:時制 tense
カ:カタカナ	G:文法 grammar	F:流れ flow
ひ:ひらがな	G (conjugation):文法(活用)	S:Style = Formality
V:vocabulary	G (structure):文法(文型)	(↑話し言葉でなく「である体」になっているか)

資料2：第1稿

漢字一字で私を表すとしたら

ブレンダ・ワトソン

漢字一字で私を表すとしたら、「旅」である。私が、今、日本に留学す。日本まで飛行機で10時間だった。これは、私は初めてアジアの旅行だ。子どもだったの時から、私は旅行が好きだった。毎夏、家族と海外の旅行に行った。母が旅行が好きです。でも、父が あまり好きじゃないです。夏休みの前にふたりはちょっと、けんか。でも、けんかあと、りょこうに行く。りょこうに行くとき、ふたりはいい。学生のせいかつが いそがしい。いろいろのクラスがあるし、クラブがある。今、毎日 いそがしいが、とても つかれた。旅行を 行きたいです。

※ 話しましょう：少し短いです（400字ありません。）最後にあと2〜3文 入れましょう。

資料3：第2稿（書き直し後）

漢字一字で私を表すとしたら

ブレンダ・ワトソン

漢字一字で私を表すとしたら、「旅」である。私は、今、日本に留学している。日本まで飛行機で10時間だった。これは、私の初めてのアジアへの旅行だ。子どもの時から、私は旅行が好きだった。夏はいつも、家族と海外旅行に行った。母は旅行が好きだ。でも、父が あまり好きではない。夏休みの前に、二人は少しけんかをする。でも、けんかのあと、旅行に行く。旅行に行ったら、二人はとてもなかがよくなる。おもしろい。学生の生活はいそがしい。いろいろなクラスがあるし、クラブもある。今、毎日 いそがしいから、とても つかれている。旅行に行きたい。旅行に行かないけど、私は、旅行が好きだ。だから、私の漢字は、今も「旅」だ。

* 第1稿には、緑の線(上手な・きれいな部分)がほとんどありません。ですので、第1文はクラス全員で統一し、教師から与えられた書き出しなので、本来、緑の線はつける必要はない部分ですが、ここにも敢えて緑の線を引いています。
* 第2稿の添削例には3色の線とともにコメントが書かれている部分が多いですが、これはそれだけの時間が教師に取れる場合だけです。1クラスの人数が多い場合はこのコメントは省きます。3色の線のみ引き、コメントはできるだけ書きません。色が教師からのコメントを基本的には伝えてくれるからです。

3.5 添削評価・評価表のサンプル

作文の評価は、評価項目ごとに評価を出し、それを合算して総合点とするのがよく使われる方法です。総合点は「15／20」のように数字で出したり、「A」のように表します。添削と違い、総合評価は皆同じ基準で出します。

作文評価表のサンプルを何種か見てみましょう。中級で使ったものです。

資料4：評価表のサンプルA

```
                        作　文
              【                          】
                              名前＿＿＿＿＿＿＿＿＿＿  ／20

  1. 内容(タスク／作文としての深さ・おもしろさ)・長さ   1  2  3  4
  2. (全体の)構成・流れ・わかりやすさ                  1  2  3  4
  3. 正確さ・適切さ(文法・語彙・表現・Style/Formality)   1  2  3  4  5  6
  4. レベルの高さ(文法・語彙・表現・文章)               1  2  3  4  5  6
     ＊このクラスのレベルのもの・クラスで習ったもの・新しいものを使っているか
  コメント：
```

資料5：評価表のサンプルB

```
                          作　文
              【                              】
                              名前_____  ／20

  1. 内容(タスク／作文としての深さ・おもしろさ)・長さ    1   2   3   4
  2. (全体の)構成・流れ・わかりやすさ                  1   2   3
  3. 正確さ・適切さ(文法・語彙・表現・Style/Formality)  1   2   3   4   5
  4. レベルの高さ(文法・語彙・表現・文章)              1   2   3   4   5
     ＊このクラスのレベルのもの・クラスで習ったもの・新しいものを使っているか
  5. 漢字・原稿用紙の使い方                          1   2   3
     ＊このクラスのレベルの漢字が書けているか
  コメント：
```

　サンプルAもサンプルBも「3.正確さ・適切さ」と「4.レベルの高さ」が同比重にしてあります。つまり「間違い」と「レベルの高さ・チャレンジ度」を同じ重さにしています。新しい表現・新しく授業で学んだ表現を積極的に使うことを奨励したい場合の評価表です。もし「4.レベルの高さ」が全くなかったら、新しい表現をがんばって使ってみたけど間違えた、という場合、加点する部分がなくなってしまい、何もチャレンジしなかった、つまり初級の文法・語彙しか使わなかったけど、間違っていないという学生の方がずっといい評価になってしまいます。このようにこの評価表は、何を目標にする作文かによって各項目の比重を変えて使います。

　サンプルBは「5.漢字・原稿用紙の使い方」という項目が追加されています。この回は「原稿用紙の使い方にもっと注意する、習った漢字をもっと書く」ということへの注意を喚起したかったので、事前に予告し、このようにしました。

　さて上記のサンプルAやBのように評価項目別に詳細に点数を出すつけ方もありますが、もっと大雑把な方法もあります。サンプルCを見てください。点数ではなく、「◎(とても良い)」「○(良い)」「△(もう少し)」「×(良くない)」を各項目の横に書くやり方です。総合評価もA〜Fでつけます。私は最近こちらのやり方を取っています。「問題があるところ」と「問題無し・上手なところ」が明快に伝わればいいからです。総合評価も場合によっては「B[+]（〜A）」と幅を持たせて示します。そして「(前回と比べると)内容はとても良いので内容はAのレベルだが、まだまだ正確さに欠けるからB[+]の評点にした。」というように評価の過程や理由を顔を見ながら個別に伝えます。ここでも大切にしているのは「対話」です。評点を巡る口頭でのやりとりです。これも動機づけに作用すると思われます。

資料6：評価表のサンプルC

```
                        作　文
            【                    】
            名前＿＿＿＿＿＿＿＿＿＿　A・B・C・D／F

            ↓◎：とても良い　○：良い　△：もう少し　×：良くない
1. 内容(タスク／作文としての深さ・おもしろさ)・長さ
2. (全体の)構成・流れ・わかりやすさ
3. 正確さ・適切さ(文法・語彙・表現・Style/Formality)
4. レベルの高さ(文法・語彙・表現・文章)
  ＊このクラスのレベルのもの・クラスで習ったもの・新しいものを使っているか
コメント：
```

4. モチベーションアップの工夫

　私の作文の授業では、モチベーションの観点から添削を含むフィードバックに重点を置いています。以下では、添削以外のモチベーションアップをねらった工夫を紹介します。キーワードは、「成功期待感」「自信」「達成感」アップです。

4.1　学期始めに：モチベーションを喚起する
1)　個別に話す

　学期の始めに、個々にモチベーションの有無・ありか、目標(小さいもの、最終的なもの)、今はまっていること・ものなど何に興味を持っているか聞き出しておきます。

　個別に話せる時間を持つことによって親近感も芽生えるでしょう。また好みを探るやりとりの中にも、動機づけに有用な情報が見いだされることもあります。時間が許すなら一人20分くらい、無理な場合は質問紙に記入させ、それをもとに10分でもいいので一対一で言葉を交す場を作れるといいでしょう。

2)　初回の授業

　授業の目標を伝え、目標達成のための方法・道筋を伝えます。スケジュールも示し、どのくらいの力配分で進めばいいか目安がつけられるように情報を提供します。

　また前向きで良い仲間意識が育つ工夫もしておきます。親密な関係の重要な他者からのフィードバックはモチベーションに肯定的に作用すると言われています。また、あまり興味のないことでも親密な関係のグループの中で行えば、意欲は持続されると

報告されています。'親密な関係'を作るためには、まずはお互いを知ることから始めなくてはいけません。以下、初日の授業の流れです。

① 自己紹介・他己紹介(リラックスした雰囲気の中で):ペア#1
② ペアで情報交換(「こんなこと知っていますか?」):ペア#2
　トピック例(相手の知らないことで自分のよく知っていること、紹介したいこと)をプリントで配布
③ 宿題:話したことを書き言葉で文章にしてくる
　(予めこの作文は成績には入らない、通常の基準で添削することを伝えておく)

初日の目的は、クラスメートを知ること、そしてこのクラスではどのような基準で評価されるかという評価基準を知ることです。

初日以降の作文の課題には、学期の前半に、少しずつ自己開示をしていくようなものを配置します。書いた作文はクラスメートと共有するので、どんなことを考えている人かということが開示されることで、距離が近くなっていくことをねらっています。

4.2　学期中に:モチベーションを維持・保護する

添削(→ 3.「添削の方法」参照)を中心にしたフィードバックを軸としてモチベーションを維持していきます。添削は「動機づけにプラスに作用させる仕掛け」という視点から、個々の学習者に合わせた調整を加えながら行います。

1)　書いた作文を共有する

定期的な励ましは、自信をつけ自己効力感を引き上げます。また定期的な成功体験は自信を育む上で最善の方策だと言われています。その視点から添削を行うとともに、授業では、書き上げたものを学習者同士で共有する時間を設けます。特にうまい作文、ユニークな作文はクラスの前でも取り上げ、クラスメートの注目を浴びさせる時間を作ります。ただし話すのが苦手な学習者がいる場合は注意深く行います。恐れや不安につながる要因はできるかぎり減らしておかなければいけません。共有はまずペアで行うのが安全です。成功体験になるようにペアの選定をはじめ、人間関係等にも気をつけながら行います。共有の時間が取れない場合や、話すことに自信のない学習者の場合は、私が筆者の了解を得て読み上げて紹介します。

作文のクラスですが口頭での共有の時間を設けることで期待しているのは、書いたことに対して、教師だけでなくクラスメートからも反応が得られることです。ポジティブな反応だったらモチベーションを促進してくれますから、クラスメートからの

「賞賛のフィードバック」を受けさせる機会を作るのです。そのため教師側は「受け手から大きく反応が出やすいテーマ」という視点で課題を設定していきます。

2) モチベーションを失わせない方法で評価する

　最後に評価についてですが、動機づけを高める方法で評点を用いること、評点の持つ動機づけを失わせる衝撃を可能な限り少なくすることが大切だと言われています。そのことに留意しながら、作文課題の評価、総合評価を行います。評価システムを透明にすること、すなわち成功の基準をクリアにすること、客観的な結果だけでなく努力や進歩も反映させる等が具体的な方略として知られています。

4.3　学期終了時に：肯定的な自己評価を育成する

　英語教育におけるモチベーション研究の第1人者であるDörnyei (2001) の言葉では「追観段階」と呼ばれる段階です。

　顔の見える仲間や自分にとって重要な他者からのフィードバックは動機づけにプラスに作用すると言われています。教師は疑いもなくその一人です。ですので学期末には、一人20分から30分の時間を取って個別にフィードバックをします。

　ここで最重視するのは肯定的な自己評価の育成です。たとえ期末試験の結果が芳しくなかったとしても、1学期の軌跡を見れば、上達していること・進歩が見える部分が必ずあります。それを個別に調べておきます。そして2つの大きい視点から伝えることを考えます。

　その1：進歩したこと
　その2：これからどうすればいいかという足がかり

この2点をこちらから提示するのではなく対話から引き出します。

　失敗をどう帰属するかでその後の動機づけに影響すると言われています。うまくいかなかったのは能力のせいではなく、努力不足・時間不足のため、またはやり方が適切じゃなかった、というような原因帰属のしかたの方がプラスの結果を促します。

　自分でそう帰結できない学生にはそのような方向に気づきをガイドします。前向きな自己評価を形成してフィードバックの時間を終え、学期を終了してもらうというのが教師側の最終目標です。肯定的自己評価は、その後の、つまり未来の自分に、想起するたび影響を与えつづけていくと思われるからです。

【実践】フィードバック

第19章 誤用の修正の実際
：修正フィードバック授業を例に

筒井千絵

>>>>>
　この章では、授業中にクラスメート全員で作文の修正に取り組む、修正フィードバック授業について紹介します。

1. 修正フィードバック授業の概要

　作文を添削したあと、教師はクラスメート全員の誤用を集めたプリントを作成し、それをもとに授業中に学習者同士で協力して誤用の修正に取り組みます。こうした方法によって、以下のような効果が得られます。

① 個別に対応しにくい大人数のクラスでも、誤用修正の授業ができる
② 他の人の誤用も共有することで、知識の幅が広がる
③ クラスメートの文章を客観的に読むことで、読み手の視点が養われる
④ 学習者が間違いを恥ずかしがらなくなり、積極的に意見を言うようになる

以下に、授業の概要を示します。

●目　標	読み手であるクラスメート全員がわかるようにという観点で修正作業に取り組むことで、読み手を意識してわかりやすい文章を書く力を養う。
●資　料	添削した作文（資料1参照）、誤用修正用プリント（資料2,3参照）
●活動内容	1. 添削した作文を各自に返却し、誤用修正用プリントを配付する。 2. プリントの誤用を協力して修正してもらう。 3. 間違いが多いものについて、補足の練習を行う（3.「補足の練習」参照）。 4. 時間に余裕があれば個別の質問を受ける。

※ 授業後、推敲した作文を再度提出してもらう。推敲作文をチェックする際は、最初に添削した作文のコピーと照らし合わせ、指摘した部分が適切に修正されているか確認する。

2. 修正フィードバック授業の設計

2.1 修正しない作文添削

　せっかく教師が膨大な時間をかけて添削をしても、返却された作文をろくに確認

もしない学習者もいます。すると当然、修正は次の作文に生かされず、誤用はなかなか減っていきません。よって、私は作文の添削は、基本的に問題点の指摘のみにとどめ、修正は自力で行ってもらうことにしています。

資料1：作文添削例

> インドネシアの名付けの文化
>
> 名前を忘れずに！
>
> 一字だけ下げる
> ←——この世の中でだれでも名前を名付けられてない人はいないと思います。赤ちゃんが生まれた瞬間に、その生まれた赤ちゃんの親が、他の赤ちゃんとと区別できるように身元として自分の赤ちゃんに名前を名付けるのです。世界中の各国は一つ一つ名付けの文化を持ち、人に名付けられた名前には様々な意味を持っています。さて、この作文で私の国、インドネシアの名付けの文化について話したいと思います。
> ←——インドネシアは多くの島を持ち、人口は約2億3千万人で、様々な宗教や民族がある国です。ですから、様々な名付け文化があり、地域や宗教によって違う方法があります。それはどのようなものなのでしょうか。ジャワ民族とスンダ民族はインドネシアで最も多い人数を持っている民族です。ジャワ人とスンダ人の名前の一つ目の特徴はサンスクリット語を使うのです。例えば、「エカ」とか、「デュウィ」または「トリ」。「エカ」は「一番」、「デュウィ」は「二番」、「トリ」は「三番」という意味です。つまり、一番目に生まれた人には「エカ」と名付けられ、二番目は「デュウィ」、三番目は「トリ」のことです。この名付け方法は日本の「一郎」、「次郎」、「三郎」と同じだと思います。二つ目の特徴は、苗字はありません。ジャワ人は苗字がありませんが、バタック人やダヤック人やミナンカバウ人は苗字があります。例えば「シトンプル」や「ギンティン」などです。
> ←——次は宗教による名付け方法はどのようなもの説明します。インドネシアではイスラム教は最も人数が多い宗教です。イスラム教はアラビア語を母語とするアラブ人の間で生ま

添削方法には、他にもさまざまな方法があります。《➡第2部第13章、第18章を参照》

2.2 誤用修正用プリント作成のポイント

① どのような誤用を取り上げるかは、そのレベルの学習者が自力で修正できるもの、多くの学習者に共通しているもの、教師が特に学んでほしいと思うものを基準とする。また、授業時間内に修正できる分量にする。

② 誤用は、種類別に整理して提示する。《➡種類については、第1部第9章を参照》

③ 修正点をわかりやすく提示するために、ターゲット以外の誤用は修正しておく、ターゲット部分に下線を引く、文章を簡略化するなどの手を適宜加える。

※ こうした授業の進め方については、事前に学習者の了解を得、誤用を提示する際は誰の文章かが特定できないような形で示すようにするなど、配慮が必要です。

資料2：中級クラス誤用修正用プリント例

```
                                    2014.1.10  中級作文
            テーマ「結婚」 誤用修正
```

[語彙]
① 彼たちは互いに愛しています。　　　　　　　　…代名詞の複数形
② 目を閉めてゆっくり考えました。　　　　　　　…類義動詞の使い分け
③ 二人で世界を旅行します。ぜひ楽しいですね。　…類義副詞の使い分け
④ 最初の時、日本の生活になかなか慣れませんでした。　…不自然な表現

[助詞]
① 大学から卒業したあとで、たぶん恋人を結婚します。　…動詞との組み合わせ
② 外国で長く住んでも、変えられない習慣もあります。　…場所＋「に」と「で」
③ 家の中に父は一番偉い人です。　　　　　　　　…範囲の「で」
④ 離婚がいいことか悪いことか誰でもわかりません。　…疑問詞＋「でも」と「も」
⑤ 結婚をしたら、困難がたくさんあることを想像できます。　…可能形の前の「が」
⑥ 早く結婚したくないですが、30歳まで結婚したいです。　…「まで」と「までに」

[活用その他]
① 子どものとき、国際結婚がいいと思います。　　…時制の間違い
② 結婚はしたくないです。一人の時間は大切からです。　…「から」の前の形
③ ニュースによると、最近私の国で国際結婚が増えそうだ。　…「そう」の前の形
④ 大学に入って、好きな人を見つかりました。　　…自他動詞の間違い
⑤ 日本の大学に入れるために、一生懸命勉強しています。　…「ために」と「ように」
⑥ 現実の生活にはいろいろの問題があります。　　…品詞の間違い

[呼応・接続]
① 趣味は私たちの生活をもっと生き生きとします。　…主語との呼応
② もし私に問題があるとき、母は何回も何回も説明します。　…「もし」との呼応
③ 母はたくさん話します、父は全然聞きません、母はとても怒りました。　…接続助詞の非用
④ 私は国際結婚に賛成です。姉の旦那さんは日本人です。二人はとても幸せです。　…接続詞の非用、説明不足

[話し言葉]
① 国際結婚はロマンチックだと思いますね。　　　…「ね」「よ」などの
② 生まれた子どもはとてもかわいいですよ。　　　　終助詞は使わない

資料３：上級クラス誤用修正用プリント例

2014.4.19　上級作文

テーマ「名前」　誤用修正

語彙

① 例を<u>取ると</u>、～　　　　　　　　　　　　　　　　　　…コロケーションの問題
② 女の名前は<u>普段</u>、意味の美しいアラビア語からつけます。　…類義表現の使い分け
③ 親は、他の赤ちゃんと区別できるように<u>身元</u>として自分　…翻訳ミス
　 の赤ちゃんに<u>名前を名付ける</u>のです。　　　　　　　　　…意味の重複
④ ジャワ民族とスンダ民族はインドネシアで最も<u>多い人数</u>　…表現の不自然さ
　 <u>を持っている</u>民族です。

助詞

① 若い人たちはそこまで名前<u>に</u>気にしていない。　　　　　…動詞との組み合わせ
② 人間の名前はいつもある願い<u>を</u>込められています。　　　…受身文の助詞
③ このような違いはたくさん<u>が</u>あります。　　　　　　　　…不要な助詞
④ 子供の名前は、家族の世代<u>を</u>基づいて付けられます。　　…複合助詞の形
⑤ 例えば、「-wan」や「Putra」などは男を<u>表すに対して</u>、　…複合助詞の接続
　 「-wati」や「Putri」などは女を表す。
⑥ 良い意味を持っている名前の人<u>は</u>悪い行動を<u>したら</u>、他　…従属節の中の助詞
　 の人に「あなたは名前と真逆だね。」と言われてしまう。
⑦ 夏<u>に</u>蛍の光で勉強し、冬<u>に</u>雪の明かりで勉強した。　　…対比の「は」

活用その他

① 子供が生まれてから、どう命名すれば<u>いいでしょうか</u>と　…引用の前の普通形
　 親はずっと考えています。
② 昔、親に<u>厳しい</u>育てられたことを思い出した。　　　　　…形容詞の活用
③ 枯れ葉は水にまじって木を<u>育ち</u>、動物も生き返ります。　…自他動詞の使い分け
④ 改名するだけで、あなたの人生が<u>変われます</u>。　　　　　…結果可能の自動詞
⑤ 名前は親の願いを<u>込めている</u>ものだと思います。　　　　…受身形の不使用
⑥ 近年、中国人の名前は多種多様なものに<u>なってきます</u>。　…時制

呼応・接続

① <u>両親は</u>自分の子どもが立派な男、または優しい女になり　…主語と述語の呼応
　 たがっています。
② 私の国の名づけの二つ目の特徴は、苗字はありません。　　…「こと」との呼応
③ 「インドネシアで一番人気がある名前は何か」と聞かれた　…「から」との呼応
　 ら答えるのは難しい。<u>なぜなら</u>、名前研究の専門機関は
　 ない。

④ 中国の公安部の調査によると、中国全国で「建国」という名前の人は 95 万人に達した。	…伝聞の「によると」との呼応
⑤ 古代の文人の名前は、より複雑です。例を挙げて、唐の文学者の白居易の姓は白で、名は居易で、字は楽天です。	…接続助詞の使い方
⑥ 文献に載っている姓は 5000 以上です。（　　　）具体的な数はわかっていません。	…接続詞の不足

情報不足

① 文化大革命の時代は、国に対する忠誠心を表すために、「红」、「东」、「卫」、「兵」を含んだ名前が多かった。	…説明の不足
② 国際化にともなって、パッチムのないわかりやすい名前が増えている。	…具体例の不足

文体

① 少し自慢かもしれないけど、この名前の意味はすごく深くて素敵だと思います。	…話し言葉の使用
② 姓名は、自分の民族や宗教や国の歴史などの特徴も表していますから、非常に重要なものだといえるだろう。	…文体の不統一

3. 補足の練習

　誤用の中には、多くの学習者に共通して出現し、正しく使えるようになるには補足の説明や練習が必要なものもあります。特に文法に関しては、時間をかけて整理や練習を行ったほうが効果的です。以下に例として、補足の説明や練習の際に役立つ、幾つかのテキストを紹介します。学習者の習得の度合いに応じて取捨選択し、適宜語彙や文法の難易度を調整したり、類似の問題を作成したりするとよいでしょう。

助詞の「は」と「が」

『日本語文法 セルフマスターシリーズ 1 はとが』（くろしお出版）

　「は」と「が」の用法について網羅的に詳しく説明されています。学習者向けの教材なので、説明もわかりやすく、練習問題も豊富です。学習者のレベルに応じて、必要な箇所を適宜修正して用いるとよいでしょう。以下に問題例を一部挙げます。

〈初級レベル向け　練習問題例〉(※一部抜粋)

復習1 (　)の中に「は」か「が」を入れなさい。
(1)「漢字を書くのと読むのとどちらのほう(　　　)むずかしいですか。」
　　「どちらもむずかしいですが，書くほう(　　　)すこしむずかしいです。」
(2)「このスーパー(　　　)何時に閉まりますか。」
　　「6時半に閉まります。」

〈中級レベル向け　練習問題例〉(※一部抜粋)

復習2 (　)の中に「は」か「が」を入れなさい。
(10)「きのう青山団地で火事(　　　)あったね。」
　　「うん。原因(　　　)たばこの火の不始末らしいよ。」
(17) 係長「小林君，君がお昼を食べに行っているあいだに中村さんという人
　　　　　(　　　)訪ねて来たよ。」
　　 小林「あ，そうですか。それで，彼(　　　)もう帰りましたか。」
　　 係長「うん。明日また来ると言っていたがね。」

〈上級レベル向け　練習問題例〉(※一部抜粋)

復習3 (　)の中に「は」か「が」を入れなさい。
(15)「青木さん(　　　)中国語(　　　)読めますか。」
　　「意味(　　　)わかりますが，発音(　　　)できません。」

復習4 (　)の中に「は」か「が」を入れなさい。
(3)「古田さん，あしたの晩の盆踊りに行きますか。」
　　「こども(　　　)行きたいと言ったら，私も行きます。」
(13) 堀さん(　　　)新しいマンションにひっこしたの(　　　)，子ども(　　　)大きくなって，家がせまくなったからです。

『日本語文法 セルフマスターシリーズ1 はとが』(1985) p.20, 44, 45, 66, 88／
野田 尚史(著) くろしお出版

「にとって」と「に対して」

『日本語文法演習　助詞』（スリーエーネットワーク）

このテキストには、複合助詞も含めて広く学習者のつまずきやすい助詞が取り上げられており、簡潔な説明とともに、バラエティーに富んだ問題が載せられています。ここでは、特に中・上級レベルの中国語母語話者に間違いの多い「にとって」と「に対して」の説明と練習問題を紹介します。

〈説明〉

> Aに対して：Aは動作や関心が向かう対象。
> Aにとって：Aは特徴を判断する人や特徴を感じとる主体。

〈練習問題〉

> 練習4　どちらが適切ですか。
> 1．このサービスは客　{にとって・に対して}　ありがたいものだ。
> 2．客が店員　{にとって・に対して}　文句を言った。
> 3．田中先生は学生　{にとって・に対して}　落ち着いた態度で説明した。
> 4．山本先生は学生　{にとって・に対して}　人生の目標のような存在だ。

『日本語文法演習　助詞』(2010)p.8／中西 久実子・庵 功雄（著）スリーエーネットワーク

形式名詞の「の」と「こと」

『中級日本語文法　要点整理ポイント20』（スリーエーネットワーク）

「の」と「こと」の使い分けの間違いも、中級以上の学習者の作文に多く見られるものです。どこかの段階でまとめて提示するとよいでしょう。このテキストは学習者向けに作成されているため、説明が簡潔でわかりやすく、問題も豊富です。以下に「こと」に置き換えられない「の」の用法についての説明と問題を紹介します。

〈説明〉（※例文は割愛）

> 1．…の　「の」を修飾された名詞の代わりに使う。
> 2．…のが／を〜　「…」は感覚でとらえた音や光景や感触など。
> 　　　　　　　　「〜」は感覚に関係のある動詞（見える、聞こえる、見る、聞く、感じるなど）。
> 3．…のを〜　「〜」はある動作に応じる意味の動詞（手伝う、待つ、じゃまする、止めるなど）。
> 4．…のが〜　「〜」は「早い、速い、遅い」など。
> 5．「の」を使う文型
> 　　1）…のです／…んです（事情、経過、理由などの説明）
> 　　2）…のに〜（目的）　「〜」は「いい、便利だ、必要だ、使う」など。

〈練習問題〉（※一部抜粋）

> 問題3-2　「の」か「こと」を入れなさい。
> 1．わたしの部屋から夕日が沈む＿＿＿がよく見えます。
> 3．この料理を作る＿＿＿にどんな材料が必要ですか。
> 4．きのう田中さんが買った＿＿＿はどの本ですか。
> 6．暇なら部屋を片づける＿＿＿を手伝ってくれませんか。（※以下割愛）

『中級日本語文法 要点整理ポイント20』(2007) pp.49-51／友松 悦子・和栗 雅子（著）
スリーエーネットワーク

テンスの「する」と「した」

『日本語文法演習　時間を表す表現 ―テンス・アスペクト』（スリーエーネットワーク）

　テンスやアスペクトの誤用も、学習者の作文に多く見られるものですが、中でも目立つのは従属節の中の「する」と「した」の使い分けの間違いです。これについては多くの文法解説書や文法問題集で取り上げられていますが、ここでは上記のテキストの説明と問題を紹介します。

〈説明〉

> ・従属節の「〜する、〜している」「〜した、〜していた」は次のように使い分ける。
> ①「〜とき（ときに、ときには）」（〜瞬間、〜際、〜折）の節では、主節より前のことには｛〜する・〜した｝を、主節より後のことには｛〜する・〜した｝を使う。
> ②「〜まえ（に）」のように「以前」を表す節では｛〜する・〜した｝を、「〜あと（で）」のように「以後」を表す節では｛〜する・〜した｝を使う。
>
> 　　　　　　　解答：「した」「する」「する」「した」

〈練習問題〉

> 練習1　（　　）の中の動詞を適当な形にして＿＿＿に入れてください。
> (1) 先日大阪へ＿＿＿＿＿際、あちらで田中先生にお目にかかりました。（行く）
> (2) このバスは料金後払いでございます。料金は＿＿＿＿＿ときにお払いください。
> 　　（降りる）

『日本語文法演習　時間を表す表現―テンス・アスペクト』(2003) p.16／庵 功雄・清水 佳子（著）
スリーエーネットワーク

「呼応」

『留学生のための ここが大切 文章表現のルール』(スリーエーネットワーク)

　このテキストでは、既習事項であっても作文では間違いの多い「あまり→ない」「きっと→だろう」のような呼応表現をリストアップして、表にまとめてあり、練習問題も豊富に用意されています。以下にリストと問題の一部を紹介します。

呼応表現一覧表 (※一部抜粋)

仮定 assumption	もし、かりに、万一	たら、ば、ても／でも
	たとえ、いくら、どんなに	ても／でも
疑問 interrogation	なぜ、どうして、いつ、どこ、何、どのように、どのくらい	(の／のだろう)か
変化 change	だんだん、少しずつ、しだいに、どんどん、もっと、ますます、いっそう、～につれて、～にしたがって、～にともなって	変化を表す言葉(例：なる、増える、減る、上がる、下がる、成長する、低下する、太る、やせる、よくなる、悪くなる…)
理由 reason	なぜなら、なぜかというと、というのは、というのも	からだ、ためだ

〈練習問題〉 (※一部抜粋)

> 練習　次の(1)～(20)の_____部に呼応する表現を考えて、まちがっている表現を正しく直してください。
>
> (2)　<u>もし</u>男の子が生まれる、祖父と同じ名前をつけようと思う。
> (11)　<u>私は</u>、離婚には悪い<u>面</u>もあるが、よい<u>面</u>もある。
> (12)　<u>もし</u>お互いに本心を話さなかったら、2人の関係は<u>だんだん</u>悪いだろう。
> (16)　ある新聞の調査<u>によると</u>、現代は結婚しない女性が増えている。
> (17)　私はその記事を読んで、<u>どうして</u>その少年はそんな事件を起こしたと考えた。

『留学生のための ここが大切 文章表現のルール』(2009)pp.33-35／石黒 圭・筒井 千絵 (著)　スリーエーネットワーク

「話し言葉」と「書き言葉」

『留学生のための ここが大切 文章表現のルール』(スリーエーネットワーク)

　このテキストには、文章のジャンルや内容に合わせて文体を統一するための解説と練習問題が載っています。まずはくだけた話し言葉を用いないよう練習し、さらに、文章をレポートや論文にふさわしい硬い書き言葉に直す練習をします。以下に、文体の違いが特に出やすい副詞と接続詞のリストと練習問題の一部を紹介します。

副詞と文体 （※一部抜粋）

話し言葉	例文	書き言葉	例文
全然	雨が全然降らない。	まったく	雨がまったく降らない。
全部	テストは全部終わった。	すべて	テストはすべて終わった。
どんどん	IT産業がどんどん成長した。	急速に	IT産業が急速に成長した。
たぶん	先生はたぶん暇だと思う。	おそらく	先生はおそらく暇だと思う。

接続詞と文体 （※一部抜粋）

話し言葉	例文	書き言葉	例文
でも	生活は忙しい。でも、充実している。	しかし	生活は忙しい。しかし、充実している。
あと	横浜に行った。あと、鎌倉の大仏も見た。	また	横浜に行った。また、鎌倉の大仏も見た。
じゃあ	じゃあ、本題に移ります。	では	では、本題に移ります。

〈練習問題〉（※一部抜粋）

練習1　次の(1)～(10)の＿＿部の「話し言葉」の表現を、「書き言葉」の表現に直してください。

(1) 私の会社は小さいし<u>有名じゃない</u>けど、優れたエンジニアが<u>いっぱい</u>いる。
(2) 温暖化は私の国でも<u>やっぱり</u>大きな問題になっている。
(5) 結婚すると、親戚との<u>関係とか</u>家事の<u>分担とか</u>、いろんな問題が出てくる。

練習2　次の(1)～(10)の＿＿部の「軟らかい書き言葉」の表現を、「硬い書き言葉」の表現に直してください。

(2) 去年市民ホールで<u>おこなわれた</u>外国人によるスピーチコンテストに参加した。
(3) <u>体の調子</u>がよくなかったため、早めに<u>うち</u>に帰った。
(8) 日本でも<u>タバコを吸う人</u>は<u>だんだん減ってきている</u>という。

『留学生のための　ここが大切　文章表現のルール』(2009) pp.77-78, 80-81／石黒 圭・筒井 千絵（著）
スリーエーネットワーク

　こうした方法で修正と練習を繰り返すことで、どの学習者も程度の差はあれ着実に誤用が減っていくという実感があります。学習者からも、「連体修飾節の中の助詞は間違えなくなってきた」「気を付けているが、くだけた表現をまだ使ってしまう」などのコメントが得られ、次第に自己モニター力がついていくことが確認できています。

【実践】フィードバック

第20章 母語の影響の実際
：中国語を母語とする学習者のフィードバック授業を例に

烏 日哲

>>>>>

　この章では、学習者の母語が原因で生じる誤用を減らす方法を考えます。学習者の母語と一口に言っても多様ですので、ここでは日本語学習者が最も多く、かつ、漢字を共有することで特殊な誤りが多い中国語を母語とする学習者を例に、誤用を起こしやすい項目を教室で扱う方法を紹介します。

1. 中国語母語話者対象のフィードバック授業の概要

　教師は、学習者が誤りがちな項目を集めた練習問題を作成し、それを授業の中に組み込むことで、学習者の誤用訂正の効率アップを図ります。こうした方法によって、以下のような効果が得られます。

①自分が誤りやすい項目を意識できるようになる
②日本語と母語である中国語の違いについて意識できるようになる
③対照言語学的視点が養われる
④誤用をあらかじめ回避できるようになる

以下に、授業の概要を示します。

●目　標	中国語を母語とする学習者が、中国語の影響によって起きる誤用を意識でき、自己修正できるようになる。
●資　料	項目別練習問題（選択形式）
●活動内容	1. 練習問題のプリントを配る。 2. 練習問題を各自で解く。 3. 何人かに質問し、どうしてそれを選択したか理由を聞く中で、問題点を共有する。

2. 中国語母語話者対象のフィードバック授業の設計

　母語の影響を意識させる練習問題を作成するには、まず、教師が中国語母語話者の誤用のタイプを把握しなければなりません。
　以下は、中国語母語話者が書いた作文です。中国語母語話者らしい誤りが散見されます。作文を実際に読む中で、どのような誤用が見られるか、確認してみてください。

> **有意義な活動**
>
> 　　先週，私はボランティアで皇居の外のゴミを拾う活動に参加した。参加する人は50人以上で規模が大きいです。日本人と各国の人達が暑い太陽の下で四時間一緒に空き缶や紙などを拾って，ベンチでお弁当を食べて，最後に奇麗になった皇居で紀念写真をとって，とても有意義な一日です。
>
> 　　今回はゴミをたくさん見つかって，本当に失望された。なぜかというと，ゴミが見えないとはいえ，実はたくさんあります。私たちが最後に計算すると，2袋もありました。みんな本当にびっくり！一番多いのはタバコの吸殻やペットボトルのふたです。みんなは今回の活動の成果をインタネットのホームページに写真を貼ることに決定した。環境保護の大切さを宣伝する効果があるから。
>
> 　　今回の活動によって，私はこう思いました。この活動はただの活動ではなく，我々人類の環境意識不足を意味しているじゃないですか？地球は私たち人類に対して唯一の家園です。我々が一生懸命保護すれば、うまくいけるべきです。しかし、みんなの意識がまだ不足です。では、どうしてみんなのマナーよくないですか？これはやっぱり政府が環境保護を最宣伝しなければならないと思います。ゴミ箱を増加し，"ごみ捨て禁止"の看板も立てる。もし違反する人が発見したら絶対に重い罰金すべきです。ルールを無視する人を許してはいけませんよ。我々の未来の子どものためにみなさんは必ず努力してください！

　上記の学習者の作文で見られるように、学習者の母語である中国語は次のいくつかの面で日本語の作文に影響を与えていることがわかります。以下に、学習者の作文に見られる母語の影響の例とその対処法を合わせて紹介します。

作文の書式・表記における母語の影響

① 段落を2マス空けて書く：中国語の作文では段落のはじめは2マス空けて書き始める。

② カンマの多用：中国語の作文では「,」を「、」として使用するため。

③ 「？」「！」の多用：中国語の作文では疑問や感動を表すときに用いる。

④ 「紀念写真」を「紀念写真」、「効果」を「効果」と書く：中国の漢字は日本語の漢字と部首が違うことがある。

⑤ 「意識」を「意识」、「絶対」を「绝对」と書く：中国語の簡体字をそのまま持ちこんでしまう。

⑥ 「一番多い」「一生懸命保護する」「絶対に重い罰金すべき」：書きことばで書くべき副詞を話しことばでよく用いる漢語副詞を使って書く。

中国国内では日本語の漢字と中国語の漢字の違いについてあまり指導しない現実があります。また、日本語の漢字はもともと中国から伝来しているため、学習者は日本語の漢字学習を軽視する傾向にあるといえます。しかし、日本語の漢字と中国語の漢字には違いがあります。④のように部首が違うこともありますし、⑤のように字体が異なることもあります。たとえば、部首の書き方で、日本語の言偏「言」が、中国語では「讠」となります。さらに、中国語を母語とする学習者は、文章に硬い感じを出すために、和語より漢語を選択しがちです。名詞ではよいのですが、副詞だと、⑥のようにかえって文体が軟らかい感じになってしまいます（石黒2004）。

なお、②のカンマの多用については、横書きのときは、日本語でも「，」と「。」を使うことがありますので、問題はありません。ただし、横書きでも「，」と「、」が交ざったり、縦書きにしたりする場合の「，」は、読者に違和感を与えますので、注意が必要です。

語彙選択における母語の影響

① みんなは今回の活動の成果をインターネットのホームページに写真を貼ることに決定した。
② 地球は私たち人類に対して唯一の家園です。
③ これはやっぱり政府が環境保護を最宣伝しなければならないと思います。
④ ゴミ箱を増加し，"ごみ捨て禁止"の看板も立てる。

（※ 該当箇所以外も原文のまま掲載）

①は「載せる」を「貼る」とした誤りです。中国語ではウェブサイトであっても「貼る」が一般的です。

②は「我が家」「住み処」と書くべきところを中国語で書いてしまった誤りです。このように、中国語を母語とする学習者は中国語の発想をそのまま日本語に持ちこみますので、その都度指摘することが重要です。

③は「積極的に広報しなければならない」と言いたかったのだと思われますが、中国語の発想で「宣伝しなければならない」とし、それに中国語の副詞「最」をつけてしまった誤用です。また、中国語母語話者は「最も」も「も」を落としがちです。

④は「ゴミ箱を増やし」を「ゴミ箱を増加し」とした誤りです。日本語ではゴミ箱の数を増やすといった日常的な内容に「増加」という堅い語を選択することがありませんが、中国語では「増加」と「増える」「増やす」の違いはないため、使い分けが難しいのです。

動詞における母語の影響

① ＊本当に<u>失望された</u>。→本当に<u>失望した</u>。
② ＊みんなの意識がまだ<u>不足です</u>。→みんなの意識がまだ<u>不足しています</u>。
③ ＊重い<u>罰金すべきです</u>。→重い<u>罰金を科すべきです</u>。
④ ＊違反する人<u>が発見したら</u>，→違反する人<u>を発見したら</u>，

（※該当箇所以外も原文のまま掲載）

①～③は動詞に関わる誤用です。①は自動詞を受身とした誤用、②は動詞を名詞とした誤用、③は反対に名詞を動詞とした誤用、④は他動詞を自動詞とした誤用です。さらに、「ゴミをたくさん見つかって」も、自動詞と他動詞の取り違えによる誤用です。

中国語の動詞といえば、自動詞と他動詞の区別がない、二字漢字の動詞と名詞が同じ形をとる(たとえば、「結婚」「学習」などは中国語で動詞にもなるし名詞にもなります。日本語のように「結婚＋する」「学習＋する」という形をとりません)などの特徴があるため、誤用をよく引き起こします。

文法における母語の影響

① ＊<u>参加する</u>人は50人以上で規模が<u>大きい</u>です。→<u>参加した</u>人は50人以上で規模が<u>大きかった</u>です。
② ＊<u>なぜかというと</u>，ゴミが見えないとはいえ，実はたくさん<u>あります</u>。→<u>なぜかというと</u>，ゴミが見えないとはいえ，実はたくさん<u>あるからです</u>。
③ ＊地球は私たち人類<u>に対して</u>唯一の家園です。→地球は私たち人類<u>にとって</u>唯一の家園です。
④ ＊我々が一生懸命保護すれば，<u>うまくいける</u>べきです。→我々が一生懸命保護すれば，<u>うまくいく</u>べきです。
⑤ ＊我々が一生懸命保護すれば，うまくいける<u>べきです</u>。→我々が一生懸命保護すれば，うまくいける<u>はずです</u>。

（※該当箇所以外も原文のまま掲載）

①は述部の時間表現、すなわちテンスの誤用です。中国語にはテンスの明確な概念がないので、「した」にするところが「する」のまま残りがちです。①以外にも、「有意義な一日です」など、本文にたくさん出てきますので、探してみてください。

②は「なぜかというと」で始めたのに、文末を「からです」で閉じなかったという誤用です。中国語には文末で理由を表すという習慣がないので、「なぜかというと」を使うだけで学習者は満足してしまう傾向があります。

③の「に対して」と「にとって」の混同は中国語を母語とする学習者の誤用ワースト3に入るぐらい頻繁に見られる誤りです。その原因は、「に対して」に相当する中国語の「対〜」は「対〜来说」の場合「にとって」に相当します。そのため、中国語で考えた場合どうしても「に対して」と言ってしまうのです。

　④は可能形の過剰使用の例です。これも母語に影響された誤用です。中国語では可能の意味が含まれている動詞というのは存在せず、可能を表す場合、かならず④のように「動詞＋可能形」を使わないといけないのです。しかし、日本語では、意志とは無関係に実現することを表す自動詞は可能の意味を含むので、そのずれから誤用が生じたと考えられます。

　⑤は「べきだ」の過剰使用の例です。「べきだ」と「はずだ」に相当する中国語は「应该」しかありません。そのため、学習者は「べきだ」と「はずだ」を混同して使用してしまいます。一方で、「はずだ」の過剰使用があまり見られないのは、日本語の「べきだ」は当然であると述べたいときに、そして「はずだ」は物事の理想の形を述べたいときに用いるので、主観的に意見を述べることが多い作文では「はずだ」ではなく「べきだ」を使いたくなるからだと思われます。

　もちろん、こうした文法の誤りは、他の母語話者にも見られることがあります。しかし、中国人日本語学習者には特に多いということは心に留めておく必要があるでしょう。

　教師の対処法としては、作文に見られた文法項目に関して、文法ドリルで集中的に練習させるとよいでしょう。「べきだ」と「はずだ」のような中国語で同じことばしかないものに関しては、特に注意して指導することが大切です。

文末のスタイルにおける母語の影響

　第1部第10章で作文における表現の文化的差異について触れましたが、ここでは中国語を母語とする日本語学習者の作文の終了部について検討します。

　まず、次の例を見てみましょう。

①＊ルールを無視する人を許してはいけませんよ。
②＊我々の未来の子どものためにみなさんは必ず努力してください！

（※ 該当箇所以外も原文のまま掲載）

　①と②は、中国語を母語とする学習者によく見られる作文の文末です。

　①では、終助詞「よ」が特定の個人に働きかけるような響きがあります。日本語の表現として「ルールを無視する人を認めると、環境が悪くなるばかりです。」とか

「ルールを無視する人を許さない社会的な風潮を築くことが大切です。」のように、直接的な働きかけを避けたほうが、説得力が増すでしょう。

②では、「みなさんは〜してください！」という呼びかけが気になります。日本語の作文では、「すべての人が環境を守ることが求められます。」や「国籍や人種の違いを超えて環境保護に取り組む必要があります。」などと、内容を具体的に入れ、呼びかけを避ける表現が妥当でしょう。

中国語を母語とする学習者の作文を添削した日本人の同僚からよく「中国語の作文って全部呼びかけで終わるの？」と聞かれます。中国語の作文のスタイルもさまざまありますし、決して全部が呼びかけ文で終わるわけではありません。

中国語を母語とする学習者が呼びかけ文を多用するのは、直接的な表現を好む学習者心理に加え、日本語の作文の授業にも原因があるのではないかと私は考えています。

日本語の作文の授業は、口頭発表を伴うものが少なくありません。海外の熱心な先生は、スピーチコンテストを意識した授業を組むこともあります。発表というのは、目の前に聴衆が存在するものです。その聴衆の気持ちをつかむのには呼びかけ文が必要です。そうした訓練を最初から受けてきた学習者は、呼びかけ文を使いがちになるようです。

もちろん、作文と口頭発表を組み合わせることは、相乗効果が期待できるので一概に否定されるべきではありません。しかし、二つをセットで指導する場合、表現の産出という両者の共通点だけでなく、ジャンルの違いという相違点も視野に入れて指導することが大切です。

特に、①や②のような呼びかけや働きかけを伴う表現は、スピーチ原稿のような目の前の聴衆に直接呼びかけたい場合には最適ですが、それ以外の作文のスタイルにはあまり適しません。また、強い口調の呼びかけ文は、主張や観点をはっきり伝えるメリットがある一方で、読者に違和感ないし反感を買うというリスクもあります。そうしたことも、学習者に意識的に伝える必要があるでしょう。

他にも、この作文には、文末のミスが目立ちます。以下、一通り挙げますが、これらはかならずしも中国語母語話者に限ったものではなく、多くの学習者に共通して見られる傾向でしょう。

③「参加した」「失望された」など：中国語には日本語のような文末文体がないため、丁寧形の文章に普通形が混じる現象が起きやすい。

④「意味しているじゃないですか？」「どうしてみんなのマナーよくないですか？」：「意味しているのではないでしょうか」「どうしてみんなのマナーがよくないので

しょうか」が自然だが、中国語からは「～のでしょうか」「～のではないでしょうか」という発想は出てこない。

　以上が「有意義な活動」という作文に見られる誤りでした。これらの他にも、中国語を母語とする学習者の作文によく見られる誤りがあります。それを以下に整理しておきます。

形容詞における母語の影響
① ＊中国人は率直的に意見をいいます。→中国人は率直に意見をいいます。
② ＊英語ができれば就職は容易的である。→英語ができれば就職は容易である。
③ ＊彼は非常に独特的な発想を持っています。→彼は非常に独特な発想を持っています。
④ ＊正確的に言えばこれは近代に起きたことです。→正確に言えばこれは近代に起きたことです。

　①〜④はナ形容詞の問題というよりは「ナ形容詞＋的」の使い方の問題かもしれません。中国語において「的」は名詞と名詞の間におかれ所属関係を表すほか、形容詞とその形容詞に修飾される語の間におかれ修飾関係を表し、日本語の「な」に等しい文法的役割を担います。「基本的な考え方」「徹底的に従う」のような語を習った学習者は、「的」の用法を拡大解釈して「ナ形容詞＋的」を多用しがちです。
　日本語では、名詞を形容詞的に使いたいときに「的」を挟んで「な」をつけます。もともとの意味が形容詞的であれば「的」をつけずに直接「な」をつけます。中国語母語話者にとって難しいのは、後者の、形容詞的な語に「的」がつかないという判断です。中国語母語話者の「的」の過剰使用は上級レベルになっても改善していないことが多いので、時間をとって集中的にトレーニングするとよいでしょう。
　気をつけなければいけないのは、「ナ形容詞＋的」の誤用は学習者だけではなく、日本語母語話者の使用にもゆれが見られる点です。コーパスなどを利用して出現頻度の高い語彙をピックアップしてその実態を確認し、その上で意識化させるとよいでしょう。

同形語やコロケーションにおける母語の影響
① ＊心を深く打たれました。→心を強く打たれました。
② ＊今の子供は政治をあまり関心しません。→今の子供はあまり政治に関心がありません。

③ *中国の記者が質問を聞きました。→中国の記者が質問をしました。
④ *日本語のレベルが上達するにつれ…→日本語のレベルが上がるにつれ…
⑤ *私たちは自分の過ちを真剣に検討すべきです。…→私たちは自分の過ちを反省すべきです。
⑥ *賃金は男女の分別なしに与えるべきです。…→賃金は男女の区別なしに与えるべきです。

　上記の誤用は、いずれも学習者が母語である中国語の語彙の意味をそのまま日本語に使用したことに起因します。
　実は中国語母語話者が作文において最も間違いやすいのはやはり語彙の問題だといえます。特に、⑤や⑥のような日本語にも中国語にもある同形語による誤用が目立ちます。具体的には、中国語では「検討」は「反省する」と同じ意味で、日本語の「検討する」と意味が異なります。そのため誤用が起きると考えられます。⑥も同様で、中国語には「分別」「区別」の両方が存在しますが、両方とも「差」という意味です。⑥も中国語と日本語の同形語の意味のずれから生じた誤用です。
　教師の対処法としては、同形語については頻出する語彙を選んで練習問題をさせるなどするとよいでしょう。コロケーションで覚える必要があるものは、ふだんの授業で指摘することができます。たとえば、中国語の発想では「小説を読む」ではなく「小説を見る（看小説）」、「薬を飲む」ではなく「薬を食べる（吃药）」となります。

3. 中国語母語話者対象のフィードバック授業の練習

　学習者の誤用はできるだけ回避したいものです。そのためには、教師が作文を添削して、学習者に間違いを訂正してもらうという過程を繰り返すことで、学習者に自分の誤用のパターンに徐々に気づきを促すのが一般的です。
　しかし、添削という対処法だけでは、なかなか誤用が直らないのも現実です。添削だけでなく、練習問題も合わせて行うと、誤用の減少に役立ちます。
　第1部第10章では、中国語を母語とする学習者の作文における誤用のパターンと母語との関連性について例示しました。以下では、その誤用のパターンに対応した練習問題を紹介します。この練習問題を学習者にやってもらう意義は、学習者に日本語と自分の母語との体系の違い、自分が誤りやすい箇所に気づかせることによって、誤用の産出を減らし、自己添削能力を高めることにあります。以下の練習問題例を参照してください。

練習問題

それぞれの文について、もっとも適切な選択肢を選びなさい。

(1) 10年前、私と一緒に高校を(①卒業した/②卒業になった)同期の友人たちは、今頃なにをしているのだろう。
　　A　①も②も使える　　　B　①のみ使える　　　C　②のみ使える

(2) 絶滅の心配がないとされていたカラスが(①絶滅した/②絶滅になった)なんて。こんな事態を誰が予期しただろう。
　　A　①も②も使える　　　B　①のみ使える　　　C　②のみ使える

(3) 国際化が進むことで英語の能力がますます(①重要する/②重要になる)。
　　A　①も②も使える　　　B　①のみ使える　　　C　②のみ使える

(4) 外国人は日本に入国するときにビザが(①必要する/②必要である)。
　　A　①も②も使える　　　B　①のみ使える　　　C　②のみ使える

(5) 二年かけて書いていた小説が今日、ようやく(①完成した/②完成になった)。
　　A　①も②も使える　　　B　①のみ使える　　　C　②のみ使える

(6) 今日の中国とベトナムの関係はきわめて_____事例だといえる。
　　A　悲劇の　　　B　悲劇な　　　C　悲劇的な

(7) こうした明らかに_____考え方には賛同できません。
　　A　非現実の　　B　非現実的　　C　非現実的な

(8) どの国の政府も、自国に_____外交戦略を立てるものである。
　　A　有利の　　　B　有利な　　　C　有利的な

(9) 中国語学習者が世界的に増加していることは、_____事実である。
　　A　明白の　　　B　明白な　　　C　明白的な

(10) _____に患者に接している医療従事者には注意喚起が必要である。
　　A　日常　　　B　日常性　　　C　日常的

　上記の練習問題は第1部第10章で扱った漢語動詞やこの章で扱った接尾辞「的」の使い方に見られる誤用を中心とした練習です。まず(1)〜(5)をご覧ください。中国語母語話者は、作文のなかで二字漢語を好んで使いますが、その二字漢語が動詞と

して使われる場合、どんなときに「する」を使い、どんなときに「になる」を使うのか、使い分けに悩みます。

そこで、教師はまず、答え合わせの際、「する」「になる」の基本的な使い分けについて学習者に聞きます。変化が人間の意思によるかどうかが使い分けのポイントであることを確認します。人間が動作主で、人間の意思が入っているような感じのある動詞を「する」という形で使うこと、自然に変化が起こるような感じ、つまり人間が動作主で人間の意思に左右されていない意味のことばは「になる」を用いるという基本的な使い分けを確認します。

中国語母語話者は中国語の影響によって、その「変化」を表す動詞を名詞またはナ形容詞として捉えがちなので、そこを念押し、指摘しておく必要があります。

次の段階では、各設問について学習者と一緒に分析していきます。たとえば、(2)において、人間の行為でカラスが絶滅するという意味が読み取れず、絶滅が自然に起きるという意味で理解すると、間違える恐れがあります。この場合は前後の文脈から分析するように指導し、前後の文脈で「変化」が人為的かどうかを判断できるようにトレーニングを重ねます。

選択肢Aのように「二字漢語＋する」「二字漢語＋になる」はいずれも「変化」を表す場合があるので、それを学習者に理解してもらう必要があります。

ちなみに、上記の設問例の正解はそれぞれ、(1)B、(2)B、(3)C、(4)C、(5)Bです。(1)と(5)は「～になった」の正否を巡って若干判断に迷うかもしれませんが、今回の練習問題では、相対的には「～した」を答えにするものが多いです。

次に接尾辞「的」に関する練習問題を見てください。(6)～(10)です。(6)と(7)は「的」をつけてナ形容詞にする名詞なのでCが、(8)と(9)は「的」をつける必要がないナ形容詞なのでBがそれぞれ正解です。(10)は「的」をつけてナ形容詞にする名詞の副詞的な用法で、正解はCです。

指導の上で大切なのは、まず、当該の二字漢語が名詞かナ形容詞かを確認することです。(8)と(9)はナ形容詞なので、「的」を入れずに「な」をつけます。一方、名詞と判断されたものは、その文脈での用法が名詞的な用法か、形容詞的な用法かです。白か黒かの問題であれば名詞、程度のニュアンスがあれば形容詞になります。(6)のように「きわめて」という副詞がついたり、(7)のように文脈から程度を表すことがわかれば形容詞的な用法ですので、「的」を入れて「な」をつけることになります。

4. 中国語母語話者対象のフィードバック授業の実際

　この練習問題を取り入れた授業は作文の授業で一コマ丸ごと利用することも可能ですが、臨機応変に対応できる活動です。

　しかし、クラスに中国語母語話者だけではなく、他の母語話者もいる場合は取り扱いにくいと思われるかもしれません。クラスに多言語の母語話者がいる場合は、プリントを次のようにアレンジしてみましょう。

（1）10年前、私と一緒に高校を(①卒業した/②卒業になった)同期の友人たちは、今頃なにをしているのだろう。

ア．この文をあなたの国のことばに訳してください。また、（　　）に入ることばに○を付けてください。

イ．○を付けた単語と日本語の（　　）に入る単語は使い方が同じですか、違いますか。違いがある場合どこがどう違うのか考えてみてください。

　こうした練習を重ねることによって、学習者には日本語と自分の母語を比較しながら勉強することを意識してもらい、両言語を対照する立場から自分でどうして誤って使ったのか原因を考える能力が養えます。

　また、練習問題を作成する際には、初級・中級・上級といった日本語のレベルにかかわらず、どの段階でも文章でよく使われる頻出語彙を問題文に取り入れることをお勧めします。頻出語彙について学習者がトレーニングを重ねることで、たとえば、中国語で二字漢語動詞として使われるものでも、日本語では「になる」や「である」など、名詞としてしか出現しないことを自然に意識できるようになるからです。

　学習者が実際に作文を書くとき、学習者の作文を指導する側としては、母語を一切介さずに、日本語で構成を考えたり語彙を思い浮かべたりすることが理想的な状態かもしれません。しかし、母語の影響は100%排除できるものでもありませんし、母語で考えることがすべてよくないとも言いきれません。ただ、母語による否定的な影響を最小限に留める必要はあります。

　この章では、中国語を母語とする学習者の誤用のパターンをもとに、いくつかのタイプ別練習問題を紹介しました。これらを日頃の作文の授業に取り入れることによって、学習者が中国語と日本語の違いに気づき、作文を書く段階で自ら誤用を減らすことを期待できるでしょう。

索 引

あ
アーティキュレーション 12, 58, 59
（縦のアーティキュレーション／横のアーティキュレーション）
アイスブレーキング 177, 181
アイデアの引き出し 10
IT機器 23
足がかり 54, 75

い
意見文 66
意見文を書く活動 177, 178
因果関係 19

え
SNS 31

お
OPI 173
音声入力 28
音声認識 28

か
書き言葉 207
書き直し 79
「書く」「聞く」を組み合わせた活動 62
学習者コーパス 100
学習者主導型 35, 38
「書く」だけにフォーカスした活動 59
「書く」「話す」を組み合わせた活動 63
「書く」「読む」を組み合わせた活動 61
書けない学習者 12, 66, 177

活用 89
漢語 86
漢語動詞 97
漢語副詞 96
漢字圏の学習者 12, 86, 94

き
キーボード 27
技術 12
きっかけ作り 192
規範 36
教案 7
教師主導型 35
教室活動 7, 9, 11
教師の役割 11, 34
教師万能病 10
協働学習 11, 42, 45, 137, 140, 146

く
Google 検索 29
Google 翻訳 30
具体性 110
くだけた表現 90
クラスサイズ 7

け
形式名詞 205
形式面のディスカッション 126, 127
形容詞 215
KJ法を使った活動 137
結論 50

こ
語彙選択 211
語彙の誤用 86

呼応 89, 207
コミュニケーション 7, 11, 42, 43, 137, 140, 146
コミュニケーション力 58
誤用 12, 84, 95, 199, 209
コロケーション 86, 215

さ
作文 9
作文指導の基本 11
作文の共有 131
3色の添削 77, 189

し
使役文 99
司会者 40
識字障害 26
試験 81
思考力のトレーニング 178, 183
自己効力感 75
自己表現 140, 147, 163
時制 19
質の観点 18
質問シート 152
指摘 72
ジャーナリスト 32
ジャンル 14
修正 84, 199
修正フィードバック授業 199
重箱 70
授業運営 104, 112
授業ガイダンス 151
授業準備 6, 9, 11
授業進行のファシリテーター 35, 38, 39, 41, 125

授業設計 50, 150, 151
授業ダイアリー 55
授業報告 55
授業マンネリ病 9
主張 71, 185
受動文 99
種類の観点 18
状況証拠の積み重ね 105
譲歩 110
情報共有 32
情報差 45
情報の違い 107
証明 105
助詞 88, 98, 203
書式 210
書評 150, 155, 157, 158
書評集 161
書評の下書き 157
シラバス 7
自律学習 10, 54
真正性 43

す
Skype 117
スタイル 213
スマートフォン 27
スモールステップ 18, 76, 190

せ
生活場面 23
成功期待感 75
成功体験 76
接続表現 91
説明不足 92

選択の自由 47

そ
総合活動型 11, 48, 150, 151, 162
相互理解 42
想像力のトレーニング 177, 182
創造力を鍛えるトレーニング 69, 178, 184
ソーシャルメディア 30, 118

た
対照言語研究 95
タイピング 27
タイムライン 118
対話 8, 50, 162, 192, 195
他者を認めるトレーニング 178, 184
達成感 76
多様な観点 111
段落 70
談話のスタイル 99

ち
中間言語研究 96
中国語母語話者 209

つ
ツール 11, 23

て
定期的な励まし 76, 78
ていく 99
ディスカッション 38, 126
テーマ 11, 14, 16, 19, 21, 44, 49, 81, 104, 130, 198
テーマ設定 14, 17, 104, 147

手書き 114
手書き文字 25
てくる 99
転移(正の転移／負の転移) 94
添削 8, 36, 77, 78, 84, 187, 199
添削済み作文 38, 132, 133
添削・リライトのファシリテーター 35, 37, 41, 125
添削・リライト法 37
テンス 206

と
問いかけ 168
動機 50
同形語 98, 215
動詞 212
読書ダイアリーシート 152, 163
トピック設定 45
トレーニング 66, 177

な
内容面のディスカッション 126, 134, 135

に
日本語入力 26
日本留学試験 131

ね
ネガティブなフィードバック 75

は
Bicycle Writing 32
箱 178, 180, 185
パソコン 23
発想力を鍛えるトレーニング 68, 177, 181
話し言葉 90, 207

反論 20, 110

ひ

ピア活動 123
ピア・ラーニング 45
ピア・レスポンス 8, 35
非漢字圏の学習者 94
左利き 26
必然性 43
一言コメント 191
評価 74, 80, 194
評価者 137, 146
評価表 194
評価ポイント 156
評価方法 65
表記 210
品詞 86, 89

ふ

ファシリテーター 8, 11, 34
不安の軽減 76
フィードバック 8, 10, 12, 31, 44, 74, 77, 187, 196
フィードバック授業 209, 216, 219
Facebook 31, 43, 114, 117
focus on form 35, 127
focus on meaning 35, 127
フレーズ検索 29
プレゼンテーション 142
ブログ 32
プロセス 11, 48
プロダクト 11
プロフィシェンシー 58
文型 129
文型教育 15

文型定着 43
文章レベルの誤用 85
文法 212
文法の誤用 88
文レベルの誤用 85
文をつなぐ 20

へ

『へえ!』で評価する活動 143

ほ

ポートフォリオ 53, 155, 163
ポートフォリオ収集 53
ポートフォリオ評価 53, 54
母語 8
母語の影響 12, 94, 96, 209
母語の転移 94
ポジティブなフィードバック 75
母文化 8

ま

マイナス検索 29
マナー 118

め

メモ 24

も

目的 7, 11, 14, 16, 17, 18, 21
目的意識欠落病 9
目標言語 95
文字習得 24
モチベーション 12, 44, 74, 77, 106, 137, 187, 196

ゆ

有能感 77
有名人のシークレット・ヒストリー 147

よ

読み手 15
読み手の視点 92
四技能 48, 58, 59
四技能の連携 141, 166, 173

り

理由 71, 185
理由を述べるトレーニング 68, 177, 178
量の観点 18
リライト 37, 133
リライト済み作文 38, 134
リライト-ディスカッション式活動 131, 135
倫理 118

る

類語 86

れ

列挙 20
レベル 7, 8, 12, 14, 16, 58, 84, 85
連携 12, 58

ろ

論証形式 111
論理の飛躍 92

わ

ワイルドカード検索 29
話題 64
私の1冊 154, 162

執筆者一覧 （五十音順）

◎編著者

石黒圭	国立国語研究所 日本語教育研究・情報センター 准教授	序章

◎著者

安部達雄	一橋大学 国際教育センター 非常勤講師	第1部第1章，第2部第11章担当
有田佳代子	敬和学園大学 人文学部 特任准教授	第1部第2章，第2部第12章担当
烏日哲	一橋大学 国際教育センター 非常勤講師	第1部第10章，第2部第20章担当
金井勇人	埼玉大学 日本語教育センター 准教授	第1部第3章，第2部第13章担当
志賀玲子	一橋大学大学院 国際企業戦略研究科 特任講師	第1部第7章，第2部第17章担当
渋谷実希	一橋大学大学院 国際企業戦略研究科 特任講師	第1部第4章，第2部第14章担当
志村ゆかり	東京経済大学 特任講師	第1部第6章，第2部第16章担当
武一美	早稲田大学 日本語教育研究センター 非常勤講師	第1部第5章，第2部第15章担当
筒井千絵	一橋大学 商学研究科 非常勤講師	第1部第9章，第2部第19章担当
二宮理佳	一橋大学 国際教育センター 特任講師	第1部第8章，第2部第18章担当

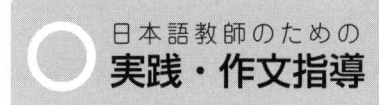

日本語教師のための
実践・作文指導

2014年10月20日　第1刷発行
2015年　4月27日　第2刷発行

編著者	石黒　圭
著者	安部達雄，有田佳代子，烏　日哲，金井勇人，志賀玲子，渋谷実希，志村ゆかり，武　一美，筒井千絵，二宮理佳
発行	株式会社　くろしお出版 〒113-0033　東京都文京区本郷 3-21-10 TEL 03-5684-3389　FAX 03-5684-4762 URL http://www.9640.jp e-mail kurosio@9640.jp
印刷所	シナノ書籍印刷
装丁	工藤亜矢子（OKAPPA DESIGN）
イラスト	村山宇希（ぽるか）

© 2014 ISHIGURO Kei, Printed in Japan
ISBN978-4-87424-636-8 C0081

乱丁・落丁はおとりかえいたします。本書の無断転載・複製を禁じます。